Manfred Spitzer

Rotkäppchen und der Stress

herausgegeben von Wulf Bertram

Zum Herausgeber von „Wissen & Leben":

Wulf Bertram, Dipl.-Psych. Dr. med., geb. in Soest/Westfalen. Studium der Psychologie und Soziologie in Hamburg. War nach einer Vorlesung über Neurophysiologie von der Hirnforschung so fasziniert, dass er spontan zusätzlich ein Medizinstudium begann. Zunächst Klinischer Psychologe im Univ.-Krankenhaus Hamburg-Eppendorf, nach dem Staatsexamen und der Promotion in Medizin psychiatrischer Assistenzarzt in der Provinz Arezzo/Italien und in Kaufbeuren. 1985 Lektor für medizinische Lehrbücher in einem Münchener Fachverlag, ab 1988 wissenschaftlicher Leiter des Schattauer Verlags, seit 1992 dessen verlegerischer Geschäftsführer. Ist überzeugt, dass Lernen ein Minimum an Spaß machen muss, wenn es effektiv sein soll. Aus dieser Einsicht gründete er 2009 auch die Taschenbuchreihe „Wissen & Leben", in der wissenschaftlich renommierte Autoren anspruchsvolle Themen auf unterhaltsame Weise präsentieren. Bertram hat eine Ausbildung in Gesprächs- und Verhaltenstherapie sowie in Tiefenpsychologischer Psychotherapie und ist neben seiner Verlagstätigkeit als Psychotherapeut und Coach in eigener Praxis tätig.

Manfred Spitzer

Rotkäppchen und der Stress

(Ent-)Spannendes aus der Gehirnforschung

⟨⟩ Schattauer BALANCE ☰

Prof. Dr. Dr. Manfred Spitzer
Universität Ulm
Psychiatrische Klinik
Leimgrubenweg 12–14
89075 Ulm

Bibliografische Information der Deutschen Nationalbibliothek
Die Deutsche Nationalbibliothek verzeichnet diese Publikation in der Deutschen Nationalbibliografie; detaillierte bibliografische Daten sind im Internet über http://dnb.d-nb.de abrufbar.

Besonderer Hinweis:
In diesem Buch sind eingetragene Warenzeichen (geschützte Warennamen) nicht besonders kenntlich gemacht. Es kann also aus dem Fehlen eines entsprechenden Hinweises nicht geschlossen werden, dass es sich um einen freien Warennamen handelt.
Das Werk mit allen seinen Teilen ist urheberrechtlich geschützt. Jede Verwertung außerhalb der Bestimmungen des Urheberrechtsgesetzes ist ohne schriftliche Zustimmung des Verlages unzulässig und strafbar. Kein Teil des Werkes darf in irgendeiner Form ohne schriftliche Genehmigung des Verlages reproduziert werden.

© 2. Nachdruck 2015 der 1. Auflage 2014
by Schattauer GmbH, Hölderlinstraße 3, 70174 Stuttgart, Germany
E-Mail: info@schattauer.de
Internet: www.schattauer.de
Printed in Germany

Umschlagabbildung: © Stefan Spitzer, Camilla Albrecht
Satz: am-productions GmbH, Wiesloch
Druck und Einband: CPI – Ebner & Spiegel, Ulm

Auch als eBook erhältlich:
978-3-7945-6860-4

ISBN 978-3-86739-102-3 (BALANCE buch + medien verlag)
ISBN 978-3-7945-2977-3 (Schattauer)

Für Stefan

Vorwort

Ist Ihnen schon einmal aufgefallen, dass in den meisten Verkehrsflugzeugen nach der Sitzreihe 12 die Reihe 14 kommt? Eine 13. Sitzreihe gibt es nicht, denn die 13 gilt in vielen Kulturen – keineswegs nur bei uns – als Unglückszahl. Analog fehlt in vielen Hochhäusern das 13. Stockwerk und in vielen Hotels das Zimmer 13. Auch in der Formel 1 gibt es die Startnummer 13 nicht und die abergläubische Angst vor der Zahl 13 hat sogar einen eigenen Namen[1]. Obgleich ich persönlich nicht abergläubisch bin, so muss ich doch sagen, dass das Jahr 2013 für mich bislang vielleicht das schwierigste meines Lebens war. Es gab unglaublich viel zu tun, vor allem viel unnötiger und unsinniger Kleinkram, der aber dennoch erledigt werden musste, weil das Schiff ja irgendwie, trotz vielerlei ungünstiger Winde und Strömungen, auf Kurs gehalten werden muss. Das Pech, allein zu leben, erweist sich dann als Glück im Unglück, denn so hat man wenigstens 14 Stunden am Tag, um ungestört zu arbeiten, vor allem an den Wochenenden.

Weil im Jahr 2013 so sehr viel zu tun war, enthält das vorliegende Buch auch nur 17 Kapitel, wie meinen vielen aufmerksamen Fans nicht entgehen wird, die immer knappere Zeit erlaubte nicht mehr. Aber vielleicht ist es ja ein Trost, dass auch das 15. Büchlein dieser Reihe nicht dünner ist als der Durchschnitt. Denn ich gehe von Jahr zu Jahr, wie mir neulich bei einer entsprechenden Durchsicht auffiel, den Dingen zunehmend genauer auf den Grund, belasse es nicht einfach beim Berichten einer aus meiner Sicht

---

1 Man spricht von *Triskaidekaphobie* (aus dem Griechischen für Dreizehn: *treiskaídeka*, und Furcht: *fóbos*). Der bekannteste Triskaidekaphobiker ist wohl der Komponist Arnold Schönberg.

interessanten Erkenntnis, sondern beschreibe die Methoden von deren Entdeckung genauer und diskutiere vor allem deren Bedeutung in weiteren Zusammenhängen. Man wird eben älter, und wenn auch so manches nachlässt, so wird im Gegenzug der Erfahrungsschatz immer größer und man sieht die Dinge mit zunehmend schärferem Verstand vor einem immer größeren und differenzierteren Hintergrund.

Auch dieses Buch – mittlerweile das fünfzehnte dieser Art – enthält meine Beiträge für die Zeitschrift *Nervenheilkunde*. Diese Beiträge schreibe ich zunächst für meine Kollegen, in der Hoffnung, dass die Inhalte jeweils nicht nur interessant und praktisch relevant sind, sondern auch Spaß machen, oder zuweilen auch betroffen. Immer treibt mich dabei das Bemühen, die Wissenschaft aus ihrem Elfenbeinturm in die reale Welt zu tragen. „Ach Sie mit Ihrer Wissenschaft", haben mir manche Leute schon in Talkshows entgegnet, wenn ich wieder einmal mit Studien aus den besten Fachblättern gegen Dummheit, Vorurteile oder ganz einfach gegen die Unwahrheit argumentierte. „Haben Sie denn etwas Besseres?" war dann meine Antwort. – Und natürlich hat *niemand* etwas Besseres als Wissenschaft, denn definitionsgemäß handelt es sich dabei um das beste Verfahren, um allgemeingültiges und anwendbares Wissen zu generieren. Wer Wissenschaft ablehnt, weiß im Grunde gar nicht, was er da redet, denn er lehnt die Grundlagen unserer Zivilisation, unseres Lebens, unserer Existenz ab.

Die Titel meiner 15 Schattauer-Bücher mit den jährlichen Beiträgen aus der *Nervenheilkunde* sind im Grunde beliebig, geht es in ihnen doch immer um interessante Entdeckungen und Erkenntnisse. In diesem Jahr drückt der Titel ein Lebensgefühl aus, dem ich mich standhaft zu widersetzen versuche: Stress. Allerdings handelt das vorliegende Büchlein nicht nur vom Stress – bei Rotkäppchen (Kapitel 2), einem selber (Kapitel 1) oder beim Chef (Kapitel 3) –, sondern auch davon, was man dagegen tun kann.

Weil Stress ganz allgemein identisch ist mit dem Fehlen von Kontrolle über sein Geschick, ist alles, was man tut, um diese zu erlangen, gut gegen Stress: Achtsamkeit (Kapitel 6) und Selbstbestimmung sind hierfür sehr wichtig, auch dort, wo man sie nicht vermutet (Kapitel 5)[2]. Man kann vielmehr schon im Kindesalter mentale Stärke, d.h. Selbstkontrolle, Selbstwirksamkeit, und damit auch Selbstvertrauen, üben (Kapitel 7); und sich als Erwachsener dann Zeit nehmen. Interessanterweise bringt die Zeit, die man sich für andere nimmt, einem selbst am meisten (Kapitel 4)! Auch das Lesen von guter Literatur macht bessere Menschen aus uns (Kapitel 8), wie man im Fachblatt *Science* im Herbst 2013 nachlesen konnte. Das besondere an dieser Studie ist nicht, dass sie in jeder Hinsicht ohne Fehl und Tadel ist, sondern dass es sie überhaupt gibt!

Das Büchlein aus dem letzten Jahr trug den Titel *Das (un)soziale Gehirn*, weil es eine ganze Reihe von Beiträgen aus der noch jungen Disziplin der sozialen Neurowissenschaft enthielt. Auch in diesem Jahr sind Beiträge zu unserem Sozialverhalten dabei: Was große IT-Firmen wie Google oder Facebook aus ihren Daten alles über uns berechnen können und damit wissen (Kapitel 9); welche – entgegengesetzten – Verhaltensweisen die Gedanken an Gott bzw. an Religion bewirken (Kapitel 10), warum wir vielleicht global auf einen *geriatrischen Frieden* hoffen können (Kapitel 11), und warum Fernsehen arbeitslos und kriminell macht (Kapitel 12).

Womit wir bei den Risiken und Nebenwirkungen der Bildschirmmedien wären – d.h., bei einem Thema, das mich seit Jahren schon wegen seiner ungeheuren Bedeutung für unsere Bildung, Kultur und gesamten Gesellschaft umtreibt.

---

2 Ich bedanke mich an dieser Stelle bei der Koautorin dieses Kapitels, Frau Dr. Alexandra Nukta.

Dann nicht nur das Fernsehen hat unerwünschte Effekte, ein iPad auch – vor allem bei kleinen Kindern – (Kapitel 13), ein Laptop und WLAN im Hörsaal verschlechtern die Studienleistungen (Kapitel 14), und bringt man in China den Drittklässlern das Schreiben chinesischer Schrift mittels PC bei, so hat dies eine Zunahme der Analphabeten ab Klasse vier auf über 40% und in Klasse fünf auf über 50% zur Folge (Kapitel 15). Besser kann man nicht zeigen, welche verheerenden Auswirkungen die unüberlegte Nutzung digitaler Medien im schulischen Bereich haben kann!

Die beiden letzten Beiträge (Kapitel 16 und 17) sperren sich gegen eine systematische Einordnung, handelt es sich doch um zwei Erkenntnisse, die für sich stehen können. Selbst in den Fachblättern *Science* und *Nature* kommt „Vermischtes und Versprengtes" jeweils am Ende des Hefts. Das ist deswegen so interessant, weil ganz offensichtlich in den Augen der Herausgeber die – wirklich interessanten – Beiträge zur Psychologie und Gehirnforschung (sofern es sich dabei um Studien zu höheren geistigen Leistungen beim Menschen handelt) nicht so ganz in das Weltbild derjenigen Leute passen, die sich eigentlich nur mit Astronomie, Teilchenphysik, Genetik oder Molekularbiologie auskennen. Und deswegen kommen sie nahezu prinzipiell am Ende eines Heftes. Das Menschliche ist den eingefleischten Wissenschaftlern irgendwie unheimlich, so scheint es, und so wird es zumindest auf die hintersten Plätze verdammt.

Da wir unseren Medizinstudenten (mit gutem Grund) eine auf Naturwissenschaft basierte Medizin beibringen, ist es aus meiner Sicht nicht unwichtig, sie (und die Kollegen aus Molekularbiologie, Stammzellforschung und Genetik) darauf hinzuweisen, dass ein naturwissenschaftliches Weltbild nicht das Gleiche ist wie ein reduktionistisches Weltbild, und dass der Mensch, mit *allen* seinen Eigenschaften (bis hin zum Sozialverhalten und religiösen Erleben) durchaus Gegenstand guter empirischer Forschung sein kann.

Angesichts der derzeitigen globalen Probleme, die allesamt Probleme unseres Miteinanders sind – ob Klimawandel oder Finanzkrise, es geht letztlich um Fairness und Vertrauen –, sei daher die Frage erlaubt, warum in der Wissenschaft nach wie vor das Higgs-Boson einen größeren Stellenwert einnimmt (und weitaus größere Fördermittel verschlingt) als der Nucleus accumbens.

Auch Büchlein Nummer 15 ist wieder mit Unterstützung meiner Mitarbeiter in Ulm und der Mitarbeiter beim Schattauer Verlag entstanden. Deshalb danke ich den Verlegern Dieter Bergemann und Dr. Wulf Bertram sowie Frau Dr. Borchers, Frau Becker, Frau Dr. Brummer, Frau Ferreau, Frau Sommer, Frau Trögele, Frau Heyny und Frau Billmann.

Nicht nur weil das Gemälde auf dem Cover von ihm und seiner Freundin Camilla stammt, ist das Buch meinem Sohn Stefan gewidmet. Er studiert Ingenieurwissenschaften in Berlin und ist daher dem wechselhaften bunten Treiben des alltäglichen Lebens stärker ausgesetzt als sein Vater oder seine Geschwister (die vielleicht protestieren, wenn sie das lesen). Es ist nicht leicht, genügend Selbstkontrolle aufzubringen, um dem Trubel zu trutzen und sein Ding zu machen, wie Udo Lindenberg sagen würde. Aber Stefan bekommt das hin, ohne Stress. Fast könnte ich mir ihn zum Vorbild nehmen ...

Ulm, den 10.11.2013   Manfred Spitzer

Inhalt

1   Bloß keinen Stress!   1

2   Rotkäppchen und der Stress
      ... und die Wissenschaft   23

3   Der Chef im Stress?   33

4   Zeit verschenken, um Zeit zu haben   48

5   Selbstbestimmung am Fließband   59

6   Achtsamkeit   67

7   Üben, sich im Griff zu haben   73

8   Literatur, Empathie und Verstehen   87

9   Spuren in der Wolke
      Mit Sozialverhalten kann man rechnen –
      aber wollen wir das?   99

10   Religion und Gott: Wir und die Anderen   110

11   Demografie, Dynamik und Demokratie   124

12   Fernsehen – erst gar nichts und später das
       Falsche lernen
      Von hibbeligen Mäusekindern zu arbeitslosen und
      kriminellen Erwachsenen   141

13 Wischen – Segen oder Fluch?

Zu Risiken und Nebenwirkungen der neuen Art
des Umblätterns 164

14 Laptop und Internet im Hörsaal?

Wirkungen und Wirkungsmechanismen für
evidenzbasierte Lehre 177

15 Kulturkiller iPhone

Schreiben in China 202

16 Träume im Scanner 211

17 Rauschen beim Riechen 222

Sachverzeichnis 232

1 Bloß keinen Stress!

Wenn der Fahrstuhl ausgefallen ist und man die Treppen nehmen muss, um dann nass geschwitzt im dritten Stock anzukommen, dann halten dies viele Menschen für Stress. Das ist aber völlig falsch! Stress ist nicht das Gleiche wie körperliche Anstrengung! – Ganz im Gegenteil: Wenn man sich körperlich kräftig anstrengt und schwitzt, *baut man Stress ab!*

Stress ist etwas ganz anderes, nämlich das *Fehlen von Kontrolle.* Betrachten wir hierzu ein ganz einfaches Beispiel (17) (Abb. 1-1): Eine Ratte sitzt in einem Käfig und bekommt ab und zu über dessen Drahtfußboden einen kleinen elektrischen Schock. Der Schock tut weh und die Ratte versucht, ihn zu vermeiden. Dies ist ihr möglich, denn man baut eine kleine Lampe in den Käfig, die immer kurz vor dem Elektroschock aufleuchtet. Weiterhin befindet sich im Käfig noch eine Taste, die gedrückt werden muss, sobald die Lampe aufleuchtet. Geschieht dies, erfolgt kein elektrischer Schock. Ist die Ratte jedoch etwas zu langsam, folgt das schmerzhafte Schockerlebnis. Man kann das Ganze so einstellen, dass es der Ratte meistens gelingt, den Schock zu vermeiden. Ab und zu wird sie jedoch zu langsam sein und dann wird sie einen Schock bekommen. Am Schock-Apparat ist ein weiterer Käfig im Nachbarraum angeschlossen. Auch in diesem Käfig sitzt eine Ratte. Immer wenn die Ratte Nummer 1 einen schmerzhaften Schock bekommt (also zu langsam war in ihrer Reaktion auf das Lämpchen), dann bekommt auch Ratte Nummer 2 im zweiten Käfig einen Schock. Ansonsten hat Ratte Nummer 2 nichts zu tun und „hängt ab", wie die jungen Leute heute sagen würden. Sie hat keine Lampe und keinen Hebel, kann also an ihrem Schicksal nichts ändern. Umgekehrt braucht sie weder auf der Lauer zu liegen, noch auf das Licht zu achten.

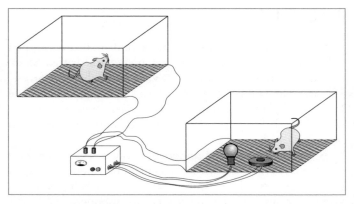

Abb. 1-1 Versuchsanordnung (schematisch) zur Untersuchung von Stress.

Welche von beiden Ratten bekommt nun Stress aufgrund der Rahmenbedingungen ihres Lebens im Käfig? – Man möchte meinen, die Ratte Nummer 1. Sie ist aufmerksam und angespannt, muss rasch reagieren und ist damit in gewisser Weise immer „unter Strom". Anders die Ratte Nummer 2, die nichts zu tun hat und einfach nur gelegentlich einen Schmerzreiz erhält – genau denselben wie Ratte Nummer 1 und zur genau gleichen Zeit. Durch Messung der Konzentration von Stresshormonen im Blut oder durch Beobachtung von stressbedingten Krankheiten wie Magengeschwüren, Bluthochdruck, Diabetes, Infektionen oder malignen Erkrankungen kann man zeigen, dass nicht Ratte 1, wie man erwarten würde, Stress hat, sondern Ratte 2. Obwohl beide objektiv das gleiche Unbill erleben (die gleichen schmerzhaften Schocks zur genau gleichen Zeit), gibt es im subjektiven Erleben der Tiere einen großen Unterschied: Ratte 1 hat ihre Situation einigermaßen „im Griff", Ratte 2 nicht. Ratte 1 bemerkt, dass sie meistens den

Schock vermeiden kann, und nur wenn sie nicht richtig auf-
passt und daher zu langsam ist, wird sie gewissermaßen
„zu Recht" dafür bestraft. Ratte 2 hingegen kann was auch
immer anstellen, sie bekommt ab und zu einen schmerzhaften Schock wie aus heiterem Himmel.

Das Experiment zeigt ganz deutlich: Nicht die unange-
nehmen Erfahrungen an sich bewirken Stress, sondern das
Gefühl, ihnen machtlos ausgeliefert zu sein. Wenn wir wissen, dass wir keine Einwirkungsmöglichkeit und keine
Kontrolle haben, löst das bei uns (wie bei der Ratte) chronischen Stress aus. Gestresst sind wir immer dann, wenn
uns die Kontrolle abhandenkommt.

Betrachten wir ein einfaches Beispiel aus dem menschlichen Lebensalltag: Menschen sind Gemeinschaftswesen
(15), sie fühlen sich in der Gemeinschaft wohl und suchen
sie auf. Umgekehrt bereitet uns akute Vereinsamung
Schmerzen (14, 16). Diese zeigen an, dass wir unser Verhalten ändern sollten, um nicht langfristig einsam zu sein.
Denn alleine treffen einen die Wechselfälle des Lebens un-
gleich härter als in einer Gemeinschaft von der man getragen wird – buchstäblich, wenn man verletzt oder krank ist,
und im übertragenen Sinne bei allen anderen Widrigkeiten.
Gute Gemeinschaft ist der ultimative Puffer gegenüber
Stress!

Genau dies zeigt eine Studie, bei der nichts anderes gemessen wurde als die Konzentration von Stresshormon einerseits und das Gefühl, in seiner Gemeinschaft aufgeho-
ben zu sein andererseits (3). Einhundertfünfundzwanzig
freiwillige Probanden (54 Männer) erklärten sich auf eine
Annonce hin bereit, für ein Entgelt von 60 US-Dollar einen
Stress-Provokationstest über sich ergehen zu lassen. Hierbei handelte es sich um den *Trier Social Stress Task* (TSST),
eine Prozedur, die seit 20 Jahren zur Provokation von Stress
in Laboratorien verwendet wird (10, 11). Er besteht darin,
dass eine Versuchsperson vor einem Publikum, das sich

eher ablehnend verhält, eine freie Rede halten muss und Kopfrechenaufgaben so schnell wie möglich lösen soll. Es geht also um sozialen Stress – keine Elektroschocks oder Schmerzen, sondern lediglich die Chance, sich zu blamieren –, der gerade beim Menschen, dem ultimativen sozialen Wesen, sehr leicht und mit großer Zuverlässigkeit entsprechende körperliche Reaktionen hervorruft.

Die Teilnehmer mussten also eine fünfminütige Rede darüber halten, warum sie der ideale Büroassistent sind. Ihnen wurde zuvor gesagt, dass die Rede auf Video aufgezeichnet wird und zum einen von einer Gruppe ihrer Mitstreiter und zum anderen von einer Expertengruppe bewertet würde. Die Rede wurde dann tatsächlich vor zwei Studentinnen gehalten, bei denen es sich um studentische Hilfskräfte handelte, die zuvor instruiert worden waren, auf die Rede relativ gelangweilt bis ablehnend zu reagieren. Direkt danach musste die Versuchsperson dann von der Zahl 2083 jeweils 13 abziehen (Kopfrechnen), wobei ihnen zuvor gesagt wurde, dass sie dies so rasch wie möglich und so genau wie möglich tun sollten. Bei einem Fehler mussten sie wieder von vorne beginnen. In Abständen von einer Minute wurden sie von den nach wie vor anwesenden zwei vermeintlichen „Mitstudenten" dazu aufgefordert, schneller zu rechnen. Spaß machte das Ganze mit Sicherheit nicht!

Die Cortisolkonzentrationen wurden bei allen Versuchspersonen 10 Minuten nach Betreten des Labors (entsprechend etwa 40 Minuten vor dem Stresstest) und etwa 20 Minuten nach Beginn des Stresstests gemessen. Dies geschah mit einem Wattestäbchen, das die Probanden für eine Minuten und 45 Sekunden über die Mundschleimhaut rollen mussten.

Von den Teilnehmern des Stresstests wurde anschließend in Erfahrung gebracht, ob sie bei einer weiteren Studie teilnehmen würden, in deren Rahmen unter anderem eine fMRT-Untersuchung durchgeführt wurde und für die es erneut 60 US-Dollar an Aufwandsentschädigung gab. Bei den hiermit einverstandenen 32 Probanden wurde zunächst eine „Time Sampling-Prozedur" durchgeführt, um das Ausmaß der sozialen Unterstützung bei alltäglichen sozialen Interaktionen zu messen. Man verlieh hierzu an alle Probanden einen Taschencomputer (*Palm Pilot*), der so programmiert war, dass er sich in zufälligen Abständen bemerkbar machte und die Probanden aufforderte, den Grad der Unterstützung, die sie im Rahmen ihrer jüngst zurückliegenden sozialen Interaktion erfahren hatten, zu bewerten.

Man wollte hierbei ganz allgemein das Ausmaß der von jeder Versuchsperson erlebten sozialen Unterstützung erfahren. Daher fragte man nicht nach dem Ausmaß der sozialen Unterstützung bei *genau diesem* Erlebnis, sondern nach der sozialen Unterstützung, die man im Allgemeinen von der getroffenen Person erhält. Verwendet wurden dazu drei Sieben-Punkte-Skalen, die von „1 = mir nicht nahestehend" bis „7 = mir sehr nahe" sowie von „1 = bedrohlich" bis „7 = angenehm" sowie von „1 = nicht unterstützend" bis „7 = sehr unterstützend" reichten. Es ging also nicht um die konkrete soziale Interaktion, sondern um das Verhältnis zu dem betreffenden Interaktionspartner ganz allgemein. Im Durchschnitt gab es bei den Teilnehmern pro Tag 2,5 solcher Einschätzungen, sodass über einen Zeitraum von 10 Tagen pro Teilnehmer 25 Einschätzungen ihrer Sozialkontakte erhoben wurden. Das Ausmaß der von den Teilnehmern jeweils erlebten sozialen Unterstützung wurde dann durch Bestimmung der Mittelwerte von Nähe, Angenehmheit und Unterstützungsgrad berechnet. Bei dieser kleinen Gruppe von 32 Teilnehmern handelte es sich um 19 Frauen und 13 Männer im mittleren Alter von 20,6 Jahren (Bereich 18 bis 36 Jahre) unterschiedlicher ethnischer Herkunft (28,1 % europäisch-amerikanisch; 40,6 % asiatisch-amerikanisch, 15,6 % spanisch/Latino, 6,3 % afrikanisch-amerikanisch und 9,4 % andere).

Für die kernspintomografische Untersuchung wurde das bekannte *Cyberball Paradigma* verwendet, bei dem drei Probanden miteinander Ball spielen, und das auch schon in der vor 10 Jahren im Fachblatt *Science* erschienen Studie von Eisenberger und Mitarbeitern (3) eingesetzt wurde. Nachdem das Zuwerfen eines virtuellen Balls mit Joystick und Bildschirm gelernt worden war und von allen Beteiligten gespielt werden konnte, wird einer der Probanden in einen Magnetresonanztomografen gefahren. Zunächst wurde das Spiel für etwa 140 Sekunden gespielt, wobei alle drei zusammen spielten und der Teilnehmer im MR-Scanner etwa 50 % der Würfe erhielt (Bedingung Inklusion). Danach wurde wieder gespielt, wobei jedoch der Teilnehmer im Scanner zunächst während eines Zeitraums von etwa 50 Sekunden nur siebenmal angespielt und danach für 60 bis 90 Sekunden überhaupt nicht mehr angespielt wurde. Direkt danach mussten die Probanden einen Fragebogen ausfüllen, der das Ausmaß an sozialer Ablehnung erfasste. Die Items lauteten beispielsweise „Ich fühlte mich gemocht", „Ich fühlte mich ausgestoßen" oder „Ich fühlte mich mächtig". Das wichtigste Ergebnis der Studie bestand in einem Zusammenhang zwischen der Stressreaktion im Test und der erlebten sozialen Unterstützung: je größer die Unterstützung, desto geringer der Stress (Abb. 1-2). Die fMRT-Daten zeigten zudem, dass dieser Zusammenhang durch eine verminderte Aktivität u. a. des dorsalen anterioren zingulären Kortex (dACC) bei sozialem Stress vermittelt ist.

Dass ein Leben in einer gut funktionierenden Gemeinschaft mit weniger Stress verbunden ist, wirkt sich direkt auf die Gesundheit aus: Wenn man weiß, dass der Chef montags immer schlecht gelaunt ins Büro kommt, wird man nicht sehr darunter leiden. Wenn der Chef jedoch ab und zu wie aus heiterem Himmel seine schlechte Laune an

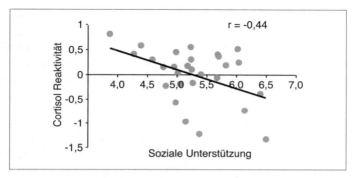

Abb. 1-2 Zusammenhang zwischen sozialer Unterstützung und Stress: Je mehr Unterstützung, desto geringer der Stress (nach 4). Das Diagramm zeigt den Anstieg der Konzentration von Cortisol beim Trier Social Stress Test (Nachher minus Vorher geteilt durch Vorher; logarithmierte Werte).

einem Mitarbeiter auslässt, dann löst das bei diesem Stress aus. Wer öfter lächelt, lebt länger (1). Demgegenüber vermindert eine launische Ehefrau oder Partnerin nicht nur das Lebensglück eines Mannes nachweislich, sondern auch seine Lebenszeit, denn Glücksgefühle sind das Gegenteil von Stress und wirken lebensverlängernd (8). Ein Mann hat Stress, wenn er nie weiß, wie seine Frau als Nächstes reagiert. (Der Effekt gilt natürlich auch umgekehrt, ist jedoch nicht so stark.) Dass ein Leben in einer guten Gemeinschaft auch gute Chancen hat, ein langes Leben zu sein, wundert nicht, wenn man bedenkt, dass Einsamkeit und das damit verbundene erhöhte chronische Stressniveau die Immunabwehr schwächt und damit Infektionen und Tumoren begünstigt. Wer eher einsam und zurückgezogen lebt, stirbt mit höherer Wahrscheinlichkeit in den darauffolgenden Jahren (20). Auch die Gemeinschaft am Arbeitsplatz hat einen nicht unbedeutenden Einfluss auf das

Ausmaß unseres Stresserlebens. Auch Kapitel 5 „Selbstbestimmung am Fließband" beschäftigt sich mit den negativen Auswirkungen mangelnder Kontrolle am Arbeitsplatz. Wie stark diese Zusammenhänge ganz allgemein sind, wird nirgends klarer dargestellt als im *Stressreport Deutschland 2012*, der von der Bundesministerin für Arbeit und Soziales als „die wohl umfassendste Datenquelle zu diesem Thema" (18) bezeichnet wurde. Ihm liegt eine Befragung zugrunde, die von Oktober 2011 bis März 2012 mittels Telefoninterview bei 17 562 abhängig Beschäftigten von 15 bis 77 Jahren (54 % männlich; Durchschnittsalter 42 Jahre) mit einer bezahlten Tätigkeit von mindestens zehn Stunden pro Woche vom *Bundesinstitut für Berufsbildung* (BIBB) und der *Bundesanstalt für Arbeitsschutz und Arbeitsmedizin* (BAuA) durchgeführt wurde. „Ziel dieser Befragung ist die Beschreibung der sich kontinuierlich verändernden Arbeitswelt. Dabei stehen Fragen zum Arbeitsplatz (z. B. Tätigkeitsschwerpunkte, Anforderungsniveau, Kenntnisanforderungen, Arbeitsanforderungen, Weiterbildungsbedarf, Arbeitsbedingungen, Arbeitsbelastungen) und Fragen zu Beanspruchung und gesundheitlichen Beschwerden im Fokus der Befragung", kann man dazu in einer Präambel lesen (12).

In ihrem Vorwort stellt die Bundesministerin für Arbeit und Soziales das Problem klar fest: „Die Zahlen zeigen, dass die psychische Gesundheit am Arbeitsplatz kein Randthema ist: 2012 waren in Deutschland psychische Störungen für mehr als 53 Millionen Krankheitstage verantwortlich. Bereits 41 % der Frühberentungen haben psychische Ursachen. Die Betroffenen sind im Durchschnitt erst 48 Jahre alt." Und sie kommentiert treffend: „Das können wir nicht hinnehmen" (18).

Der Stressreport informiert über Arbeitsbedingungen, die sich positiv oder negativ auf die Gesundheit auswirken. Welche sind das? „Den Stand der psychischen Arbeitsanforderungen könnte man verkürzt mit den Schlagworten

‚viel gleichzeitig, schnell und auf Termin, immer wieder neu, aber auch oft das Gleiche' zusammenfassen", heißt es hierzu im Stressreport (12, S. 34) (Abb. 1-3). Fragt man danach, wie belastend die Bedingung jeweils ist, so zeigt sich ein unterschiedliches Bild: Betrachtet man die relative Belastung (prozentualer Anteil derer, die eine bestimmte Bedingung auch als belastend erleben), zeigt sich das Arbeiten an der *Grenze der Leistungsfähigkeit* als besonders belastend. Diese Anforderung tritt zwar mit ca. 16 % nicht sehr häufig auf, wird aber von 74 % der Arbeitnehmer als belastend erlebt (Abb. 1-3). Relativ stark belastend sind im Hinblick darauf, wie Stress entsteht, erwartungsgemäß das Fehlen von Informationen zu Entscheidungen und Änderungen am Arbeitsplatz sowie zur konkreten Arbeit selber. Monotonie und Langeweile beklagen dagegen zwar recht viele Beschäftigte, als belastend wird dies jedoch nur von einem relativ kleinen prozentualen Anteil erlebt.

Interessant sind diese Daten im Vergleich mit Daten aus der Europäischen Union (EU-27). Die europäische Stiftung zur Verbesserung der Lebens- und Arbeitsbedingungen hat im Jahr 2010 die fünfte Welle der Europäischen Erhebung über die Arbeitsbedingungen (*European Working Conditions Survey*, EWCS 2011) durchgeführt. Hierbei gaben 73 % der deutschen Befragten an, dass ihre Arbeit zu wenigstens einem Viertel der Zeit unter Termindruck stehe, wohingegen in der EU insgesamt dies nur von 62 % der Befragten angegeben wird. Beim Arbeitstempo ist dies ganz ähnlich: 73 % der Deutschen geben an, dass sie während mindestens einem Viertel der Arbeitszeit ein hohes Arbeitstempo bringen müssen, wohingegen dies im Durchschnitt der EU nur von 59 % der Befragten angegeben wird. Eintönige Aufgaben erleben die Deutschen hingegen mit 31 % seltener als im EU-Durchschnitt (45 %). Noch deutlicher wird der Raum für Verbesserungen in Deutschland im Hinblick auf den Stress am Arbeitsplatz, bei Bedarf immer

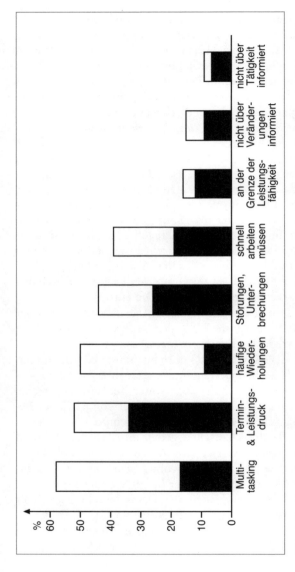

Abb. 1-3 Prozentuales Vorliegen von bestimmten Arbeitsbedingungen (weiße Säulen) und der durch sie erlebten Belastung (schwarze Säulen) bei insgesamt 17562 Arbeitnehmern (ausgewählte Daten nach 12, S. 35).

oder fast immer Hilfe vom Vorgesetzten zu bekommen (Abb. 1-4): In Deutschland ist dies bei 47 % der Befragten der Fall, wohingegen dies im Durchschnitt der EU-27 bei vollen 60 % der Fall ist (12, S. 78). Der Anteil derjenigen, die angaben, immer oder häufig bei der Festlegung ihrer Arbeitsziele mit einbezogen zu werden, ist mit 38 % in Deutschland ebenfalls geringer als im EU-27-Durchschnitt mit 47 % (Abb. 1-5).

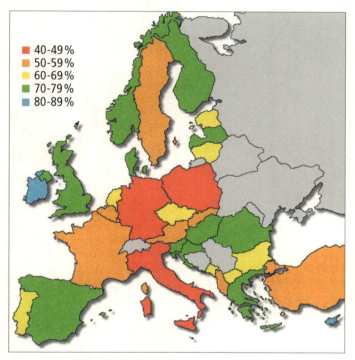

Abb. 1-4 Prozentualer Anteil der Angestellten, die angeben immer oder fast immer bei Bedarf Hilfe vom Chef zu bekommen im europäischen Vergleich (5). Irland und Zypern haben mit über 80 % Unterstützung durch den Chef „immer oder fast immer" die besten Werte.

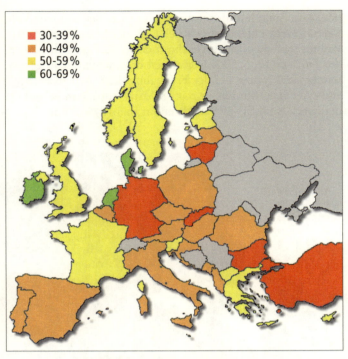

Abb. 1-5 Prozentualer Anteil der Angestellten, die angeben, in ihrer Abteilung oder Firma/Organisation an der Verbesserung der Arbeitsorganisation oder der Arbeitsabläufe beteiligt zu sein im europäischen Vergleich (5). Deutschland fällt als „roter Fleck" in der Mitte ebenso auf wie ein Nord-Süd-Gefälle.

Die Art, wie der Chef mit seinen Leuten umgeht, wird damit eindeutig zum Einflussfaktor für die Mitarbeitergesundheit. Dies ergibt sich zum einen aus der Definition dessen, was Stress wirklich ist und zum anderen aus zahlreichen Studien. Diese belegen anhand von Daten, dass die Mitarbeiterführung mit dem psychischen Befinden und der körperlichen Gesundheit der Mitarbeiter zusammenhängt und zudem die Arbeitszufriedenheit und Arbeitsfähigkeit beeinflusst (2, 7). Ein guter Chef – also einer, der seine Aufgabe ernst nimmt und nicht nur seinen Narzissmus auslebt – gibt soziale Unterstützung, bezieht die Mitarbeiter in Entscheidungen mit ein (Mitbestimmung, Beteiligung) und zeigt ihnen seine Anerkennung und Wertschätzung.

Entsprechend zeigte sich auch in den Daten des Stressreports ein signifikanter Zusammenhang (im Chi-Quadrat-Test) zwischen der Variable *Hilfe/Unterstützung vom direkten Vorgesetzten* und der Anzahl der Krankheitsbeschwerden: Wie Abbildung 1-6 zeigt, berichten Mitarbeiter, die häufig vom direkten Vorgesetzen Unterstützung erhalten, deutlich weniger gesundheitliche Beschwerden als Mitarbeiter, die manchmal, selten oder nie unterstützt werden. Je mehr Stressoren vorliegen, desto mehr Symptome zeigen die Mitarbeiter, wie ein Vergleich der entsprechenden Extremgruppen zeigt: Man teilte die Teilnehmer nach dem Vorliegen von Symptomen ein (je nach Anzahl vorliegender Beschwerden) und ermittelte das Vorliegen von Arbeitsbedingungen, die bekanntermaßen Stress auslösen: Multitasking (21), Störungen und Druck (Abb. 1-7).

„Vor diesem Hintergrund wird deutlich, dass das Verhalten von Führungskräften als ein wichtiger Ansatzpunkt für Maßnahmen zur betrieblichen Gesundheitsförderung gesehen werden muss. Aus der Forschung liegen fundierte Erkenntnisse darüber vor, wie Führungskräfte die Gesundheit ihrer Mitarbeiter fördern bzw. gesundheitliche Beeinträchtigungen vermeiden können", kommentiert der Stressreport (20, S. 124) diese Daten. Wie entsprechende Mitarbeiterbefragungen[1] und Daten für Deutschland im

---

1 Vgl. (9): 34 % der in Einzelinterviews befragten 6 161 Mitarbeiter gaben an, durch das Verhalten ihres Vorgesetzten beeinträchtigt zu sein.

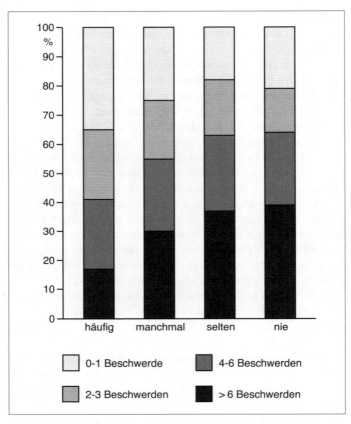

Abb. 1-6 Prozentuale Verteilung nach Anzahl der Beschwerden der Mitarbeiter, die nach der Unterstützung durch ihren Vorgesetzten („häufig", „manchmal", „selten", „nie") in vier Gruppen eingeteilt wurden (nach Daten aus 12, S. 124).

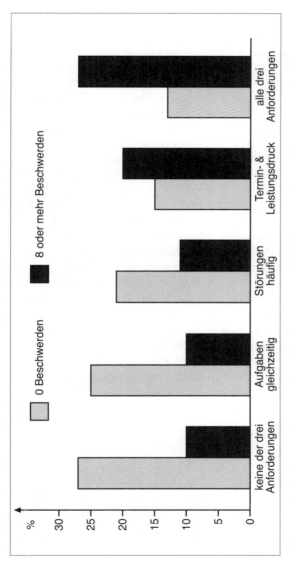

Abb. 1-7 Nach der Anzahl der Beschwerden eingeteilte Teilnehmer (n = 3 825) und Extremgruppenvergleich der Gesunden (0 Beschwerden) und der Teilnehmer mit 8 und mehr Beschwerden im Hinblick auf das Vorliegen bestimmter Stressoren am Arbeitsplatz wie 1 Multitasking, 2 häufige Unterbrechungen, 3 Termin- und Leistungsdruck sowie aller drei Stressoren zugleich (ganz rechtes Säulenpaar) oder keiner der drei Stressoren (ganz linkes Säulenpaar) (nach Daten aus 12, S. 127).

europäischen Vergleich zeigen, gibt es gerade hierzulande noch deutlichen Raum für Verbesserungen! Sagen wir es damit einmal ganz deutlich: Gestresste Mitarbeiter haben einen schlechten Chef!

Das Problem hierbei ist natürlich, dass kaum ein Chef, wie kaum ein Mensch überhaupt, morgens aufsteht und zu sich sagt: „Heute mache ich mal wieder meine Arbeit ganz bewusst richtig schlecht!" – Ich wage, dies zu behaupten, obwohl mir hierzu keine empirischen Daten vorliegen. Aber gut 30 Jahre von Berufes wegen mit Leuten über deren Leben, Lebensentwürfe, Lebensumstände und Lebensläufe zu sprechen, reicht mir völlig, um diese These zu wagen. Warum gibt es dann überhaupt schlechte Chefs? – Weil auch sie sich wegen schlechter Arbeitsbedingungen im Dauerstress[2] befinden können (13)! So wachsen die typischen „schlechten Arbeitsbedingungen" – häufige Störungen, starker Termin- und Leistungsdruck sowie mehrere Aufgaben gleichzeitig erledigen müssen – mit der Führungsverantwortung, wie die Daten aus dem Stressreport klar zeigen (Abb. 1-8). Und weil mittlerweile gezeigt werden konnte, dass bei ungünstigerer Anforderungs- und Ressourcensituation und schlechteren Gesundheitsindikatoren von Führungskräften, deren Führungsstil umso weniger gesundheitsförderlich ausfällt (19), ist klar, dass hier ein Teufelskreis in Gang kommen kann, der mittelfristig in den Untergang der Gesundheit der Mitarbeiter (und des Unternehmens) führen kann.

---

2 Der geneigte Leser weiß mittlerweile natürlich, dass „Dauerstress" so etwas ist wie ein „runder Kreis", „weißer Schimmel" oder „unverheirateter Junggeselle". Nur „Dauerstress" hat pathologische Konsequenzen, weswegen es hier nur um ihn geht. Die kurzfristige Stressreaktion ist eine sinnvolle, von der Evolution hervorgebrachte Anpassungsleistung auf entsprechende Umstände (13).

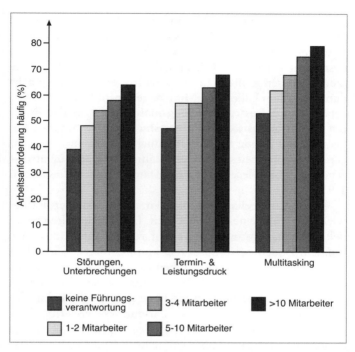

Abb. 1-8 Zusammenhang zwischen Führungsverantwortung (operationalisiert als Anzahl der geführten Mitarbeiter) und dem Vorliegen unproduktiver (und damit Stress verursachender) Arbeitsbedingungen (n = 17 562; nach Daten aus 12, S. 126).

Nicht selten kommt ein solcher Teufelskreis in Gang, wenn Manager das tun, was sie für ihr Geschäft halten: umstrukturieren. Dies liegt daran, dass sie ja sonst nichts können, vor allem nicht irgendwie unmittelbar positiv in die Abläufe des Unternehmens eingreifen. Nein, sie müssen zeigen, dass sie der Globalisierung gewachsen sind, auch unbequeme Entscheidungen treffen können, ihre emotionalen Regungen dem Wohl der Aktionäre unterordnen und daher auch vor drastischen Maßnahmen nicht zurückschrecken. Je weiter entfernt von der Basis sich der Manager befindet, desto eher wird er solche Maßnahmen veranlassen. Was er hierbei wissen sollte: Ob er es will oder nicht, er macht damit in jedem Falle seine Mitarbeiter krank! „Für die Mitarbeiter sind Restrukturierungsmaßnahmen in der Regel mit Arbeitsintensivierung, einer stärkeren psychischen Belastung und häufig mittelfristig auch mit Beeinträchtigungen der Gesundheit verbunden" kann man hierzu im Stressreport (S. 143) lesen. Und die Daten belegen dies (Abb. 1-9).

Der Pathomechanismus ist klar: Umstrukturierung bewirkt vor allem eines: Unsicherheit. Denn nicht selten ist sie bekanntermaßen mit dem Verlust von Arbeitsplätzen verbunden. Zudem wird miserabel kommuniziert: Wir haben uns an die verrücktesten Euphemismen gewöhnt, wenn es darum geht, unangenehme Wahrheiten „aufgeschwatzt" zu bekommen. Ich erinnere mich noch gut, als die Bahn ihre völlig undurchschaubaren Fahrkartenpreise eingeführt hatte. Sie informierte ihre Kunden mit einem Anschreiben, das da lautete: „Jetzt wird alles einfacher!" Und wenn ein Manager zu seinen Leuten sagt, „wir müssen uns den neuen Herausforderungen stellen und neue Wege gehen", dann wissen diese auch schon, dass er eigentlich sagt: „Leute, jeder Fünfte muss gehen, sonst sind wir pleite". Es ist sehr schade, dass die meisten Menschen in Führungspositionen zu viele „Coaches" hatten, die ihnen beigebracht haben, so zu reden („kommt aus Amerika" – stimmt, da habe ich solchen Lug und Trug schon vor 25 Jahren überall beobachtet). Im Hinblick auf die Gesundheit der Mitarbeiter wäre das Einschenken von reinem Wein und die Einbeziehung der Mitarbeiter bei jeglichen Veränderungsmaßnahmen nicht nur gesundheitsförderlich, sondern auch schlau im Hinblick auf die Zukunft des Unternehmens. Denn ei-

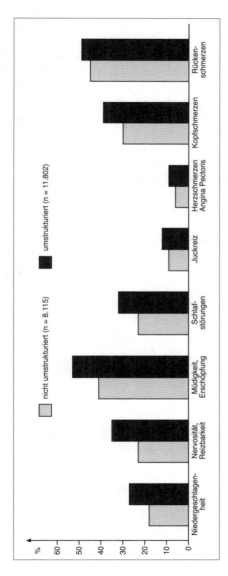

Abb. 1-9 Vergleich häufig auftretender Beschwerden in Unternehmen ohne bzw. mit Umstrukturierungsmaßnahmen (nach 12). Was auch immer man an Symptomen betrachtet, bei Umstrukturierung hat man mehr davon!

gentlich kann es sich auch der beste Manager nicht leisten, auf die Erfahrungen seiner Mitarbeiter gerade bei wichtigen Entscheidungen zu verzichten! Aber die meisten sind zu schwach und/oder zu faul, um Gespräche zu führen, zuzuhören und Alternativen abzuwägen. Da spielt man doch lieber gleich den Starken, lässt sich von den Aktionären feiern (und fürstlich belohnen) und ist sowieso über alle Berge, wenn es dann bergab geht ...

Es wird höchste Zeit, dass wir diese Zusammenhänge durchschauen und es besser machen. In anderen Ländern der EU ist man da schon weiter. Man weiß auch (und sagt es nicht nur bei Festreden), dass das eigentliche Kapital jeder Organisation die dort arbeitenden Menschen sind, und nicht die Gebäude oder Maschinen. Der rote Fleck in der Mitte Europas muss grün werden – unserer Gesundheit *und* unserem Wohl(stand) zuliebe!

Literatur

1. Abel EL, Kruger ML. Smile intensity in photographs predicts longevity. Psychological Science 2010; 21: 542–544.
2. Badura B, Ducki A, Schröder H, Klose J, Macco K. Fehlzeiten-Report 2011: Führung und Gesundheit. Zahlen, Daten, Analysen aus allen Branchen der Wirtschaft. Berlin: Springer 2011.
3. Eisenberger NI, Lieberman MD, Williams KD. Does rejection hurt? An fMRI study of social exclusion. Science 2003; 302: 290–292.
4. Eisenberger NI, Taylor, SE, Gable SL, Hilmert CJ, Lieberman MD. Neural pathways link social support to attenuated neuroendocrine stress responses. Neuroimage 2007; 35: 1601–1612.
5. Eurofond 2011. www.eurofound.europa.eu/surveys/smt/ewcs/ewcs2010_10_05_de.htm. Accessed: 25.6.2013.
6. EWCS Europäische Erhebung über die Arbeitsbedingungen – Darstellung der Ergebnisse 2011. www.eurofound.europa.eu/surveys/smt/ewcs/results_de.htm. Accessed: 25.6.2013.

7. Gregersen S, Kuhnert S, Zimber A, Nienhaus A. Führungsverhalten und Gesundheit – Zum Stand der Forschung. Das Gesundheitswesen 2011; 73: 3–12.
8. Headey B, Muffels R, Wagner GG. Long-running German panel survey shows that personal and economic choices, not just genes, matter for happiness. PNAS 2011; 107: 17922–17926.
9. Joussen R. Psychische Fehlbeanspruchungen am Arbeitsplatz. In: BKK Bundesverband (Hrsg.). BKK Gesundheitsreport 2008. Seelische Krankheiten prägen das Krankheitsgeschehen 2008, 82–87.
10. Kirschbaum C, Pirke KM, Hellhammer DH. The 'Trier Social Stress Test': A tool for investigating psychobiological stress responses in a laboratory setting. Neuropsychobiology 1993; 28: 76–81.
11. Kirschbaum C, Klauer T, Filipp SH, Hellhammer DH. Sexspecific effects of social support on cortisol and subjective responses to acute psychological stress. Psychosom Med 1995; 57: 23–31.
12. Lohmann-Haislah A. Stressreport Deutschland 2012. Psychische Anforderungen, Ressourcen und Befinden. Bundesanstalt für Arbeitsschutz und Arbeitsmedizin, Dortmund, Berlin, Dresden 2013. www.baua.de/dok/3430796.
13. Robert M Sapolsky. Why Zebras Don't Get Ulcers. New York: WH Freeman 1998.
14. Spitzer M. Verstoßen im Scanner: Ablehnung schmerzt. Nervenheilkunde 2003; 22: 486–7.
15. Spitzer M. Die Dunbar-Zahl. Zur Größe von Gehirnen und Freundeskreisen. In: Nichtstun, Flirten, Küssen. Stuttgart: Schattauer 2012; 66–82.
16. Spitzer M, Bohnenberger M. Soziale Schmerzen. Warum sie auch weh tun und was daraus folgt. In: Spitzer M. Das (un)soziale Gehirn. Stuttgart: Schattauer 2013; 121–134.
17. Spitzer M. Digitale Demenz. München: Droemer 2012.
18. Von der Leyen U. Vorwort. In: Lohmann-Haislah A. Stressreport Deutschland 2012. Psychische Anforderungen, Ressourcen und Befinden, S. 4. Bundesanstalt für Arbeitsschutz und Arbeitsmedizin, Dortmund 2012.
19. Wilde B, Hinrichs S, Bahamondes-Pavez C, Schüpbach H. Führungskräfte und ihre Verantwortung für die Gesundheit ihrer Mitarbeiter – Eine empirische Untersuchung zu den Bedingungsfaktoren gesundheitsförderlichen Führens. Wirtschaftspsychologie 2009; 2: 74–89.

20. Berkman LF, Syme SL. Social networks, host resistance, and mortality: a nine-year follow-up study of Alameda county residents. Am J Epidemiol 1979; 109: 186–203.
21. Spitzer M. Multitasking – Nein danke! In: Aufklärung 2.0. Stuttgart: Schattauer 2010; 164–174.

2 Rotkäppchen und der Stress

... und die Wissenschaft

Zu den bekanntesten europäischen Märchen gehört das von dem kleinen Mädchen namens Rotkäppchen und dem Wolf (Abb. 2-1). Vor dem wird es von der besorgten Mutter gewarnt, als es seiner erkrankten Großmutter, die in einem Single-Haushalt lebt, etwas zu Essen (Kuchen und Wein) bringen möchte. Im Wald trifft Rotkäppchen dann den Wolf, der sich bekanntermaßen nicht vegetarisch ernährt, informiert ihn unbeabsichtigt über den Aufenthaltsort der Oma und leistet damit dem Ansinnen des Wolfs auf baldige Nahrungsaufnahme Vorschub. Nach der zeitintensiven, händischen Produktion eines floralen Zusatzgeschenks sucht Rotkäppchen die Großmutter dann tatsächlich auf, erkennt jedoch nicht, dass der Wolf sich postprandial der Schlafstätte der Oma bedient hat und nun – nach Rotkäppchens bekannter missglückter interrogativen Identifikation von Gesichtszügen der vermeintlichen Großmutter – die Gelegenheit nicht ungenutzt verstreichen lässt, das Mädchen zum Nachtisch zu verspeisen.

Nach manchen Überlieferungen endet die Geschichte an dieser Stelle, was viele zu der Interpretation verleitet hat, dass es sich bei dem Märchen im Kern um eine Warnung junger Mädchen vor listigen Annäherungen lüsterner, älterer Männer handelt. Hierzulande wird das Märchen jedoch zumeist mit einer sehr unwahrscheinlichen, positiven Wendung am Ende erzählt: Ein Jäger kommt, schneidet dem Wolf den Bauch auf, befreit die beiden Damen und füllt die Bauchhöhle des Wolfs mit Steinen. Aufgrund der massigen intraperitonealen Fremdkörper verstirbt dann der Wolf.

Was sagt uns dieses Märchen, jenseits vordergründiger sexistischer bürgerlicher Doppelmoral oder gar marxistischer Gesellschaftskritik, wie sie von Interpreten vor einem

Abb. 2-1 Auch die (post-)moderne Kunst bearbeitet altes Kulturgut auf immer neue stilistisch ungewohnte Weise. (Ich danke meinem Sohn Stefan und dessen Partnerin Camilla für die freundliche Genehmigung des Abdrucks)

oder einem halben Jahrhundert vorgebracht wurden (4)? – Aus meiner Sicht ist es geeignet, die Psychophysiologie der Stressreaktion zu erhellen und sollte daher auch weiterhin allen Kindern dieser Welt erzählt werden. Im Grunde genommen sind Rotkäppchen und der Wolf doch zwei natürliche Wesen, die in ihrem jeweiligen Lebensvollzug für sich genommen stressfrei existieren könnten. Erst durch die schicksalhafte Verkettung von Lebenswegen im Rahmen einer dyadischen Verstrickung kommt es zum Stress: Wölfe ernähren sich von tierischem Eiweiß, dessen Mangel beim Wolf die Vigilanz erhöht, den Metabolismus ankurbelt und Energie mobilisiert, damit die zur Nahrungsbeschaffung notwendigen aggressiven Handlungen auch erfolgreich umgesetzt werden können. Von der Nebennierenrinde ausgeschüttete Glukokortikoide im Blut des Wolfs bewirken eine konzertierte Aktion dieser und weiterer physiologischer Veränderungen, die den Wolf in die Lage versetzen, sich erfolgreich Nahrung zu beschaffen. Anders gewendet: Von den Wölfen, die keine Stressreaktion beim Jagen hatten, stammen die heute noch lebenden Wölfe definitiv nicht ab.

Ganz anders beim Rotkäppchen: Es reagiert gelassen auf die Begegnung mit dem Fressfeind, sodass ein für die Erfahrung von Stress notwendiges Erlebnis des Kontrollverlustes ausbleibt. Hierzu mag auch die Nahrung, die es in einem eigens hierzu mitgeführten Behältnis (Körbchen) dabeihat, sowie die ablenkende Beschäftigung mit Naturschönheit (Blumen pflücken) beigetragen haben. Falls das Mädchen dennoch je Anflüge einer Stressreaktion mit dem Wolf gehabt haben sollte, wurde diese durch anschließende körperliche Betätigung (zur Großmutter laufen) signifikant gedämpft. Selbst die bei visueller Inspektion fragwürdige Identität des im Bett weilenden Individuums führte bei Rotkäppchen ganz offensichtlich zu keinerlei Stressreaktion, sodass das kleine Mädchen sogar erstens den Akt des Verspeistwerdens, zweitens die Minuten der sensorischen Deprivation und die drittens stattgehabte Minderversorgung mit Atemgasen mit restitutio ad integrum überstehen konnte.

Ganz anders wiederum beim Wolf: Der wurde nicht nur zum Spielball seiner überbordenden Stressreaktion mit gleich zwei konsekutiven aggressiven Akten. Er erlebte auch die gastrointestinalen Nebenwirkungen der Stressreaktion, die von Völlegefühl über blutende Ulzera bis zum Kollaps mit Todesfolge reichen können und bei ihm tatsächlich reichten.

Was will uns das Märchen also sagen? – Nicht die objektiven Umstände – ein großer starker, zotteliger Körper mit scharfen Krallen und spitzen Zähnen auf der einen und ein kleines, schwaches, zartes Mädchen auf der anderen

Seite – sind relevant für die langfristige Gesundheit, sondern das subjektive Erleben des jeweiligen Individuums. Wird ein hohes Maß an Kontrolle erlebt, so kann dies zwar kurzfristig nachteilig sein (gefressen werden), wirkt sich aber langfristig positiv aus (Überleben). Ist man hingegen Spielball der Umstände und handelt daher reflexhaft auf entsprechende Reize, mag das zwar kurzfristig Befriedigung (Fressen) verschaffen, führt jedoch langfristig zu Krankheit und Tod.

Wer hätte gedacht, dass sich erst mit der biochemischen, physiologischen und psychologischen Aufarbeitung der akuten und chronischen Auswirkungen der Stressreaktion – von Walter Cannon und Hans Selye bis Robert Sapolsky – dem zeitgenössischen Leser die Tragweite alten europäischen Kulturgutes erschließt?

Die Tragweite der Wissenschaft geht heute zudem weit über die reine Aufklärung von Ursache-Wirkungsgefügen hinaus. Im dritten Jahrhundert nach Beginn der Aufklärung tun sich die meisten Menschen schwer damit, an übernatürliche Mächte und Kräfte zu glauben, wie das früher noch ganz im Bereich des Normalen war. Ein solcher Glaube reduziert jedoch Stress: Wie schon an anderer Stelle diskutiert (17), gibt es die Hypothese, dass Religiosität den positiven Effekt auf Menschen hat, ihren Stress zu reduzieren, und deswegen überhaupt entstehen konnte: Sie bettet uns erstens besonders stark in eine (Religions-)Gemeinschaft ein (9) und gibt uns zweitens ein subjektives Gefühl der Kontrolle (11), vermindert dadurch Angst (10, 12) und reduziert damit Stress (1).

Eine atheistische Grundhaltung scheint aus dieser Sicht zunächst eher ungesund, und damit auch eine wissenschaftliche Grundeinstellung, weil diese bekanntermaßen negativ mit Religiosität korreliert (5). Aber es gibt auch Hinweise darauf, dass Wissenschaft uns nahezu religiös „erfassen" bzw. „bewegen" kann: Man denke nur an die Gefühle von

Respekt oder gar Ehrfurcht, die der Anblick eines klaren Nachthimmels auslösen kann, insbesondere dann, wenn man sich die bekannten Fakten zur Entfernung der Sterne, deren Massen und Geschwindigkeiten etc. ins Gedächtnis ruft. Die wissenschaftliche Erkenntnis reduziert also keineswegs unsere Gefühle, sondern scheint sie noch zu verstärken. Nicht anders geht es uns ganz allgemein beim Erkennen von Wahrheit: Wir fühlen uns irgendwie erhaben. Daher rufen wissenschaftliche Großtaten wie die Entschlüsselung des menschlichen Genoms oder die Entdeckung des Higgs-Bosons bei vielen Menschen Reaktionen hervor, die an religiöse Gefühle erinnern, wie Presseberichte zum *Book of Life* oder zum *God Particle* illustrieren. Zwar werden solche Anspielungen (von 3 Milliarden Basenpaaren, die das menschliche Genom beschreiben, auf das im Alten Testament erwähnte göttliche Verzeichnis derjenigen, die in den Himmel kommen bzw. von einem theoretisch bedeutsamen Elementarteilchen zum allwissenden Gott[1]) von vielen aufgeklärten Menschen abgelehnt (und sorgen daher nicht nur für positive PR), sie deuten jedoch auch auf eine gewisse Verwandtschaft religiöser und wissenschaftlicher Begeisterung hin. Wenn Religion Opium fürs Volk ist, dann ist Wissenschaft das Methadon – so hat Preston (13) diesen Gedanken auf den Punkt gebracht.

---

1 Diese Anspielung geht auf den Physiknobelpreisträger Leon Lederman zurück, dem es vor etwa 20 Jahren letztlich um PR für einen US-amerikanischen Teilchenbeschleuniger ging. Im religiösen Amerika – so muss er geglaubt haben – kann man die hierfür notwendigen Milliarden eher auftreiben, wenn man das „Gott-Teilchen" sucht und nicht einfach nur irgendein Elementarteilchen. Wie man weiß, ging seine Rechnung nicht auf, und der „superconducting supercollider" (SSC) wurde in den USA nicht gebaut, obwohl man bereits ziemlich viel Erde bewegt hatte.

Um empirisch zu untersuchen, ob der Gedanke an Wissenschaft die durch Bedrohung auftretende Existenzangst und den damit verbundenen Stress reduzieren kann, führten Farias und Mitarbeiter kürzlich drei Experimente durch. Mittels einer eigens konstruierten Skala zum Ausmaß des Glaubens an die Wissenschaft (Tab. 2-1) wurden 100 Ruderer (46 weiblich, mittleres Alter 23 Jahre) kurz vor einem Wettkampf (hoher Stress; n = 52) und kurz vor Beginn des normalen Trainings (niedriger Stress, n = 48) untersucht (3). Neben dieser Skala wurden die Probanden noch nach ihrem subjektiv empfundenen Stress (1 = keinerlei Stress bis 7 = sehr viel Stress) sowie nach ihrer Religiosität befragt (1 = gar nicht bis 7 = sehr). Wie zu erwarten, hatten die Ruderer vor der Regatta tatsächlich signifikant (p = 0,002) mehr Stress (M = 4,04) als die vor dem Training (M = 3,02), waren insgesamt im Mittel kaum religiös (M = 1,86) und ihr Glaube an die Wissenschaft war signifikant negativ mit der Religiosität korreliert (r = –0,29; p = 0,004). Zudem zeigte sich, dass der Glaube an die Wissenschaft bei den Ruderern unter Stress signifikant (p = 0,006) höher ausgeprägt war (M = 4,03) als bei der Vergleichsgruppe ohne Stress (M = 3,54). Die Autoren schließen: „Dass in Hochstress-Situationen ein festerer Glaube an die Wissenschaft beobachtet wird, steht im Einklang mit der Auffassung, dass der Glaube an die Wissenschaft nicht-gläubigen Menschen dabei helfen kann, mit Stress umzugehen" (3, S. 2; Übers. durch d. Autor).

In einem zweiten Experiment wurde nicht mit Stress, sondern mit experimentell manipulierter Existenzangst gearbeitet, die dann entsteht, wenn man Menschen an ihren Tod erinnert. Dies wurde im Rahmen eines ganzen Forschungsfeldes, der *Terror Management Theory*, immer wieder empirisch gefunden (6, 7, 14). Religiosität mindert diesen Effekt und sogar manche, eigentlich nicht religiöse Menschen wenden sich an die Religion, wenn es um den

Tab. 2-1 Die 10 Items der Skala zum Glauben an die Wissenschaft (Belief in Science Scale) in deutscher Übersetzung und deren Faktorenladungen (nach 3, Table 1). Mittels einer Eichstichprobe von 144 Probanden wurde durch Faktorenanalyse ein Faktor gefunden, der 57 % der Varianz erklärt und eine hohe interne Reliabilität besitzt (alpha = 0,86).

Nr.	Item	Ladung
1	Wissenschaft liefert uns ein besseres Verständnis des Universums als die Religion.	0,76
2	„In einer von Dämonen verfolgten Welt, ist Wissenschaft die Kerze im Dunkeln." (Carl Sagan)	0,73
3	Wir können nur das rational glauben, was wissenschaftlich nachgewiesen werden kann.	0,73
4	Die Wissenschaft sagt uns alles, was es über die Realität zu wissen gibt.	0,78
5	Alle Aufgaben, die auf die Menschen zukommen, sind wissenschaftlich lösbar.	0,71
6	Die wissenschaftliche Methode ist der einzige verlässliche Weg zur Erkenntnis.	0,84
7	Die einzige wirkliche Erkenntnis, die wir haben können, ist wissenschaftliche Erkenntnis.	0,83
8	Wissenschaft ist der wichtigste Teil der menschlichen Kultur.	0,77
9	Wissenschaft ist der effizienteste Weg zur Wahrheit.	0,83
10	Wissenschaft und die Wissenschaftler sollten in der modernen Gesellschaft mehr Respekt erhalten.	0,56

eigenen Tod geht (10). Bei strikten Atheisten hingegen führt der Gedanke an den eigenen Tod nach einer Studie von Vail und Mitarbeitern (18) nicht zum vermehrten Glauben an übernatürliche Wesen (Gott).

Das Experiment wurde an 60 Probanden durchgeführt, von denen (nach Randomisierung) 31 über ihren eigenen Tod schreiben mussten, die anderen 29 hingegen über Zahnschmerzen. Nach einer Pause wurde dann der gleiche Fragebogen wie in Experiment 1 (Skala zum Glauben an die Wissenschaft) verwendet und es zeigte sich erneut der bereits bekannte Effekt: Wer zuvor an den eigenen Tod dachte, hatte einen signifikant ($p = 0{,}024$) stärkeren Glauben an die Wissenschaft ($M = 3{,}94$) als wer sich nur an Zahnschmerzen erinnerte ($M = 3{,}41$). Die Autoren fassen zusammen: „Unsere Ergebnisse deuten darauf hin, dass der Glaube an die Wissenschaft nicht-religiösen Menschen dabei hilft, mit ungünstigen Umständen umzugehen, was vorher schon über die Religiosität, den Glauben an den Fortschritt und den Glauben an die Evolutionstheorie berichtet wurde" (3). Und sie kommentieren diesen Befund vorsichtig dahingehend, dass er nichts über die Wissenschaft, jedoch viel über uns Menschen aussagt: „Dass moderne säkulare Menschen dazu neigen, sich an ihrem Glauben an die Wissenschaft festzuhalten, in derselben Art wie ihre Vorfahren sich den Göttern zuwandten, sagt nichts über den Wert der Wissenschaft als Methode aus. Es unterstreicht einfach nur, wie groß die menschliche Motivation zu glauben ist" (3; Übers. durch d. Autor).

Ja, „in Ehrfurcht sein" kann man nicht nur gegenüber Gott, sondern auch gegenüber unserer eigenen Erkenntnis. Gerade indem wir Großes, Unbegrenztes, ganz allgemein Wahres erkennen, erfüllt uns auch das Bewusstsein unserer eigenen Kleinheit, Begrenztheit, Endlichkeit und Fallibilität. Vielleicht ist das ja schon eine Ahnung von Gott – würden manche sagen. Ich weiß es nicht. Auf jeden Fall gehört wissenschaftliches Erkennen zu uns Menschen wie unsere Kultur und unsere Geschichte(n).

Literatur

1. Ano GG, Vasconcelles EB. Religious coping and psychological adjustment to stress: a meta-analysis. Journal of Clinical Psychology 2005; 61: 461–80.
2. Cannon WB. The Wisdom of the Body. New York: WW Norton 1932.
3. Farias M, Newheiser A-K, Kahane G, de Toledo Z. Scientific faith: Belief in science increases in the face of stress and existential anxiety. Journal of Experimental Social Psychology 2013; dx. doi.org/10.1016/j.jesp.2013.05.008.
4. Fetscher I. Wer hat Dornröschen wachgeküsst? Köln: Komet Verlag 2000.
5. Gervais WM, Norenzayan A. Analytic thinking promotes religious disbelief. Science 2012; 336: 493–6.
6. Goldenberg JL, Pyszczynski T, McCoy SK, Greenberg J, Solomon S. Death, sex, love, and neuroticism: Why is sex such a problem? Journal of Personality and Social Psychology 1999; 77: 1173–87.
7. Greenberg J, Pyszczynski T, Solomon S, Simon L, Breus M. Role of consciousness and accessibility of death-related thoughts immortality salience effects. Journal of Personality and Social Psychology 1994; 67: 627–37.
8. Greenberg J, Solomon S, Pyszczynski T. Terror management theory of self-esteem and cultural worldviews: Empirical assessments and conceptual refinements. In: Zanna MP (ed.). Advances in experimental social psychology, Vol. 29. New York, NY: Academic Press 1997.
9. Heine SJ, Proulx T, Vohs KD. The meaning maintenance model: On the coherence of social motivations. Personality and Social Psychology Review 2006; 10: 88–110.
10. Inzlicht M, Tullett AM, Good M. The need to belief: A neuroscience account of religion as a motivated process. Religion, Brain and Behaviour 2011; 1: 192–212.
11. Kay AC, Whitson JA, Gaucher D, Galinsky AD. Compensatory control: Achieving order through the mind, our institutions, and the Heavens. Current Directions in Psychological Science 2009; 18: 264–8.

12. Norenzayan A, Hansen IG. Belief in supernatural agents in the face of death. Personality and Social Psychology Bulletin 2006; 32: 174–187.
13. Preston JL. Religion is the opiate of the masses (but science is the methadone). Religion, Brain and Behaviour 2012; 1: 231–3.
14. Pyszczynski T, Greenberg J, Solomon S. Why do we need what we need? A terror management perspective on the roots of human social motivation. Psychological Inquiry 1997; 8: 1–20.
15. Sapolsky RM. Why Zebras don't get ulcers. New York: WH Freeman 1998.
16. Selye H. The stress of life. New York: McGraw-Hill 1978.
17. Spitzer M. Das Gott-Gen. Nervenheilkunde 2005; 24: 457–62.
18. Vail KE III, Arndt J, Abdollahi A. Exploring the existential function of religion and supernatural agent beliefs among Christians, Muslims, Atheists, and Agnostics. Personality and Social Psychology Bulletin 2012; 38: 1288–300.

3 Der Chef im Stress?

Der Chef ist immer im Stress – glaubt man der Literatur zur Beratung von Managern und Führungspersönlichkeiten, so ist diese Aussage fast definitionsgemäß zutreffend. Eine kurze Anfrage beim Internetbuchhändler Amazon zu „Stress" und „Manager" ergibt 179 Bücher mit Titeln, die von *Stress-Management für Dummies* über *Yoga-Tools für Super-Manager* und *Delegieren für Frauen* bis zu *Timeout statt Burnout* und *Gelassen und fit durch den Führungsalltag* reichen. Die Grundannahme ist dabei jeweils in etwa die Folgende: Gerade *weil* jemand für alles und jedes zuständig ist und obendrauf noch die Verantwortung hat, hat er oder sie auch ein hohes Stressniveau. Wie sollte man sonst die Boni für Banker und Manager rechtfertigen, die umso größer ausfallen je höher die betreffende Person in der Hierarchie steht? Das Problem der Chefs im Stress ist mithin keineswegs akademisch, wie nicht zuletzt an der Diskussion über das Kanzlergehalt um die Jahreswende deutlich wurde. Gerade im Hinblick auf die anstehenden diesjährigen Wahlen werden wir die Politiker wieder sagen hören, dass sie sich gerne aufopfern, um das Land – wie es immer so schön heißt – „voran zu bringen". Auch damit ist unterschwellig impliziert, dass man umso mehr Stress hat, je höher man auf der Leiter der Verantwortung steht.

Weil trotz jahrzehntelanger Stressforschung hier noch immer große Verwirrung herrscht, muss kurz geklärt werden, was man unter Stress versteht: Es handelt sich um eine akute Notfallreaktion des Körpers, die mit dem Ausschütten von Hormonen der Nebennierenrinde (*Cortisol*, dessen Name sich von *Cortex*, lat. Rinde ableitet) und des Nebennierenmarks (*Adrenalin*, von *ad renem*, lat. an der Niere) einhergeht. Diese *Stresshormone* bewirken insgesamt Maßnahmen, die Energie für Höchstleistungen mobilisieren und damit im Notfall von extremer Bedeutung sind: Puls, Blutdruck und

Blutzuckerspiegel steigen an, die Muskeln werden straffer, die Aufmerksamkeit steigt, sodass der Organismus kämpfen oder fliehen kann. Hingegen werden bei unmittelbar drohender Gefahr Körperfunktionen wie Verdauung, Immunabwehr, Wachstum oder Fortpflanzung durch Stresshormone herabgeregelt. Um diese Funktionen kann man sich später noch kümmern, wenn die Gefahr vorüber ist.

Die bisweilen überlebenswichtige akute Stressreaktion ist gesund, wird jedoch krankhaft und zum Problem, wenn sie nicht akut erfolgt, sondern chronisch vorliegt: Dann kommt es zu Hyperglykämie, Hypertonie, Abbau von Muskeleiweiß, neuronalem Zelltod sowie zu Verdauungsbeschwerden, Magengeschwüren und vermehrtem Auftreten von Infektionskrankheiten und Krebs sowie zu psychogenem Zwergwuchs, Libidoverlust, Amenorrhoe und Impotenz (6, 11). Zuweilen hört man die Behauptung, dass es guten und bösen Stress („Eustress" und „Dysstress") gäbe. Sinnvoller ist die einfache Unterscheidung zwischen akutem (sinnvollen) und chronischem (und damit pathologischem) Stress. (Nur weil ein „Gläschen in Ehren" nicht schadet, der Dauergebrauch aber durchaus, spricht man ja auch nicht von Eurotwein und Dysrotwein.)

Von besonderer Bedeutung ist weiterhin, dass das Ausmaß von Stress nicht von den objektiven Gegebenheiten der Situation abhängt, sondern vom subjektiven Erleben der Kontrolle über die Situation. Wer die Situation im Griff hat, der hat keinen Stress. Wer sich umgekehrt als Spielball der Umstände oder der Willkür anderer Menschen erlebt, leidet unter Stress. Eine ganz allgemeine Beziehung zwischen niederem sozialem Rang und höherem Stress wurde keineswegs nur beim Menschen gefunden, sondern auch bei anderen sozial lebenden Arten wie Mäusen, Ratten, Wölfen, Fischen und Vögel (12).

Zu den besten Untersuchungen beim Menschen gehören die des Engländers Michael Marmot, der in mehreren Studien nachweisen konnte, dass die Lebenserwartung von männlichen Beamten direkt mit ihrer Stellung in der Beamtenhierarchie korreliert war (5). Interessanterweise fand er nicht nur, dass die höchsten Beamten etwas länger leben als alle anderen, vielmehr hält sich der Zusammenhang von oben bis unten linear durch. So hat der Pförtner (um eines seiner Beispiele zu gebrauchen) beispielsweise noch eine etwas geringere Lebenserwartung als ein anderer untergeordneter Beamter, der aber noch etwas über dem Pförtner in der Hierarchie steht. Bei den heute für die Lebenserwartung wichtigen Erkrankungen handelt es sich um chronische Krankheiten, von denen sich viele als Endstrecke von chronischem Stress verstehen lassen, von den kardiovaskulären Komplikationen von Diabetes und Hypertonie bis hin zu chronischen Infektionen und Krebsleiden. So wundert es nicht, dass die soziale Stellung eines Menschen einen ganz wesentlichen Einfluss auf dessen Lebenserwartung hat.

Da nun die soziale Stellung eng gekoppelt ist mit dem Führen anderer Menschen bzw. dem Geführtwerden, ergibt sich hier ein Widerspruch: Eine hohe soziale Stellung sollte einerseits mit viel Stress einhergehen, geht jedoch andererseits mit einer hohen Lebenserwartung einher. Umgekehrt ist es bei einer niedrigen sozialen Stellung: Der Pförtner lebt nicht so lange, hat aber auch vermeintlich keinen Stress. Wie passt das zusammen?

Weil Menschen nicht die einzigen in Gruppen lebenden Primaten sind, lässt sich die Frage in der Hierarchie der Gruppe und dem Ausmaß von Stress auch an Affen untersuchen. Hierzu liegen tatsächlich eine Reihe interessanter Studien vor, die vor allem auf den seit Jahrzehnten in diesem Gebiet tätigen Wissenschaftler Robert Sapolsky zurückgehen. Beginnend im Jahr 1978 untersuchte dieser jährlich zunächst eine und dann ab 1985 zwei Gruppen wilder Paviane (*Papioanubis*) im ostafrikanischen Serengeti-Nationalpark (8, 10). Diese Tiere leben in stabilen Gruppen von 50 bis zu 150 Mitgliedern, wobei die männlichen Tiere um die Zeit der Pubertät herum eine neue Gruppe aufsuchen. Diese jährlich 12 bis 18 Tiere wurden von Sapolsky genau beobachtet und vor allem ihre Sozialkontakte wurden im Hinblick auf Dominanz und Submissivität eingeschätzt. Zudem wurde bei den Tieren das Cortisol im Blut bestimmt. Es zeigte sich hierbei für die Jahre 1980 bis 1986 (mit Ausnahme des Jahres 1981) eine klare Beziehung zwischen der sozialen Stellung in der Gruppe und dem Cortisolspiegel: Hochrangige Tiere hatten einen niedrigeren Cortisolspiegel als Tiere am Ende der sozialen Leiter. Ein Hypercortisolismus konnte in einer späteren Studie (13) an 70 Pavianen einer anderen Art (*Papiocynocephalus*) auch mittels Dexamethason-Suppressionstest bei denjenigen Tieren nachgewiesen werden, die sich entweder in der sozialen Rangordnung weit unten befanden oder völlig isoliert waren. Beim erhöhten Cortisolspiegel untergeordneter Affen geht es keineswegs um die endokrinen Effekte eines abstrakten sozialen Konstrukts (Rang), sondern um das gelebte Leben in Fleisch und Blut: Werden rangniedrige Tiere in einer relativ stabilen Gruppe „nur" alle 20 Stunden unvorhergesehen durch ranghöhere Tiere gepeinigt, liegt deren basaler Cortisolspiegel bei $14 \pm 4\,\mu g/100\,ml$; erfolgen umgekehrt in gruppendynamisch turbulenten Zeiten aggressive Akte hingegen durchschnittlich alle 5 Stunden, liegt der basale Cortisolspiegel bei $25 \pm 2\,\mu g/100\,ml$ (12).

Von besonderer Bedeutung ist daher die Tatsache, dass die beschriebenen Ergebnisse in Gruppen gewonnen wurden, die stabile Hierarchien aufwiesen. Gerät das soziale Gefüge hingegen durcheinander (wie im Beobachtungsjahr 1981), kann der Zusammenhang zwischen hohem Rang und niedrigem Cortisolspiegel völlig verschwinden (9). Eine große Studie aus dem Amboseli-Nationalpark im Südwesten Kenias, direkt an der Grenze zu Tansania, an fünf Pavian-Gruppen (*Papio cynocephalus*), die über neun Jahre hinweg (mit über 4500 Hormonanalysen) beobachtet wurden, zeigte einerseits die beschriebene klare Abhängigkeit des Cortisols vom sozialen Rang, jedoch mit einer Ausnahme: Die Alpha-Männchen hatten die höchsten Stresshormonwerte (4). Die niedrigsten Cortisolspiegel hatten die Beta-Männchen und dann stieg der Stresshormonspiegel wieder an bis an das Ende der Hierarchie, wo er etwa bei dem der Alpha-Männchen lag.

Die Ergebnisse von Studien an Primaten zum Thema Führung und Stress sind somit keineswegs eindeutig zu interpretieren oder auf den Menschen zu übertragen. Auf jeden Fall trifft zu, dass auch die Lebenswelt von nicht menschlichen Primaten voller Wechselfälle steckt und wie folgt zusammengefasst werden kann: Die Cortisolspiegel von Primaten geben weniger die soziale Stellung des Primaten wieder als vielmehr die Bedeutung der sozialen Stellung innerhalb einer bestimmten Art und sozialen Gruppe (1, 14). Immer dann, wenn die Alpha-Tiere häufig angegriffen werden und ihre soziale Stellung verteidigen müssen, geht eine hohe soziale Stellung mit einem höheren Cortisolspiegel im Blut einher. In solchen Gruppen haben Mitglieder in niedrigerer sozialer Stellung auch niedrigere Cortisolspiegel. Ganz anders ist es bei Arten bzw. Gruppen, in denen die soziale Stellung kaum von niederen Gruppenmitgliedern angetastet wird und die dominanten Tiere die untergeordneten Tiere herumkommandieren und gelegentlich auch ihre Aggressivität an ihnen (ungestraft) auslassen. Hier sind die Konzentrationen von Cortisol bei den dominanteren Tieren geringer und bei den untergeordneten Tieren höher. Im Hinblick auf verschiedene in Sozialverbänden lebende Primaten ist also soziale Stellung nicht dasselbe wie soziale Stellung. Eine hohe Stellung kann Unsicherheit und Kampf, aber auch Kontrolle von anderen und Sicherheit ausmachen und eine niedrige soziale Stellung kann einerseits Sicherheit und andererseits geringe Kontrolle und Unsicherheit bedeuten. Damit stellt sich eine Frage ganz klar: Wie ist das nun bei uns Menschen?

Im Grunde genommen wäre die Beantwortung dieser Frage ganz einfach: Man bestimmt bei zwei Gruppen von Menschen die Konzentration des Stresshormons Cortisol im Blut, zum einen bei Führungspersönlichkeiten des öffentlichen Lebens und zum anderen bei ganz normalen Leuten, die nicht in Führungspositionen, ansonsten aber vergleichbar sind. Das Problem: Finden Sie einmal eine solche Gruppe!

Gelöst wurde das Problem von Mitarbeitern der Harvard University, an der immer wieder spezielle Programme zur Fortbildung von Führungspersönlichkeiten durchgeführt werden (*Executive Education Programs*). Für die erste Studie wurden insgesamt 231 Probanden (136 männlich, mittleres Alter 46,2 Jahre) rekrutiert, von denen 148 als Führungskräfte eingestuft wurden, die vor allem den Bereichen Politik und Militär angehörten. 65 Probanden in vergleichbarem Alter, bei denen es sich nicht um Führungskräfte handelte und die aus der Region Boston rekrutiert wurden, dienten als Vergleichsgruppe. Interessant ist schon der Vergleich der beiden Gruppen. Obwohl man versuchte, Vergleichbarkeit im Hinblick auf wichtige psychologische sozioökonomische Daten (Alter und Geschlecht sowie Rassenzugehörigkeit) herzustellen, waren die Führungskräfte tendenziell eher männlich und hatten eine signifikant bessere Ausbildung sowie ein signifikant höheres Einkommen. Sie tranken signifikant mehr Kaffee, standen 1,5 Stunden (signifikant) früher auf und schliefen jede Nacht eine (signifikante) gute halbe Stunde weniger als die Nicht-Führungskräfte. Im Hinblick auf die Rassenzugehörigkeit wurde durch das Auswahlverfahren sichergestellt, dass es keine Unterschiede gab: Bei jeweils gut zwei Dritteln der Teilnehmer beider Gruppen handelte es sich um Amerikaner europäischen Ursprungs (also um „Weiße").

Um die tageszeitlichen Schwankungen des Cortisolspiegels zu minimieren, wurden die Cortisolkonzentrationen im Speichel jeweils am Nachmittag, etwa gegen 15.30 Uhr, gemessen. Ebenfalls bei allen Probanden gemessen wurde das Niveau der Angst mit dem 19 Item umfassenden *State-Trait Anxiety Inventory* (18).

Das Ergebnis der Studie bestand darin, dass bei Führungskräften sowohl ein geringerer Cortisolspiegel als auch ein geringeres Angstniveau bestand als bei Nicht-Führungskräften. Interessanterweise waren beide Maße – Cortisol und Angst – nicht miteinander korreliert (r = 0,06), was darauf hindeutet, dass subjektives Erleben und objektive Reaktion des autonomen Nervensystems zwei weitgehend unabhängig voneinander variierende Manifestationen von Angst und Stress darstellen, wie dies auch schon in anderen Studien gefunden wurde (3, 7) (Abb. 3-1 und 3-2).

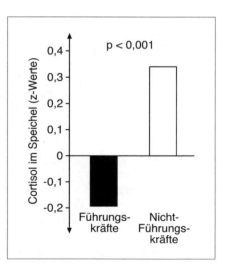

Abb. 3-1 Cortisolkonzentrationen (logarithmierte und z-transformierte Werte) bei Führungskräften und Nicht-Führungskräften (nach 17). Der Cortisolwert der Führungskräfte lag eine halbe Standardabweichung unter den entsprechenden Werten der Nicht-Führungskräfte.

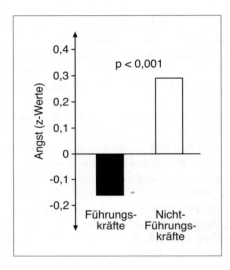

Abb. 3-2 Berichtetes Angstniveau (z-transformierte Werte) bei Führungskräften und Nicht-Führungskräften (nach 17). Es zeigt sich das gleiche Ergebnis wie in Abbildung 3-1.

Im Rahmen einer zweiten Studie, die ausschließlich an insgesamt 88 Führungskräften durchgeführt wurde (59 männlich, mittleres Alter 47,5 Jahre, drei Viertel der Probanden waren europäischer Herkunft) ging es um die Frage nach den Bedingungen bzw. vermittelnden Variablen des Effekts des Führens auf das erlebte Angstniveau und den gemessenen Stresshormonspiegel. Die Stellung der Führungskraft innerhalb der Führungshierarchie wurde auf dreifache Weise gemessen:

- Zum einen wurde gefragt, wie viele Leute *direkt oder indirekt* in der Hierarchie unter der betreffenden Führungskraft stehen (Gesamtzahl aller Untergeordneten). Zudem wurde nach der größten Anzahl von direkt oder indirekt unterstellten Menschen über ihre gesamte Karriere hinweg gefragt. Die Antworten auf beide Fragen waren sehr ähnlich (Cronbach's alpha = 0,82).

- Der zweite Aspekt der Führungshierarchie bezog sich auf die Frage, wie viel Menschen der betreffenden Führungskraft jeweils *direkt* unterstanden. Wiederum wurde die Frage für die Gegenwart sowie für die Zeit der gesamten Karriere gestellt (wobei mit einer Konsistenz von alpha = 0,66 geantwortet wurde). Die Daten zur Hierarchie wurden wie die Hormonmessungen transformiert, da sie eine große Variabilität und vor allem eine schiefe Verteilung aufwiesen. Sie wurden zunächst logarithmiert und dann z-transformiert.
- Die dritte Variable, die ebenfalls erfragt wurde, bezog sich auf *Autorität und Autonomie*, die mittels Items wie „Ich kann Untergeordnete belohnen oder bestrafen", „Ich kann Untergeordnete aufwärts oder abwärts befördern", „Man erwartet von mir, dass ich meine Leute motiviere" und „Ich überwache meine Leute und evaluiere bzw. korrigiere ihre Arbeit falls nötig" auf jeweils einer 7-Punkte-Skala einzuschätzen waren (1: viel weniger als andere in meiner Organisation; 7: viel mehr als andere in meiner Organisation. Die interne Konsistenz dieser Fragen war mit alpha = 0,89 recht hoch).

Darüber hinaus mussten alle Teilnehmer von Studie 2 die acht Items umfassende *Personal Sense of Power Scale* ausfüllen, einen Fragebogen, bei dem es um das Ausmaß der erlebten Kontrolle bzw. Macht in ihren sozialen Verhältnissen ging. Um dem Leser ein Gefühl für die wesentliche Variable der Studie 2 zu geben, sind in Tabelle 3-1 die acht Items in deutscher Übersetzung aufgeführt.

Die Ergebnisse der zweiten Studie lassen sich wie folgt zusammenfassen: Die Höhe der Position in der Hierarchie (ermittelt als Zusammenfassung der beschriebenen drei Variablen zum Führungsrang) ging mit einem verminderten Cortisolspiegel und einer verminderten gemessenen bzw. erlebten Angst einher. Wie in Studie 1 waren die Hormon-

Tab. 3-1   Items der *Sense of Power Scale* (nach 2, Übersetzung durch den Autor). Die Hälfte der Items – hier mit (r) gekennzeichnet – hat umgekehrte Polarität.

Item	Aussage
1	Ich kann dafür sorgen, dass man mir zuhört.
2	Meine Wünsche haben wenig Gewicht. (r)
3	Ich kann dafür sorgen, dass andere tun, was ich will.
4	Auch wenn ich meine Meinung sage, bringt das meistens nichts. (r)
5	Ich glaube, ich habe ziemlich viel Macht.
6	Meine Ideen und Sichtweisen werden oft ignoriert. (r)
7	Auch wenn ich mir Mühe gebe, geht es nicht nach mir. (r)
8	Wenn ich das will, fälle ich die Entscheidungen.

werte und die Werte für die erlebte Angst nicht miteinander korreliert. Durch Modellierung der Daten unter Hinzuziehung des erlebten Ausmaßes an Kontrolle konnte gezeigt werden, dass der inverse Zusammenhang zwischen Führungsebene und Cortisolkonzentration ganz wesentlich durch das Ausmaß an erlebter Kontrolle vermittelt wurde. Das gleiche Ergebnis zeigte sich auch für die Angst: Eine höhere Führungsposition ging mit einem stärkeren Gefühl der erlebten Kontrolle einher und dieses wiederum mit einer geringeren Angst (Abb. 3-3).

Man kann sich nun noch fragen, woran es denn genau liegt, dass das Führen Stress reduziert. Hierzu wurde das in Abbildung 3-3 dargestellte Modell für die drei Variablen

1. Zahl aller Untergeordneten,
2. Zahl der direkt geführten Untergeordneten und
3. Autorität und Autonomie getrennt berechnet.

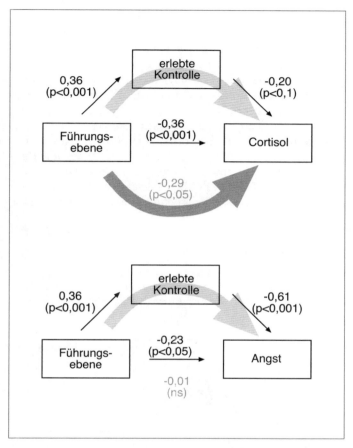

Abb. 3-3 Zusammenhang (Beta-Gewichte und Irrtumswahrscheinlichkeiten) zwischen Führungsrang (Hierarchieebene), subjektiv erlebter Kontrolle und den beiden abhängigen Variablen in Studie 2: Cortisolkonzentration im Speichel und Angstniveau (nach 17). Der Zusammenhang zwischen Führungsrang und Cortisol wird zum Teil durch die erlebte Kontrolle aufgeklärt (oben); der zwischen Führungsrang und Angst praktisch vollständig (unten; hier bleibt ein Zusammenhang von 0,01 „übrig", wenn man die Vermittlung über die Kontrolle herausrechnet).

Hierbei zeigte sich, dass das Modell – die Auswirkungen vom Führungsrang sind über Kontrolle vermittelt – für die Variablen (1) und (3), nicht jedoch für die Variable (2) gilt (Abb. 3-4): Je mehr Menschen insgesamt (mehr oder weniger direkt) unter einer Führungskraft arbeiten und je mehr Autorität und Autonomie die Führungskraft besitzt, desto mehr Kontrolle erlebt sie und desto weniger Angst und Stress hat sie. Hat die Führungskraft hingegen viele Menschen direkt zu führen, wirkt sich dies nicht günstig aus. Robert Sapolsky (16) kommentiert das Ergebnis daher augenzwinkernd wie folgt: „Unter dem Gesichtspunkt der Gesundheit und des seelischen Gleichgewichts einer Führungskraft ist es besser, lediglich viele Menschen zu haben,

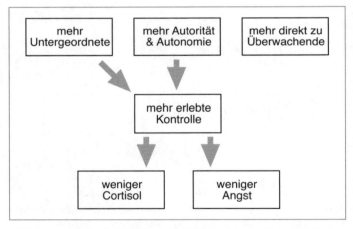

Abb. 3-4 Je höher man sich in der Führungshierarchie befindet, desto geringer sind Angst und Stress, jedenfalls dann, wenn das Führen mit dem Gefühl der Kontrolle einhergeht. Dieses stellt sich dann ein, wenn man über vielen anderen steht (mit denen man möglichst nichts zu tun haben sollte) sowie über Autorität und Autonomie verfügt (nach 16).

die einen unterwürfig anlächeln, wenn man durch das Büro läuft, als sie tatsächlich beaufsichtigen bzw. kontrollieren zu müssen."

Bevor sich nicht gestresste Chefs großer Institutionen oder Konzerne mit wenigen direkten Untergebenen nun entspannt zurücklehnen, erscheinen zum Schluss (wie in jeder anständigen wissenschaftlichen Arbeit) noch einige klärende Worte zu möglichen Einwänden und Grenzen der vorliegenden Daten angezeigt. Wer meint, er sei eben zum Chef geboren und jetzt endlich in der seinen Fähigkeiten und Neigungen entsprechenden Stellung angekommen, sollte wissen, dass die Kausalität eher anders herum ist (vom hohen Rang auf den niedrigen Stress), wie Verlaufsbeobachtungen bei den Pavianen zeigten: Ändert sich der Rang, so folgt die Cortisolkonzentration nach. Zudem sagt die vorliegende Studie nichts über die Bedeutung der Stabilität der Rangreihenfolge in der betreffenden Gruppe für den Stress aus. Stellen wir uns nur einmal vor, es ginge um Führungskräfte aus kurz vor der Insolvenz stehenden Unternehmen: Über die Cortisolkonzentrationen dieser Manager wissen wir nichts. (Und es ist wahrscheinlich nicht so einfach, hier eine entsprechende Gruppe zu rekrutieren, so günstig auch in den Jahren 2008 bis 2010 die Gelegenheiten hierzu waren.) Die an der Studie von Sherman und Mitarbeitern beteiligten Führungskräfte kamen vor allem aus den Bereichen Politik und Militär, die man kaum mit drohendem Bankrott in Verbindung bringt.

Interessant ist im Hinblick auf das Setzen von persönlichen Prioritäten durch Chefs schließlich, was man sonst noch aus Studien an Pavianen weiß: Männliche Tiere mit geringen sozialen Fertigkeiten im Hinblick auf ihr kompetitives Verhalten gegenüber anderen männlichen Tieren, weisen vergleichsweise höhere Cortisolkonzentrationen auf (auch wenn man den Rang herausrechnet); dies galt auch (unabhängig vom gerade genannten Zusammenhang) für männliche Tiere mit wenig Kontakt zu Kindern sowie anderen weiblichen Tieren außerhalb von deren fruchtbaren Tagen (es geht also nicht um Sex, sondern um, das anthropomorphe Wort muss gelassen heraus, so etwas wie Freundschaft; ebenfalls unabhängig vom Rang; 12). Die soziale Kompetenz eines einzelnen Individuums innerhalb der Gruppe – oder um es ganz einfach zu sagen: dessen *Charakter* – entscheidet also auch bei Primaten über Erfolg oder Misserfolg im Leben, über Stress oder Gelassenheit und damit langfristig auch über das Leben selbst, nämlich dessen Erfüllung (Glück) und Dauer (Lebenserwartung). *Das* sollte jeder Chef wissen!

Literatur

1. Abbott DH, Keverne EB, Bercovitch FB, Shively CA, Mendoza SP, Saltzman W, Snowdon CT, Ziegler TE, Banjevic M, Garland T, Sapolsky RM. Are subordinates always stressed? A comparative analysis of rank differences in cortisol levels among primates. Horm Behav 2003; 43: 67–82.
2. Anderson C, John OP, Keltner D. The personal sense of power. J Pers 2012; 80: 313–344.
3. Conrad A, Isaac L, Roth WT. The psychophysiology of generalized anxiety disorder: 1. Pretreatment characteristics. Psychophysiology 2008; 45: 366–376.
4. Gesquiere LR, Learn NH, Simao CM, Onyango PO, Alberts S, Altmann J. Life at the top: Rank and stress in wild male baboons. Science 2011; 333: 357–360.
5. Marmot M, Wilkinson R. Social Determinants of Health. New York: Oxford University Press 2005.
6. McEwen BS. Physiology and neurobiology of stress and adaptation: Central role of the brain. Physiol Rev 2007; 87: 873–904.
7. McLeod DR, Hoehn-Saric R, Stefan RL. Somatic symptoms of anxiety: Comparison of self-report and physiological measures. Biol Psychiatry 1986; 21: 301–310.
8. Sapolsky RM. The endocrine stress-response and social status in the wild baboon. Horm Behav 1982; 15: 279–284.

9. Sapolsky RM. Endocrine aspects of social instability in the olive baboon (*papio anubis*). Am J Primat 1983; 5: 365–373.
10. Sapolsky RM. Hypercortisolism among socially subordinate wild baboons originates at the CNS level. Arch Gen Psychiatry 1989; 46: 1047–1051.
11. Sapolsky RM. Stress, the Aging Brain, & the Mechanisms of Neuron Death. Cambridge: MIT Press 1992.
12. Sapolsky RM. Social subordinance as a marker of hypercortisolism. Some unexpected subtleties. Ann N Y Acad Sci 1995; 771: 626–639.
13. Sapolsky RM, Alberts SC, Altmann J. Hypercortisolism associated with social subordinance or social isolation among wild baboons. Arch Gen Psychiatry 1997; 54: 1137–1143.
14. Sapolsky RM. The influence of social hierarchy on primate health. Science 2005; 308: 648–652.
15. Sapolsky RM. Behavior. Sympathy for the CEO. Science 2011; 333: 293–294.
16. Sapolsky RM. Importance of a sense of control and the physiological benefits of leadership. PNAS 2012; 109: 17730–17731.
17. Sherman GD, Lee JJ, Cuddy AJC, Renshorn J, Oveis C, Gross JJ, Lerner JS. Leadership is associated with lower levels of stress. PNAS 2012; 109: 17903–17907.
18. Spielberger CD. Manual for the State-Trait Anxiety Inventory: STAI (Form Y). Palo Alto, CA: Consulting Psychologists Press 1983.

4 Zeit verschenken, um Zeit zu haben

Wer Geld oder Sachen verschenkt, besitzt hinterher weniger. Wer hingegen Liebe, Vertrauen oder Bildung schenkt, hat hinterher selbst *mehr* davon. Bei der Liebe versteht man das fast unmittelbar. Beim Vertrauen muss man etwas nachdenken, was nicht zuletzt Ökonomen getan haben (die Schriften des Ökonomie-Nobelpreisträgers Amartya Sen; 4). Bei der Bildung ist die Sache wieder einfach, denn wie jeder weiß, lernt man etwas am nachhaltigsten, indem man es lehrt. Oder wie ich während meiner einzigen Appendektomie anlässlich einer Famulatur in Australien gelernt habe: „See one, do one, *teach* one". (Zum Lehren bin ich damals allerdings nicht mehr gekommen; und glücklicherweise hatte ich zuvor auch schon mehr als eine gesehen.)

Manches vermehrt man also, indem man es verschenkt. Dass es sich mit unserer Zeit so verhalten soll, leuchtet dagegen gar nicht ein: Meine Zeit ist ein sehr knappes Gut und je mehr von meiner Zeit ich hergebe, desto weniger habe ich übrig. So zumindest verhält es sich bei erster Betrachtung der Dinge ohne jeden Zweifel. „Zeit ist Geld und Geld haben wir keines" – Sprüche wie dieser verweisen darauf, dass wir unsere Zeit meist unter dem Gesichtspunkt der Ökonomie betrachten und dabei eher den plumpen Wildwestkapitalismus und eher nicht den Ökonomen Sen im Sinn haben. Arbeit erfolgt im *Zeittakt* oder unter *Zeitdruck*; bezahlt wird nach Leistung, und die ist – das haben wir in der Physik (Klasse 8) gelernt – Arbeit *pro* Zeit. Und weil wir alle viel leisten müssen, haben wir alle zu viel zu tun und zu wenig Zeit dafür. Dies hat auch die Wissenschaft festgestellt (1, 3).

Vielleicht liegt unsere Zeitknappheit aber auch nur an der – falschen – ökonomischen Perspektive! Ein Argument, warum dies so sein könnte, wird von Mogilner und Mitarbeitern (2) etwa wie folgt formuliert: Mit Nichtstun verbrachte Zeit zieht sich dahin – man denke nur an das erzwungene Nichtstun beim Warten auf irgendetwas oder irgendwen. Langweilige Zeit vergeht also langsam, aber nur im unmittelbaren Erleben. Im Nachhinein ist diese Zeit kaum in unserem Gedächtnis vorhanden, wir wissen kaum, was war, und genau deswegen erleben wir sie als sehr schnell vergangen. Bei solchen subjektiven Urteilen muss man immer berücksichtigen, worum genau es geht, die Beurteilung der aktuellen Zeit, der vergangenen oder der zukünftigen.

Entsprechend gilt für die mit Erlebnissen und Taten ausgefüllte Zeit, dass sie subjektiv sehr rasch vergeht. Im Nachhinein wird ein solcher „voller" Zeitraum so empfunden als sei die Zeit langsam vergangen, denn es war ja „so viel los". Wie schnell die Zeit vergangen ist und wie viel Zeit wir „gefühlt erleben", ist damit keine Frage von Sekunden, Minuten oder Stunden, sondern eine Frage der *Ausfüllung* der Zeit.

Nun ist es Teil der Lebenserfahrung (und durch entsprechende wissenschaftliche Studien übrigens auch gut belegt; 5), dass Menschen am liebsten Zeit mit anderen Menschen verbringen. Zudem erleben sich Menschen ungern als Sklaven oder Knechte, sehr gern hingegen als selbstbestimmt und·frei. Wenn einer also einem anderen aus freien Stücken hilft, dann sollte ihm dies das Erlebnis von sehr produktiver ausgefüllter Zeit daraus erwachsen. Und je mehr jemand das Gefühl hat, dass er seine Zeit produktiv verbracht hat, desto mehr Zeit wird er seinem Erleben nach zur freien Verfügung haben.

Dass dieser Zusammenhang von Freiheit, Selbstbestimmung und Zeit tatsächlich für unser Erleben eine Rolle spielt, wurde nun kürzlich experimentell überprüft. Insgesamt vier Experimente belegen empirisch, dass mit anderen Menschen helfend verbrachte Zeit die Menge an gefühlter, verfügbarer eigener Freizeit steigert.

Im ersten Experiment wurden 218 Studenten im mittleren Alter von knapp 21 Jahren (58 % weiblich) fünf Minuten vor dem Ende eines einstündigen Laborpraktikums gebeten, eine kleine Aufgabe zu erledigen: Nach randomisierter Verteilung in zwei Gruppen bekam die eine Gruppe die Aufgabe, einen aufmunternden Brief an ein schwer krankes Kind zu schreiben, der später tatsächlich per E-Mail an das Kind geschickt wurde. Die andere Gruppe bekam die Aufgabe, in einem mehrseitigen lateinischen Text jeweils den Buchstaben „e" durchzustreichen. Es ging also letztlich um Auswirkungen der Art, wie man seine Zeit verbringt: Die eine Gruppe tat etwas Sinnvolles, die andere betrieb 5 Minuten Zeitverschwendung. Danach mussten alle Teilnehmer des Versuchs insgesamt 4 Aussagen zu ihrem Zeiterleben auf einer Skala von 1 (trifft definitiv zu) bis 7 (trifft definitiv nicht zu) bewerten. Eine dieser Aussagen lautete beispielsweise „meine Zukunft erscheint mir unendlich".

Obgleich die Teilnehmer in beiden Gruppen die gleiche Menge an Zeit, nämlich fünf Minuten, für die Zusatzaufgabe verbrauchten, gab es einen Unterschied in der Wahrnehmung der eigenen Zeit: Diejenigen, die den Brief an ein krankes Kind geschrieben hatten, gaben an, dass sie über mehr Zeit verfügten als diejenigen, die ihre Zeit verschwendet hatten (Abb. 4-1).

Nun könnte es sein, dass das Durchstreichen des Buchstaben „e" einfach weniger Spaß macht als das Schreiben eines Briefs. Um den Gründen für das Ergebnis von Experiment 1 weiter nachzugehen, wurde eine Feldstudie an 150 Personen (Durchschnittsalter knapp 40 Jahre, 74 % weiblich) durchgeführt. In dieser Studie sollten zwei Fragen beantwortet werden: Zum einen ging es darum, ob das Gefühl, Zeit zu haben, von der Menge an Zeit abhängt, die man für irgendeine andere Aufgabe verbraucht hat. Zum Zweiten sollte geklärt werden, was es für die von uns gefühlt zur Verfügung stehende Zeit bedeutet, wenn man Zeit

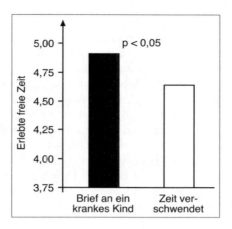

Abb. 4-1 Erlebte künftig zur Verfügung stehende Zeit nach 5 Minuten Hilfe für einen anderen Menschen oder nach 5 Minuten Zeitverschwendung. Der Unterschied war mit $p < 0{,}05$ signifikant (nach Daten aus 2).

für sich selbst hat, oder Zeit für einen anderen Menschen einsetzt. Man würde annehmen, dass diejenigen, die Zeit für sich selbst verwenden, das Gefühl haben, mehr Zeit zu haben, und dass im Gegensatz dazu mit anderen verbrachte Zeit das Gefühl hervorruft, weniger Zeit zu haben. Nicht zuletzt wird ja sehr häufig geklagt, dass man einmal *mehr Zeit für sich selbst* haben müsse.

Die Studie wurde in einem randomisierten 2×2-Design mit Gruppenvergleich durchgeführt. An einem Samstagmorgen wurden die Teilnehmer aufgefordert, sich entweder 10 Minuten oder 30 Minuten Zeit für sich selbst zu nehmen. Die andere Bedingung bestand darin, dass die Probanden aufgefordert wurden, sich 10 oder 30 Minuten Zeit zu nehmen, um heute für einen anderen Menschen etwas zu tun, das zuvor nicht geplant war. Am Abend des gleichen Tages mussten alle Versuchsteilnehmer wieder über ihre Zeit berichten, wie im ersten Experiment. Es ging also erneut darum, wie sie subjektiv ihre Zeit erleben und ob sie eher über mehr oder weniger Zeit verfügen.

Experiment 2 zeigte einen klaren Effekt der Variable „selbst versus anderer Mensch", jedoch keinen Effekt der Zeitdauer. Wer aufgefordert worden war, seine Zeit dadurch zu verbringen, dass er für einen anderen Menschen etwas tut, hatte hinterher – subjektiv erlebt – signifikant ($p < 0{,}02$) *mehr* Zeit als derjenige der aufgefordert worden war, Zeit für sich zu verbringen (Abb. 4-2).

Das Ergebnis dieser Studie war damit kontraintuitiv, sollte man doch denken, dass für sich selbst verbrachte Zeit zu dem subjektiven Erleben führt, mehr Zeit zu haben. Dies ist jedoch nicht der Fall. Demgegenüber führt das Verbringen von *Zeit für andere* zu dem Erleben, *selber* mehr Zeit zu haben. Es verhält sich mit der Zeit also ähnlich wie mit dem Geld. Wie schon an anderer Stelle einmal berichtet (6), führt das Geldausgeben für andere dazu, dass man selber glücklicher wird. Und entgegen der Erwartung ist es nicht so, dass das Ausgeben von Geld für einen selbst das eigene Glück erhöht. Zudem hing das Glück nicht von der Geldmenge ab.

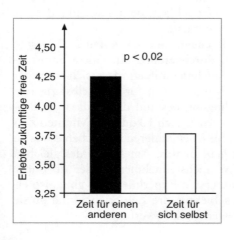

Abb. 4-2 Ergebnisse von Experiment 2 (nach Daten aus 2): Das „gefühlte" Ausmaß an künftig verfügbarer Zeit ist größer, wenn man gerade Zeit für jemand anderen verbracht hat (linke Säule) als wenn man Zeit für sich selbst verbracht hat (rechte Säule).

Im dritten Experiment wurde der Unterschied zwischen dem Hergeben von Zeit und dem Bekommen von Zeit getestet. In einer Laborsituation wurden die Teilnehmer zufällig zwei Bedingungen zugeteilt: Die einen mussten einer anderen Person helfen, die anderen hingegen durften einfach früher gehen. Erfragt wurde diesmal nicht die gefühlte Menge an zukünftig zur Verfügung stehender Zeit, sondern es wurde gefragt, wie viel Zeit jeder Teilnehmer im Moment gerade habe. Die Einschätzung der eigenen zukünftigen Zeit erfolgte durch Verhaltensmessung: Die Teilnehmer hatten am Ende des Experiments die Möglichkeit, sich in eine Liste einzutragen, in dem es um die Teilnahme an einem Online-Experiment in der nächsten Woche ging. Auch hatten sie die Möglichkeit anzugeben, wie viel Zeit sie für das Experiment zur Verfügung hätten und konnten zwischen 0, 15, 30 und 45 Minuten wählen. Tatsächlich wurde dann in der nächsten Woche auch ein solches Experiment durchgeführt und es wurde gemessen, wie viel Zeit jeder Teilnehmer tatsächlich dafür aufbrachte.

Das Experiment wurde wie folgt praktisch durchgeführt. Im Rahmen einer einstündigen Laborsitzung wurde den insgesamt 136 Versuchsteilnehmern (mittleres Alter ca. 20 Jahre, 58 % weiblich) mitgeteilt, dass sie für die letzten 15 Minuten schwachen Schülern aus einer nahe gelegenen Schule dabei helfen sollten, einen Aufsatz zu überarbeiten. Die Hälfte der Studenten bekam dann je einen Aufsatz und einen Rotstift, um den Aufsatz zu überarbeiten. Der anderen Hälfte wurde mitgeteilt, dass die Überarbeitungen bereits erfolgt seien und dass sie deswegen eine Viertelstunde früher nach Hause gehen könnten. Dann mussten alle Versuchsteilnehmer noch zwei Fragen beantworten: Die Aussage „Zeit ist mein knappstes Gut" sollte auf einer Skala von 1 (stimmt gar nicht) bis 7 (stimmt definitiv) bewertet werden. Zum Zweiten sollte die Frage „wie viel Freizeit haben Sie zur Verfügung?" auf einer Skala von minus 5 (sehr wenig) bis plus 5 (sehr viel) beantwortet werden.

Die Studie basierte aber nicht nur auf Einschätzungen und Fragen, sondern auch auf der Messung tatsächlichen Verhaltens: Wie viel ihrer Zeit würden die Teilnehmer in der nächsten Woche für ein bezahltes Experiment verwenden und (auch dies wurde untersucht) wie gut würden sie ihre Eintragung auf der Liste auch einhalten. Tatsächlich zeigte sich hier, dass das Verhalten dem Erleben folgt: Diejenigen Teilnehmer, welche die Viertelstunde damit verbrachten, einem schwachen Schüler bei seinem Aufsatz zu helfen, gaben an, dass ihre Zeit weniger knapp sei als diejenigen, die freie Zeit bekamen.

Das tatsächliche Verhalten zeigt Abbildung 4-3: Diejenigen, die 15 Minuten einem Schüler geholfen hatten, trugen sich für einen längeren Zeitraum zur Teilnahme am

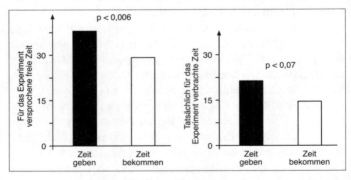

Abb. 4-3 Wer anderen hilft, erlebt mehr Zeit zu haben als derjenige, der freie Zeit bekommt (nach 2). Oben ist die Zeit, zu der sich die Probanden für ein Experiment verpflichteten in Abhängigkeit davon, ob sie gerade 15 Minuten für jemanden gearbeitet oder 15 Minuten Freizeit bekommen hatten, dargestellt. Unten ist die dann die tatsächlich in der folgenden Woche durch die Teilnahme am Experiment verbrachte Zeit grafisch zusammengefasst.

Online-Experiment in der nächsten Woche in die Liste ein und verbrachten auch tatsächlich mehr Zeit mit diesem Experiment.

Es zeigt sich also das zunächst paradox erscheinende Resultat, dass diejenigen, die objektiv 15 Minuten Freizeit geschenkt bekommen hatten, ihre Zeit als knapper erlebten und angaben, weniger Zeit zu haben. Darüber hinaus hatten diese Personen dann auch tatsächlich 7 Minuten weniger Zeit in der nächsten Woche für eine weitere Aufgabe. Die Autoren kommentieren ihr Ergebnis zudem wie folgt: „Bereits vorliegende Ergebnisse legen nahe, dass induziertes prosoziales Verhalten zu einer Vermehrung von zukünftigem prosozialen Verhaltens führen kann (…). Unsere Ergebnisse zeigen, dass mit prosozialer Aktivität verbrachte Zeit die Menge an künftiger, eigener Aktivität vergrößert, unabhängig davon, ob diese Aktivität prosozial ist oder nicht" (2, Übersetzung durch den Autor).

In einem vierten Experiment wurde der Einfluss des Erlebens von *Selbstwirksamkeit* auf das Erleben der eigenen Zeit untersucht. Insgesamt 105 Versuchspersonen (Durchschnittsalter 34 Jahre, 56 % weiblich) wurden per Online-Dienst rekrutiert und erhielten einen US-Dollar für ihre Teilnahme. Sie wurden zunächst per Zufall in zwei Gruppen eingeteilt: Alle sollten beschreiben, wie sie kürzlich einmal etwas anderes als gewöhnlich getan hatten, die eine Gruppe für sich selbst und die andere Gruppe für jemand anderen.

Die Wahrnehmung der eigenen Zeit wurde mittels Fragebogen erfasst, der Behauptungen wie beispielsweise „ich habe sehr viel Freizeit" enthielt, die auf einer Skala von 1 (stimmt gar nicht) bis 5 (stimmt definitiv) eingeschätzt werden mussten. Die Selbstwirksamkeit wurde ebenfalls mittels Fragebogen erfasst, der das Ausmaß erfragte, in dem die Probanden ihre für irgendetwas eingesetzte Zeit als fähig, kompetent und sinnvoll erachteten. Zusätzlich zur

Selbstwirksamkeit wurden in diesem Experiment noch die *soziale Verbundenheit* (in welchem Ausmaß fühlen Sie ihre Zeit liebend, geliebt und mit anderen verbunden verbracht?), die *Sinnhaftigkeit* und der *Spaß* des eigenen Tuns erfragt.

Wieder zeigte sich, dass diejenigen Probanden, die ein Erlebnis des Zeit-Habens für andere berichteten, angaben, über mehr freie Zeit zu verfügen als diejenigen, die ein Erlebnis berichtet hatten, bei dem sie Zeit für sich verbracht hatten (Abb. 4-4). Durch statistische Modellierung wurde nun zudem nachgesehen, welchen Einfluss die gemessen Variablen auf die erlebte zur Verfügung stehende Zeit hatten. Hierbei zeigte sich ein signifikanter vermittelnder Effekt der Selbstwirksamkeit: Nur diese Variable erklärte einen großen Teil des Zusammenhangs von „Zeit für andere hergeben" und „gefühlt mehr Zeit haben". Demgegenüber hatten weder die Sinnhaftigkeit des eigenen Tuns noch der Spaß daran oder das Gefühl der Verbundenheit mit anderen einen solchen vermittelnden Effekt.

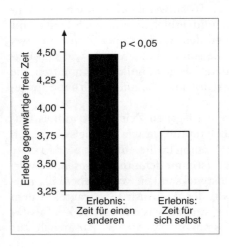

Abb. 4-4 Wer ein Erlebnis erinnert hat, einem anderen Menschen geholfen zu haben, erlebt mehr Zeit zu haben als derjenige, der freie Zeit bekommt (nach 2).

Die Schlussfolgerungen der Autoren aus ihren vier Experimenten sei dem Leser nicht vorenthalten: „In den vorliegenden Experimenten verglichen wir das Geben von Zeit an Freunde oder Fremde mit dem Verschwenden von Zeit, dem Zeit-für-sich-selbst-Verbringen und sogar dem Bekommen von Freizeit. Wir fanden, dass das Verschenken von Zeit [um für andere Menschen etwas zu tun] die Menge an Zeit, die einem nach dem eigenen Erleben – sowohl in der Gegenwart als auch in der Zukunft – zur Verfügung steht, erhöht, und dass dieser Effekt durch das Erleben von mehr Selbstwirksamkeit zustande kommt. Dies sind letztlich gute Nachrichten vor dem Hintergrund von Forschungsergebnissen, die über den negativen Einfluss von Zeitdruck auf Glück, Stress und prosoziales Verhalten [...] berichten. Obwohl das Gefühl knapper Zeit meist dazu führt, dass die Leute mehr Zeit *für sich* verbringen möchten, legen unsere Forschungsergebnisse nahe, dass sie besser daran täten, Zeit *für andere* aufzuwenden. Sie fühlten dann weniger Zeitdruck und wäre eher in der Lage, ihren Aufgaben nachzugehen" (2; Übersetzung und Hervorhebungen durch den Autor).

Selbstverständlich hat der hier vorgestellte Ansatz seine Grenzen: Wer den ganzen Tag für andere arbeitet, beispielsweise in der Pflege, dem sollte man nicht sagen, er solle noch mehr arbeiten, um mehr Zeit zu haben. Hier stößt man an ganz natürliche Grenzen. Dennoch ist hervorzuheben, dass mehr Freizeit nicht unbedingt mit dem Erleben von mehr freier Zeit verbunden sein muss. Ganz im Gegenteil, hängt alles davon ab, wie wir unsere Freizeit verbringen. Vor dem Fernseher oder am Computer (oder gar in einem Wellness-Hotel?) führt Freizeit eher *nicht* zum Erleben von Gemeinschaft und Selbstwirksamkeit. Könnte dies der Grund dafür sein, dass die Menschen in den entwickelten Ländern heute so wenig Arbeitszeit (und damit so viel Freizeit) haben wie noch nie in der Geschichte und sich zugleich so sehr über mangelnde Zeit beklagen?

Literatur

1. DeVoe SE, Pfeffer J. Time is tight: How higher economic value of time increases feelings of time pressure. Journal of Applied Psychology 2011; 96: 665–76.
2. Mogilner C, Chance Z, Norton MI. Giving time gives you time. Psychological Science 2012; 23: 1233–8.
3. Perlow L. The time famine: Toward a sociology of work time. Administrative Science Quarterly 1999; 44: 57–81.
4. Sen A. Die Idee der Gerechtigkeit. München: Deutscher Taschenbuch Verlag 2012.
5. Spitzer M. Kann, darf, soll oder muss man Glück wissenschaftlich untersuchen? In: Spitzer M, Bertram W (Hrsg.). Braintertainment. Stuttgart: Schattauer 2007; 81–108.
6. Spitzer M. Geben ist seliger denn Nehmen 2.0. Wie man Geld ausgibt, um glücklich zu sein. In: Das Wahre, Schöne, Gute. Stuttgart: Schattauer 2009; 81–8.

5 Selbstbestimmung am Fließband[1]

Haben Sie schon einmal auf einer Baustelle – auf „dem Bau" – gearbeitet? Dann wissen Sie, dass es dort ohne Teamgeist und Eigenmotivation nicht geht. Lässt einer beispielsweise einen Hammer fallen, dann kann er so tun, als habe er das nicht bemerkt und die halbe Baustelle nach einem Hammer absuchen, um sich schließlich nach 10 bis 15 unproduktiven Minuten einen neuen zu holen. Oder er kann ihn aufheben und weiterarbeiten. Kein Controlling kann verhindern, wenn er sich für die unproduktivere Variante entscheidet; aber ein guter Vorgesetzter und der von diesem geförderte Teamgeist kann dies sehr wohl. Was zeigt dieses Beispiel? – Sobald die zu leistende Arbeit in einem komplexen Zusammenwirken einer Gruppe besteht, gilt der Spruch „Vertrauen ist gut, Kontrolle ist besser" immer weniger. Nur „Sklavenarbeit" braucht den Aufseher mit der Peitsche, ein arbeitender mündiger und verantwortlicher Mensch nicht.

Obgleich dies jede Führungskraft wissen sollte, hat sich diese Erkenntnis keineswegs überall herumgesprochen: Zeiterfassungssysteme (die nicht verhindern können, dass man seine Zeit verdöst), computergestützte Arbeitserfassung (wie viele Zeichen tippt die Sekretärin pro Minute), Mitschnitte bei Telefonaten von Mitarbeitern in Call-Centern oder gar die Videoüberwachung der Mitarbeiter in Supermärkten sind vor allem eines: Killer von Motivation

---

1 Diese zusammenfassende Darstellung basiert auf der Dissertation von Frau Nukta, die sie am Transferzentrum für Neurowissenschaften und Lernen (ZNL) unter Federführung meiner Mitarbeiterin Dr. Katrin Hille und als Doktorandin im Team Qualitätsmethoden/Innovationen bei der Arbeitsgruppe „Group Research and Advanced Engineering" der Daimler AG durchgeführt hat.

und Loyalität der Mitarbeiter. Zudem handelt es sich bei all diesen Maßnahmen letztlich dann doch auch wieder um zahnlose Tiger. Denn Menschen können sehr kreativ werden, wenn es darum geht, ihren Chef, den sie ob seiner Kontrollwut hassen, an der Nase herumzuführen.

Kontrolle und Überwachung sind ungeeignet, das Ziel eines rund laufenden Betriebs zu erreichen. Dass dies nicht nur für Baustellen gilt (von komplexen Dienstleistern wie Krankenhäusern oder Universitäten einmal gar nicht zu reden), sondern sogar für einen Arbeitsbereich, den man gemeinhin am ehesten mit der genannten antiken Variante in Verbindung bringt, mag viele überraschen. Es geht um das von Henry Ford im Automobilbau vor etwa einhundert Jahren erstmals eingesetzte Verfahren der Fließbandfertigung. Nach Vorläufern wie beispielsweise den „disassembly lines" in den Schlachthöfen von Chicago (7) oder in Deutschland der Fließbandproduktion von Kaffee Hag durch den Bremer Kaufmann Ludwig Roselius (1) hatte sich die Fließbandarbeit als unmenschliche Form der Produktion spätestens seit Charlie Chaplins Film *Moderne Zeiten* im kollektiven Gedächtnis der westlichen Welt festgesetzt (2): Der Mensch dient der Maschine, verkommt zum Roboter, der auf den Zeittakt des Bandes wie ein Sklave *reagiert* anstatt seine Arbeit zu verrichten, indem er selbstbestimmt *agiert*.

Dieses Bild der Fließbandarbeit in den Köpfen der Menschen hat bekanntlich Bemühungen zur „Humanisierung der Arbeitswelt" in Gang gesetzt, durch die das Arbeiten für die Menschen am Band erträglicher (vor allem weniger monoton) gemacht wurde. Mindestens ebenso wichtig sind jedoch Änderungen der mentalen Situation beim Arbeiten. Menschen, die sich einer Situation passiv ausgeliefert empfinden, sind weder kreativ noch lernfähig. Sie stumpfen vielmehr ab und entfalten damit die in ihnen steckenden Potenziale gerade nicht.

Gerade weil erstens die Arbeit am Fließband seit hundert Jahren als integraler Bestandteil des Automobilbaus gilt, und weil sich zweitens in diesem Zeitraum die Arbeit vollkommen verändert hat, sei im Folgenden eine Studie referiert, an der sich illustrieren lässt, wie man heute den Zusammenhang von Arbeiten, Lernen und Selbstbestimmung sehen muss.

Das industrielle Umfeld der Automobilmontage ist durch kurze Produktlebenszyklen und eine hohe Ausstattungsvarianz sowie durch eine stetige Zunahme an Komplexität und Informationsfülle geprägt. Von den Monteuren am Band wird deshalb eine hohe Flexibilität sowie Lern- und Veränderungsbereitschaft verlangt. Weil sie einerseits zwar mit diesen Anforderungen permanent konfrontiert sind, andererseits jedoch oft nicht im Hinblick auf diese Kompetenzen ausgesucht wurden, besteht Handlungsbedarf.

Vor diesem Hintergrund wurde eine Studie bei einem großen deutschen Automobilhersteller konzipiert und durchgeführt, in der es um die Anwendung von psychologischen Erkenntnissen zur Bedeutung der Selbstbestimmung für Motivation, Lernen und damit für gutes Arbeiten ging (3–6).

Um für die Monteure eine selbstbestimmte Lernumgebung zu schaffen und damit Mitarbeiterpotenziale bezüglich einer Optimierung von Lernvorgängen anzuregen und letztlich die Produktionsqualität zu erhöhen, wurde zunächst eine Intervention entwickelt, die den Menschen am Fließband mit seinem Bedürfnis nach Selbstbestimmung explizit berücksichtigt, wie es bereits vor mehr als zwei Jahrzehnten durch die US-amerikanischen Psychologen Edward Deci und Richard Ryan (z.B. 1985) formuliert worden war. Das Ziel der vorliegenden Untersuchung war es damit, die Auswirkungen von mehr Selbstbestimmung in einer Arbeitsumgebung zu untersuchen, an die man am allerwenigsten denkt, wenn man an Selbstbestimmung denkt: das Montagefließband.

Die in Zusammenarbeit mit den Verantwortlichen vor Ort entwickelte Intervention basierte auf der Gestaltung einer neuen Rolle im Arbeitsteam, dem *Lernbegleiter*. Der Lernbegleiter kümmert sich um eine bedarfsgerechte, individualisierte und strukturierte Qualifizierung von Mitarbeitern und somit um die richtigen Bedingungen für eigenverantwortliches Lernen am Band. Da die Evaluation der Intervention unter Realbedingungen vor Ort erfolgen musste, durfte in Absprache mit den Meistern und dem Betriebsrat nur ein kurzer Fragebogen eingesetzt werden. Um dennoch die gesamte Breite der zugrunde liegenden Theorien abzubilden, wurde ein Kurzfragebogen aus vorhandenen Skalen und neuen Items, die jeweils mit den Verhältnissen der industriellen Montage abgestimmt waren, konstruiert.

In einer ersten Teilstudie wurde durch die Mithilfe von 55 Montagearbeitern von zwei Meistereien die Intervention evaluiert. Jede der Meistereien bestand aus zwei Gruppen (Schichten), von denen jeweils eine als Kontrollgruppe und eine als Interventionsgruppe mit Lernbegleiter diente. Der eigens dafür entwickelte Fragebogen wurde zur Evaluation verwendet.

Wie auch bei anderen Studien zu Lernprozessen unter Realbedingungen (das heißt, nicht im Labor mit roten Quadraten und grünen Dreiecken an „freiwilligen", dafür bezahlten Studenten), waren vor allem aus der Arbeitspraxis resultierende Hemmnisse für das Forschen bestimmend. Denn immer wenn an realen Menschen mit all ihren Problemen in realen Umgebungen (wo immer gerade etwas anderes wichtiger ist als diese „lästige Forschung") und der Realität als Rahmenbedingung (nicht: Labor) geforscht wird, gilt Murphy's Law: „Wenn etwas schief gehen kann, dann wird es auch schief gehen!" (8).

So fiel der halbjährige Untersuchungszeitraum just in die Zeit der globalen wirtschaftlichen Krise und ihrer Folgen, die in erheblichen betrieblichen Umstrukturierungen bestanden. Zusätzlich wollten Mitarbeiter und Meister nach drei Monaten die Kontrollgruppenbedingung verlassen, um ebenfalls vom Lernbegleiter zu profitieren. Das geplante Versuchsdesign war mit wissenschaftlichen Argumenten gegenüber den Praktikern nicht weiter zu realisieren. Es kam zu einer Art „Protest", der darin bestand, dass nur noch 35 Montagearbeiter aus der Interventionsgruppe an der Studie teilnahmen, also kein Mitarbeiter aus der Kontrollgruppe. – Im Grunde konnte man über diese Entwicklung sehr froh sein, denn sie zeigt die große Akzeptanz der Intervention. Dass Studien zum Beweis der Überlegenheit eines neuen Verfahrens abgebrochen werden müssen, weil niemand mehr das alte will, kommt auch in anderen Bereichen wie beispielsweise in der Medizin immer wieder vor. Erkenntnis und das Wohl der Menschen stehen sich dann zuweilen recht unversöhnlich gegenüber.

Es mussten daher andere Wege gefunden werden, aus dem, was möglich war, das Maximum an Erkenntnissen herauszuholen. So wurden die Daten der Experimentalgruppe korrelativ ausgewertet, und es wurde gezeigt, dass sich die systematische Veränderung von Arbeitsumgebungen hin zu mehr Selbstbestimmtheit positiv auf die Arbeitszufriedenheit auswirkt. Diese wiederum wirkt sich positiv auf das Arbeitsergebnis aus, was einerseits aus früheren Studien bereits bekannt war und wofür in der vorliegenden Studie Hinweise gefunden wurden. Damit wurde erstmals im Blue-Collar-Bereich gezeigt, was man in anderen Arbeitsbereichen schon herausgefunden hatte: Je selbstbestimmter die Arbeit erledigt werden kann, desto besser wird sie erledigt.

In einer zweiten Studie an insgesamt 86 Mitarbeitern wurde der Fragebogen verbessert und es wurden weitere

Hinweise dafür gefunden, dass man durch eine Erhöhung der Selbstbestimmung die Mitarbeiterpotenziale und somit die Produktionsqualität weiter erhöhen kann.

Als mich neulich eine Mitarbeiterin der Servicegesellschaft des Universitätsklinikums Ulm – anstatt wie früher ein Taxi – in Ulm von A nach B fuhr, fragte ich sie nach der Effizienz dieses neuen Shuttle-Services, da ich den Kleinbus davor schon oft leer herumfahren gesehen hatte. „Wir machen dazu gerade eine Erhebung, aber die ist unsinnig", entgegnete die Fahrerin ihrem verdutzten Passagier und wartete mit methodischer Sachkenntnis dazu auf, wie man das hätte anstellen können. „Wir haben das unserem Vorgesetzten auch gesagt", meinte sie dann noch abschließend. „Für das Denken werden sie hier nicht bezahlt", habe dieser geantwortet. Ein Einzelfall? Leider nein! Auch Vertreter der zentralen EDV erklären nicht, wenn man Nachfragen hat, sondern verweisen darauf, dass sie hier die Chefs sind. Und die obersten Chefs sind auch nicht besser: Als ich vor Jahren anlässlich eines Ärztestreiks die Anordnung der Klinikleitung, meine streikenden Mitarbeiter jeden Morgen zu melden, nicht befolgte, wurde ich zu einem Gespräch gebeten. „Wenn eine Anordnung von Ihnen meiner Klinik schadet, befolge ich sie nicht", war mein Standpunkt. „Sie haben Anordnungen auszuführen und nicht über sie nachzudenken", lautete die Meinung der Gegenseite: Ein Universitätsprofessor, der das Beste für seine Klinik (die von gegenseitigem Vertrauen der Mitarbeiter lebt!) will, bekam also das Nachdenken verboten! Ich hatte damals argumentiert, dass sogar die 17-jährigen Mauerschützen an der innerdeutschen Grenze nach der Wende wegen Mordes verurteilt wurden, mit dem Argument, sie hätten über den Schießbefehl nachdenken und sich ihm aus moralischen Gründen widersetzen können. Sie waren jung und hatten dazu keine 5 Sekunden Zeit, wurden jedoch tatsächlich verurteilt (allerdings mit lächerlich geringem Strafmaß

– eine eigenartig inkonsistente juristische Konstruktion).
Allein das Ansinnen, einem vergleichsweise alten Professor,
der erstens für das Denken bezahlt wird, zweitens als Beamter des Landes dem Gemeinwohl verpflichtet ist und der
drittens alle Zeit der Welt zum Nachdenken hat, dieses zu
verbieten, erschien mir damals wie heute absurd.

Die gesamte Episode – das 90-minütige Gespräch, bei
dem mir nebenbei noch bei weiterem Zuwiderhandeln mit
Rauswurf („wir entziehen Ihnen die Klinikleitung und Sie
bekommen nur noch eine halbe Sekretärin und ein kleines
Zimmer") gedroht wurde, endete mit der Feststellung, dass
wir uns darüber einig sind, dass Uneinigkeit besteht – stellt
den absoluten Tiefpunkt meiner akademischen Karriere
dar, zeigt jedoch, wie tief verwurzelt ein Denken bei Vorgesetzten ist, das für das Erreichen der Ziele einer universitä-
ren Einrichtung unbrauchbar ist. Wie die geschilderten Befunde zeigen, ist es sogar am Fließband unbrauchbar. Selbst
in dieser für viele vermeintlich notwendig unfreien Umgebung ist es die *Freiheit des Mitarbeiters über sein Handeln*,
die über Erfolg und Misserfolg entscheidet. Auf dem Bau
weiß dies jeder; in sehr vielen Firmen, vor allem in Branchen, die viel Kreativität und Eigenmotivation verlangen,
damit der Laden überhaupt läuft, wissen dies die Vorgesetzten auch. Nur in den Führungsebenen unserer intellektuellen Hochburgen hat sich das noch nicht herumgesprochen. Mit teilweise verheerenden Folgen.

Literatur

1. Anonymus. Kaffee Hag. Wikipedia 2013.
2. Chaplin C. Moderne Zeiten. USA 1936.
3. Nukta A. Selbstbestimmung in der manuellen Montage: Empirische Untersuchung zu Arbeitsbedingungen und Mitarbeiterpo-
   tentialen. Dissertation, Universität Ulm 2012.

4. Nukta A, Haueis M, Spitzer M, Hille K. Designing learning environments in assembly lines through self-determination. Procedia-Social and Behavioral Sciences 2011; 29: 752–757.
5. Nukta A, Schick M, Haueis M, Herold C, Lohr C. Gestaltung erfolgreicher Lernumgebungen in der manuellen Montage. Zeitschrift für wirtschaftlichen Fabrikbetrieb 2012; 107: 77–81.
6. Nukta A et al. Designregel des Industrial Learning. Evaluierung erfolgreicher Lernumgebungen. In: Niedermair G (Hrsg.). Evaluation in der Berufsbildung und Personalentwicklung. Schriftenreihe für Berufs- und Betriebspädagogik (Band 7). Linz: Trauner 2012.
7. Pretting G. Die Erfindung des Schlachtplans. Brand Eins 2006; 3: 114–122.
8. Spitzer M. Fettnäpfchen und weiße Bären. In: Aufklärung 2.0. Stuttgart: Schattauer 2010; 102–114.

6 Achtsamkeit

Es ist gar nicht so leicht, über Achtsamkeit zu reden oder gar zu schreiben, denn das Wort mitsamt seiner englischen Herkunft ist vielschichtig und die dahinter liegenden Gedanken erst recht. Im Englischen spricht man von *Mindfulness*, was jedoch in die Irre führt, wenn man es zu wörtlich übersetzt: es geht nämlich *nicht* – wie man zunächst meinen könnte – um einen „vollen Geist". „Mind the gap" liest man an den Türen mancher U-Bahnen in den USA, womit gemeint ist, dass man beim Aussteigen auf die Lücke zwischen dem Treppchen in der Tür und dem Bahnsteig *achten* soll. Entsprechend weisen „Mind the step" auf eine schlecht sichtbare Stufe und „Mind wet floor" auf einen rutschigen nassen Fußboden nach dem Putzen hin. „To mind" heißt auf Deutsch „achten", „achtsam" ist „mindful" und „Mindfulness" ist „Achtsamkeit".

Wer auf etwas achtet, der passt auf, ist aufmerksam. Entsprechend bezeichnet „Achtsamkeit" eine *Form der Aufmerksamkeit*. Und weil sich Menschen darin unterscheiden, wie oft und wie deutlich sie diese Form der Aufmerksamkeit an den Tag legen, bezeichnet man mit diesem Begriff auch eine *Persönlichkeitseigenschaft*. Dies ist zwar verwirrend, aber nichts Besonderes, weil wir sprachlich oft so vorgehen. Wir nennen einen Menschen fröhlich, wenn er entweder jetzt gerade zufällig fröhlich ist oder auch wenn wir meinen, dass er insgesamt fröhlicher ist als andere dies so im Durchschnitt sind. Wir meinen also auch hier einen *vorübergehenden Zustand (state)* oder eine *die Zeit überdauernde Eigenschaft (trait)* eines Menschen, ähnlich wie wir im Rahmen von Theorien zu Persönlichkeitsfaktoren die Gewissenhaftigkeit (conscientiousness) oder die Offenheit für Neues (openness) als stabile, die Zeit überdauernde Persönlichkeitseigenschaften verstehen. Welche Überlappungen bzw. Abgrenzungen es hier gibt, ist keineswegs völlig geklärt (6).

Auch bei der Intelligenz oder dem Gedächtnis handelt es sich um die Zeit überdauernde Eigenschaften einer Person, die jedoch *nicht* den Persönlichkeitseigenschaften, sondern den *kognitiven Leistungen* zugeordnet werden. Man könnte die Achtsamkeit daher auch als weitere solche Leistung – neben der Intelligenz und der Gedächtnisleistung – verstehen bzw. einordnen.

Als wäre damit noch nicht genug Verwirrung gestiftet, bezeichnet „Achtsamkeit" zudem eine lern- bzw. trainierbare *Geisteshaltung*, die der Gesundheit und dem Wohlbefinden dient, weswegen die Idee auch alte Wurzeln in der buddhistischen Meditationspraxis und neuere Wurzeln in psychotherapeutischen Verfahren hat. Schließlich kann mit „Achtsamkeit" auch ein *kognitiver Stil oder ein Denkstil* gemeint sein (3), wie etwa die Neigung zu impulsiven Entscheidungen oder die Toleranz für Ambiguität.

Wenn ein Wort zu viele Bedeutungen bekommt, wird es unbrauchbar (7). Glücklicherweise hat „Achtsamkeit" gute Chancen, diesem Schicksal zu entgehen, kümmern sich mittlerweile doch nicht nur Psychologen, sondern sogar Neurobiologen um die damit verbundenen Ideen und vor allem Mechanismen. Denn Ideen („Konzepte", wie die Psychologen sagen) sind zunächst einmal beliebig und *funktionieren* allenfalls besser oder schlechter. Mechanismen hingegen existieren oder nicht, und damit haben entsprechende Behauptungen überhaupt erst die Chance, wahr oder falsch sein zu können, wie entsprechende Studien mittels Bildgebung zeigen (8).

Die Achtsamkeit hat heute deswegen in unserem Fachgebiet eine so große Bedeutung, weil sie veränderbar ist. Man kann sie trainieren, wird zumindest von vielen behauptet. Stimmt das? Welche Daten gibt es hierzu?

Unter diesem Blickwinkel ist eine kürzlich erschienene Studie von Bedeutung, die genau dieser Frage nachging. Insgesamt 48 Studenten im mittleren Alter von knapp 21

Jahren (14 davon männlich) nahmen teil und wurden per Zufall entweder der Kontrollgruppe (n = 22) zugeteilt, die eine Unterweisung zur richtigen Ernährung erhielt, oder der Interventionsgruppe (n = 26). Das Training bestand in der Interventionsgruppe darin, auf eine gute Körperhaltung zu achten, sowie darauf, wie man durch Meditation seine Aufmerksamkeit besser auf das Wesentliche konzentriert. Die Teilnehmer sollten im alltäglichen Lebensvollzug achtsamer sein und jeden Tag außerhalb der Trainingsstunden für 10 Minuten meditieren. Während der Trainingsstunden saßen die Teilnehmer zudem für jeweils 10 bis 20 Minuten auf einem Kissen im Kreis und führten Achtsamkeitsübungen durch, wie beispielsweise die Konzentration auf die eigene Atmung, auf den Geschmack einer Frucht oder auf ein Musikstück. „Inhaltlich ging es beim Training immer darum, eine klare Menge an Strategien bereit zu stellen, sodass die Teilnehmer verstehen konnten, wie man Achtsamkeit trainiert", beschreiben die Autoren ihr Vorgehen (5, S. 2).

Im Einzelnen beschreiben sie die Trainingssitzungen wie folgt: „Die Trainingssitzungen fokussierten auf (a) aufrechtes Sitzen mit gekreuzten Beinen und gesenktem Blick, (b) die Unterscheidung von natürlich auftauchenden Gedanken und sorgfältigem Nachdenken, (c) Minimierung ablenkender Gedanken an die Zukunft und Vergangenheit, indem diese als im Jetzt auftretende geistige Projektionen begriffen wurden, (d) den Atem als Anker für die Aufmerksamkeit während der Meditation zu nutzen, (e) wiederholtes Zählen von bis zu 21 aufeinanderfolgenden Atemzügen und (f) dem Geist zu erlauben, dass er sich ausruht, statt auftretende Gedanken zu unterdrücken" (5, S. 2, Übersetzungen durch d. Autor). Dieses Gruppentraining durch professionelle Meditationslehrer dauerte jeweils 45 Minuten und erfolgte über zwei Wochen viermal wöchentlich.

Im Laufe der jeweiligen Woche vor dem Training und nach dem Training wurde ein Test zum Arbeitsgedächtnis und einer zum sprachlogischen Denken, der am ehesten das Leseverständnis abbildete, durchgeführt. Zudem wurde das Ausmaß von „Geistesabwesenheit" (mind-wandering) während des Arbeitsgedächtnistests im Nachhinein erfragt und während des Textverständnistests durch in den Test eingestreute diesbezügliche Fragen gemessen.

Die Ergebnisse der Studie sind beeindruckend: Im Vergleich zur Kontrollgruppe (deren Training im richtigen Essen keine Veränderung der gemessenen kognitiven Testleistungen zur Folge hatte) zeigten sich sowohl eine signifikante Verbesserung des Arbeitsgedächtnisses ($p < 0,05$) als auch des verbalen Textverständnisses ($p < 0,02$) durch das Achtsamkeitstraining. Auch die Verminderung der Geistesabwesenheit erwies sich als signifikant ($p < 0,03$ im nachträglichen Selbstreport und $p < 0,006$ bei der Erfassung während der Testung).

Man wollte weiterhin wissen, ob gemäß der Theorie nur diejenigen Probanden im Test besser wurden, deren Achtsamkeit durch das Training zunahm, also deren gemessene Geistesabwesenheit abnahm. In einer entsprechenden Mediationsanalyse der Daten wurde daher der indirekte Effekt der Bedingung (Achtsamkeitstraining versus Unterweisung in richtiger Ernährung) auf die Veränderung der Testleistungen, vermittelt über das Ausmaß der Geistesabwesenheit zum Untersuchungszeitpunkt 1 (vor dem Training), untersucht. Wie sich zeigte, waren die Veränderungen in den Testleistungen nur bei denjenigen signifikant, die anfänglich eine Standardabweichung höher auf der Variable „Geistesabwesenheit" lagen. „Bei Patienten, die in den Tests vor dem Training eine Tendenz zur Geistesabwesenheit gezeigt hatten, führten Änderungen in Bezug auf die Geistesabwesenheit daher zu einem nennenswerten Effekt des Achtsamkeitstrainings auf die Leistung", kommentieren daher die Autoren (5, S. 3).

Offensichtlich kann man Achtsamkeit also trainieren. Es profitieren diejenigen Personen am meisten hiervon, die im Alltag mit den Gedanken „woanders" sind, nicht zuletzt auch Patienten mit Aufmerksamkeitsstörungen. Das Training verbessert sogar kognitive Leistungen, die vom Wandern der Gedanken so gerne gestört werden (2). Damit zeigt sich auch, dass Achtsamkeit mehr als nur ein deskriptives Konstrukt ist. Ihre Veränderbarkeit legt vielmehr nahe, dass Achtsamkeit neuronal implementiert ist, wie mittlerweile auch mittels funktioneller Bildgebung gezeigt werden konnte (1). Wir grübeln weniger über uns selbst und sind eher „bei der Sache", was sich insgesamt positiv auf unseren Geist und unseren Körper auswirkt. Auf zukünftige Studien hierzu – aus der Grundlagenforschung bis zur randomisierten klinischen Anwendungsstudie – wird noch zu achten sein.

Literatur

1. Brewer JA, Worhunsky PD, Gray JR, Tang YY, Weber J, Kober H. Meditation experience is associated with differences in default mode network activity and connectivity. PNAS 2011; 108: 20254–20259.
2. Klingberg T. Training and plasticity of working memory. Trends in Cognitive Sciences 2010; 14: 317–324.
3. Langer EJ, Moldoveanu M. The construct of mindfulness. Journal of Social Issues 2000; 56: 1–9.
4. Ludwig DS, Kabat-Zinn J. Mindfulness in medicine. JAMA 2008; 300: 1350–1352.
5. Mrazek MD, Franklin MS, Phillips DT, Baird B, Schooler JW. Mindfulness training improves working memory capacity and GRE performance while reducing mind wandering. Psychological Science 2013; 24: 776–781.

6. Sternberg RJ. Images of mindfulness. Journal of Social Issues 2000; 56: 11–26.
7. Spitzer M. Aschenputtel als Flugsimulator. Mit Darwin und Sprache können Sie rechnen! In: Nichtstun, Flirten, Küssen. Stuttgart: Schattauer 2012; 1–35.
8. Way BM, Creswell JD, Eisenberger NI, Lieberman MD. Dispositional mindfulness and depressive symptomatology: Correlations with limbic and self-referential neural activity during rest. Emotion 2010; 10: 12–24.

7 Üben, sich im Griff zu haben

Im Folgenden geht es um Selbstkontrolle, das heißt, um Kontrolle, die wir durch aktive Denkprozesse über unser Handeln haben können (13, 14, s. auch Kap. 6). Sie ist wichtig, weil nur Menschen, die sich selbst im Griff haben, langfristig die Ziele erreichen, die sie sich selbst gesteckt haben. Dies ist gleichbedeutend damit, dass nur für Menschen, die sich selbst unter Kontrolle haben, langfristig Aussicht darauf besteht, dass sie glücklich werden. Und glücklich werden wollen alle.

Selbstkontrolle ist für das Lernen und für das Leben ganz allgemein mindestens so wichtig wie Intelligenz, wahrscheinlich sogar wichtiger (15). So ist der Zusammenhang zwischen Schulfähigkeit (Schulreife) und Selbstkontrolle größer als der zwischen Schulfähigkeit und Intelligenz. Das Gleiche gilt für Lesen, Schreiben sowie Mathematik, vom Schulbeginn an bis weit in die Sekundarstufe hinein: Das Ausmaß der beim Kind vorhandenen Selbstkontrolle entscheidet über das Erlernen dieser Fähigkeiten ganz wesentlich (2, 4, 7, 9). Selbstkontrolle hat etwas damit zu tun,

- ein bestimmtes Ziel aktiv zu halten,
- etwas anderes, das einen dabei ablenken würde, nicht zu tun, und
- mit dem Ziel aktiv und flexibel umzugehen, um in jeder Situation das sinnvolle Ziel zu haben und damit das jeweils Richtige zu planen und zu tun.

Wie jedoch jeder weiß, klappt es mit der Selbstkontrolle nicht immer so, wie man das will. Woran liegt das? Früher hätte man gesagt, dass jemand mehr oder weniger „willensstark" ist bzw. mehr oder weniger „Willenskraft" hat. Damit ist jedoch das Problem im Grunde nur verschoben bzw. umbenannt. Denn wer weiß schon, was „der Wille" oder „die Willenskraft" ist? Und Philosophen haben schon vor langer Zeit darauf hingewiesen, dass man zwar alles Mögliche wollen kann, eines jedoch nicht: „Wollen" kann man nicht wollen.

Die Gehirnforschung und das aus ihr gewonnene detaillierte Verständnis von Selbstkontrolle ermöglichen jedoch ein besseres Verständnis der normalen Vorgänge und deren Pathologie: Wenn ich weiß, wie ein Motor funktioniert, dann kann ich reparieren. Wüsste ich lediglich, dass im Auto eine „Antriebskraft" steckt (von der manche Autos mehr und manche weniger haben), bekäme ich die liegen gebliebene Karre nicht wieder flott. Wenn ich aber etwas von Vergaser und Zündkerzen, Keilriemen und Kolben, Getriebe und Kupplung verstehe, hab ich eine Chance. Nur ein Verständnis der Mechanismen, also der Bauteile, ihrer Funktion und ihres reibungslosen Zusammenspiels, hilft mir weiter und ermöglicht eine Reparatur.

Beim Gehirn ist das nicht anders: Wenn ich meinen Impulsen nachgebe, dann kann dies entweder daran liegen, dass langfristige Werte von mir nicht in ausreichendem Maße verinnerlicht wurden. Oder es kann daran liegen, dass ich nur über ein „schwaches" Frontalhirn, den Sitz der Selbstkontrolle, verfüge. Wem die Beine bei einer Bergwanderung versagen, der kann seine Muskeln trainieren. Er hat beim nächsten Mal seine Beine besser im Griff, denn Training hilft bei schwachen Muskeln. Hilft es auch bei schwacher Kontrolle? Anders gefragt: Lässt sich das Frontalhirn trainieren?

Es gibt Hinweise dafür, dass diese Frage klar mit „Ja" zu beantworten ist, insbesondere dann, wenn man früh mit dem Training beginnt. Wenn Kinder nicht mit Sprache trainiert werden, lernen sie nicht zu sprechen. Das erscheint trivial, ist es aber nicht. Die Sprachzentren reifen nämlich vor allem erst nach der Geburt heran. Dennoch brauchen sie mehr als nur Reifung, um schließlich zu funktionieren. Sie brauchen vor allem eines: Sprache, also lautlichen Umgang mit anderen Menschen, die schon sprechen können, und mit der Welt. Ohne diesen sprachlichen weltbezogenen Umgang wird die Sprache nicht ausgebildet. Ganz ähnlich ist es mit der Selbstkontrolle. Damit sie ausgebildet werden kann, bedarf es in jungen Jahren des kontrollierten Umgangs mit sich und der Welt.

Betrachten wir ein Beispiel: Zwei Kinder sitzen an einem Tisch; man gibt ihnen ein kleines Bilderbüchlein und lässt eines von beiden daraus eine Geschichte erzählen. Das zweite Kind hört zu. Hierzu bekommt es einen Zettel in die Hand, auf dem ein Ohr abgebildet ist. So lange es den Zettel in der Hand hat, weiß es, dass es jetzt dem anderen Kind zuhören soll. Es würde vielleicht auch ohne diesen Zettel zuhören – für ein paar Sekunden. Denn meist geschieht dann irgendetwas, irgendwo – und schon ist es abgelenkt und das Zuhören unterbrochen. Der Zettel in der Hand erinnert jedoch als äußerliches, gegenständliches Zeichen daran, dass jetzt Zuhören angesagt ist. Das andere Kind braucht keinen Zettel, denn es hat ja ein Buch, noch dazu mit interessanten Bildern. Es erzählt und das andere Kind, der Zuhörer, weiß genau, dass dies nicht sehr lange geht und es dann selber an der Reihe ist mit dem Erzählen.

Zuweilen werden die Regeln geändert und eines der Kinder soll beispielsweise Fragen zur Geschichte beantworten oder die Geschichte wiedererzählen. Dann wieder wird eine neue Geschichte anhand von neuen Bildern ausgedacht. Was auch immer gerade geschieht, auf jeden Fall wechseln sich die beiden Kinder ab und wissen immer ganz genau, *welche Aufgabe jetzt und hier* zu tun ist *und welche nicht*. Und es wird öfters gewechselt, das heißt, die Kinder lernen *kognitive Flexibilität*.

In diesem Setting kann im Kindergarten Selbstkontrolle geübt werden, und zwar sämtliche Aspekte von ihr: Das Online-Halten von dem, was gerade zu tun ist im Arbeitsgedächtnis, das Hemmen von anderen, das Ziel störenden

Handlungen und die geistige Beweglichkeit, also die Fähigkeit, zwischen verschiedenen Zielen planvoll zu wechseln. Wie erwähnt, haben kleine Kinder diese Schwierigkeiten, ebenso wie sie etwa noch nicht fehlerfrei sprechen können. Aber dadurch, dass sie Gelegenheit haben, diese Fähigkeiten zu üben, können die Kinder sie erwerben. Nicht anders als sie durch Bewegung das Laufen und durch Sprechen die Sprache lernen.

Auch das Zählen geht leichter zu zweit. Ein Kind zählt, das andere hat eine Schablone und kann überprüfen, ob richtig gezählt wurde. An der Schablone kann man die Zahl sofort ablesen. Das eine Kind weiß, ich muss jetzt genau sein, denn ich werde überprüft, und der Überprüfer schaut nach und lernt seinerseits zählen. Dann wird abgewechselt und der jeweils andere zählt bzw. prüft. Beide Kinder lernen auf diese Weise viel mehr als nur den Gebrauch der Zahlen. Sie lernen Genauigkeit, lernen, dass es o.k. ist, wenn die Genauigkeit auch geprüft wird, lernen prüfen und dabei wiederum abzuwarten, bis der andere fertig ist. – Wiederum klingt das alles trivial, ist es aber nicht!

Nicht nur beim wechselseitigen Vorlesen/Zuhören oder Zählen/Prüfen wird Selbstkontrolle geübt. Viele Tätigkeiten laufen darauf hinaus, dass ich planvoll handle, um etwas zu erreichen, also ein *Werk* zu vollenden. Und *Werkzeuge* (14) können sehr hilfreich sein, mich beständig daran zu erinnern, auch wenn ich abgelenkt werde, was hier und jetzt eigentlich zu tun ist: Die Säge in meiner rechten Hand und das Stück Holz unter meiner linken Hand erinnern mich daran, dass ich ein Puppenhaus baue; selbst dann, wenn das Telefon klingelt oder jemand ruft. Die Karte mit dem Ohr ist für das Zuhören, was die Säge für das Sägen ist. Sie ist auch ein Werkzeug, das meinen Geist bei der Stange hält.

Die Idee solcher *Werkzeuge des Geistes*, mit denen man Kindern Gelegenheit gibt, Selbstkontrolle zu üben, geht auf russische Psychologen zurück. Dies kann auf sehr vielfältige Weise geschehen. Beim Kuchen backen beispielsweise muss man das Ziel, einen Kuchen zu backen, stetig verfolgen und darf nicht weglaufen, wenn es vor lauter Mehl und Teig mal dreckig wird. Und man darf den Teig nicht aufessen, auch wenn man dies am liebsten schon vor dem Backen täte. Das geht zu zweit viel besser als alleine, weil zwei noch nicht ganz funktionierende Frontalhirne mehr Kontrolle aufbringen können als eines. Aber auch nur dann, wenn die ganze Sache von Erwachsenen angeleitet und überwacht wird, sonst lenkt am Ende das eine unkontrollierte Kind das andere ab. Kinder können sich also in diesen Dingen, je nach der Umgebung, gegenseitig stärken oder schwächen. Was geschieht, hängt letztlich von den Erwachsenen ab, denn diese sind es (letztendlich immer), die die Umgebung gestalten. Auch dann, wenn sie nichts tun, gestalten sie die Umgebung der Kinder – sie tun dies dann allerdings schlecht.

Wichtig ist also, dass die betreuenden Erwachsenen – ganz gleich ob Eltern, Erzieher oder Lehrer – nicht einfach sagen, „nun Kinder, spielt mal schön" (auch wenn sich das schön anhören mag, vor allem für sie selber), sondern dass sie den Kindern helfen, *bei der Sache zu bleiben*. Was auch immer die Sache gerade ist. Wenn ein Kind beispielsweise sagt, „ich hab' keine Lust mehr", dann sagt das andere Kind (oder der Erwachsene): „Komm, der Kuchen ist noch nicht fertig, lass uns weiter machen!"

Dies klingt zunächst ganz trivial und man möchte meinen, dass im Kindergarten doch alles genau so geschieht. Dem ist jedoch nicht so. Wenn ein Kind z.B. von Station zu Station wandern kann (und damit auch im Kopf permanent auf Wanderschaft ist), lernt es keine Kontrolle über sein Handeln; es lernt nicht das Verfolgen von Zielen. Es gehört sicherlich zu den schwierigeren Aufgaben der Kindererziehung, zu wissen, was das Kind jetzt und hier gerade lernen kann; zu beurteilen, ob das Kind wirklich müde und erschöpft ist oder abgelenkt und eine kleine Ermunterung braucht, sein Ziel weiter zu verfolgen. Prinzipien zu reiten, nützt hier gar nichts; Flexibilität, Standhaftigkeit und das Wissen, was wann zu tun ist, gehören daher zu den wichtigsten Eigenschaften erwachsener Kinderbetreuer. Wie, und vor allem von wem, sollten Kinder sonst Flexibilität lernen können?

Selbst eine völlig banale Aufgabe wie das Aufräumen trainiert die Selbstkontrolle, wenn man es richtig anstellt. Man singt gemeinsam ein Lied und jeder weiß, wenn das Lied fertig ist, dann muss das Aufräumen auch fertig sein. Man darf also nicht hier und dort mit den Dingen noch ein bisschen spielen oder irgendwie anders herumdrucksen! Nein, man muss mit dem Aufräumen fertig sein, wenn das Lied fertig ist. Wer das weiß, der räumt flott auf.

Für das Üben von geistiger Flexibilität eignen sich Bewegungsspiele besonders gut. Man gibt beispielsweise eine Serie von roten und grünen Kreisen vor. Jedes Symbol bedeutet eine Bewegung: Ein roter Kreis bedeutet in die Hände klatschen, ein grüner Kreis bedeutet einmal hüpfen. Zeigt man den Kindern die Serie „rot-rot-grün-grün" können sie die Symbole leicht in Bewegungen umsetzen: „klatsch-klatsch-hüpf-hüpf". Das allein erfordert schon Selbstkontrolle, nämlich ein funktionierendes Arbeitsgedächtnis, das die Regeln im Kopf online behält – wie etwa beim Kuchen backen oder beim Aufräumen zu einem Lied. Auch das aktive Hemmen wird bei Bewegungsspielen geübt, denn so manch andere Bewegung könnte ebenfalls ausgeführt werden. Das Kind lernt jedoch, nach ganz bestimmten Regeln zu handeln.

Nun kommt jedoch die geistige Beweglichkeit zusätzlich buchstäblich ins Spiel. Nach einigen verschiedenen solcher Serien („rot-grün-grün-rot-rot-grün", „grün-rot-grün-rot-grün-grün") werden plötzlich die Regeln geändert:

„roter Kreis" bedeutet jetzt „auf einem Bein hüpfen" und „grüner Kreis" bedeutet „am linken Ohr zupfen". Jetzt muss also nach neuen Regeln gehandelt werden. Dazu müssen nicht nur diese neuen Regeln ins Arbeitsgedächtnis, sie müssen auch die alten Regeln, die durch die Wiederholungen jetzt eine nahe liegende, gut gelernte Gewohnheit aufgebaut haben, ersetzen. Das Kind darf nicht mehr die gewohnte Reaktion ausführen und muss diese hierzu aktiv hemmen. Hierzu ist mehr geistige Anstrengung notwendig, ein aktiveres Frontalhirn. Den Kindern wird gesagt, dass man sich die Regeln besser merken kann, wenn man sie sich im Kopf lautlos selbst vorsagt. Auf diese Weise lernen die Kinder den Wert des inneren Sprechens, um neue Regeln im Kopf zu behalten, um dann wiederum diese Regeln für zielgerichtetes und planmäßiges Verhalten zu verwenden.

Der (vermutlich erwachsene) Leser sei an dieser Stelle noch einmal daran erinnert, dass all dies für einen ausgewachsenen Menschen trivial oder gar banal erscheint. Ebenso wie das Laufen oder Sprechen. Wer denkt beim Joggen schon an komplexe Bewegungsabläufe? Wer denkt beim Kaffeeklatsch (oder bei der Vorlesung) an Grammatik, Semantik oder Pragmatik? – Niemand! Und dennoch wird niemand bestreiten, dass Laufen und Sprechen gelernt werden mussten. Nicht anders ist es bei der Selbstkontrolle, wenn auch bei der Förderung dieser geistigen Leistung leider bislang vor allem viel Ideologie und wenig Empirie im Spiele war.

Woran liegt das? – Bei der Beantwortung dieser Frage hilft vielleicht ein Blick in die Geschichte der Bewegungs- und Spracherziehung. Heute ist uns allen klar, dass man Kinder nicht in Schraubstöcke einspannen darf, um ihnen das aufrechte Sitzen beizubringen. Vor 150 Jahren war das anders! Orthopäden erfanden solche Kinderschraubstöcke, um sie durch buchstäblichen äußeren Druck zu einer gewissen Haltung zu zwingen, die ein Erwachsener beispielsweise auf einem Stuhl einnimmt. Sprachwissenschaftler erfanden etwa um die gleiche Zeit eine Sprache, die viel logischer und vernünftiger ist als irgendeine, die schon gesprochen wird, und sie meinten, dass dies eine Weltsprache werden müsste. Und sie stritten darüber, ob gehörlose Menschen die Gebärdensprache erlernen sollten oder nicht. Und noch vor 50 Jahren glaubten Ideologen und Wissenschaftler, man könne aus einem Menschen machen, was man wolle, wenn man nur die richtige Kontrolle bei der Erziehung ausübe. In allen Fällen ging es also gar nicht darum, was *für das Kind* gut ist, das heißt, was es braucht, um die in ihm ohnehin angelegten Fähigkeiten zu lernen und zu festigen. Nein: Ein Erwachsener hatte seine vorgefasste Meinung von dem, wie ein Kind zu sitzen, zu sprechen und sich zu verhalten habe, und genau dies wurde dem Kind „eingebläut", wie man so schön sagte. Die zur Verhaltenskontrolle eingesetzten Prügel hinterließen eben blaue Flecke.

Kinderschraubstöcke und Kunstsprachen sind Vergangenheit; nicht zuletzt, weil wir über Motorik (also Muskeln, Knochen, Gelenke, Sehnen und die clevere Steuerung durch unser Gehirn) und vor allem deren Entwicklung heute viel mehr wissen als vor 150 Jahren. Und weil die Sprachforscher herausgefunden haben, wie Sprachentwicklung funktioniert und vor allem, was ein Kind hierfür braucht, können wir Kinder heute viel besser fördern als früher. Gehörlose brauchen Sprachinput, und wenn sie keine (ihnen gerechte) Gebärdensprache lernen, dann lernen sie gar keine Sprache. Darüber wird heute nicht mehr gestritten, weil wir über entsprechendes *Wissen* verfügen.

Mein Punkt ist ein ebenso einfacher wie wichtiger: Auch zur Entwicklung von Selbstkontrolle wissen wir heute aufgrund vielfältiger Erkenntnisse aus Entwicklungspsychologie und Neurowissenschaft vieles. Und wenn wir dieses Wissen anwenden, dann geht es nicht um die Durchsetzung irgendeines Menschenbildes, sondern um etwas viel Grundlegenderes: Es geht darum, den Kindern das zu geben, was sie zu ihrer Entwicklung brauchen; also zur Entwicklung dessen, *was ohnehin in ihnen steckt*. Und wie die Fähigkeit zum Laufen und Sprechen in Kindern angelegt ist, so ist es auch die Fähigkeit zur Selbstkontrolle.

Um es noch einmal anders zu sagen: Bei der Entwicklung der Sprachfähigkeit geht es um etwas ganz Allgemeines, also *nicht* darum, was im Einzelnen gesprochen wird, Deutsch, Englisch oder Chinesisch. – Dazu kann und sollte man sich Gedanken machen und diese Gedanken werden durch unser Menschenbild geprägt sein. Schwarzafrikaner erzählen sich andere Geschichten als Europäer, Araber andere als Chinesen. Hier gibt es also kulturelle Vielfalt. So verschieden nun die Kulturen sein mögen, einig sind sie sich alle darin, dass es für einen Menschen wichtig ist, Sprache (und Schrift) zu erlernen. Denn sonst ist ihm die Teilhabe an seiner Kultur (welche Inhalte das auch immer sind) verwehrt.

Ebenso wenig wie es bei der Sprachentwicklung darum geht, was im Einzelnen gesprochen wird, geht es bei der Beherrschung seines Bewegungsapparates darum, wohin man laufen soll. Und bei der Entwicklung der Selbstkontrolle geht es entsprechend gerade *nicht* um „Disziplin" im Sinne von „blindem Gehorsam". Es geht vielmehr um eine Fähigkeit, die in jedem Menschen angelegt ist und die jeder bei glückender Kindheit erwirbt wie das Laufen und Sprechen: die Fähigkeit nämlich, sich selbst zu kontrollieren, das heißt, die *eigenen* Ziele zu verfolgen.

Mittels Sprachtests kann man herausfinden, wie weit ein Kind in seiner Sprachentwicklung gediehen ist. Wie viele Wörter kann es? Beherrscht es die Vergangenheitsform der Verben, das Passiv oder das Futur II? Seiltänzergang rückwärts, Finger-Nase-Versuch, Kniebeugen oder Liegestütze sagen entsprechend etwas über die Ausbildung von

Koordination und Kraft, also über die Entwicklung der Motorik. Gibt es entsprechende Tests, mit denen sich die Entwicklung der Selbstkontrolle messen lässt?

Ja, diese gibt es. Sie stammen aus der ganz normalen experimentellen Psychologie und wurden für ihre Verwendung bei Kindern angepasst. Stellen Sie sich vor, Sie sitzen vor einem Computerbildschirm und können mittels Druck zweier Tasten links und rechts auf einfache Bilder reagieren, die ihnen gezeigt werden. Die Aufgabe besteht darin, immer dann, wenn auf einer Seite des Bildschirms (also links oder rechts) ein Herz auftaucht, die Taste zu drücken, die unter der entsprechenden Seite des Bildschirms liegt. Dies ist sehr einfach. Schon schwieriger wird es, wenn in einer zweiten Serie von Durchgängen z. B. eine Blume rechts oder links auf dem Bildschirm erscheint und die mit ihr verknüpfte Regel lautet: „Drücke die Taste, die auf der anderen Seite der Blume gelegen ist." In diesem Fall muss man also schon etwas mitdenken. Beim Stimulus *Herz* ist nur eine Regel zu befolgen, man braucht nur das Arbeitsgedächtnis, um diese Regel „im Kopf" (online) zu behalten. Diese einfache Reaktion, die sowieso nahe liegt und zudem während des Tests noch geübt wird, muss bei der „Blumenaufgabe" unterdrückt werden, die damit schon deutlich schwerer ist. Noch schwieriger ist es, wenn die Herz- und Blumenaufgabe gemischt, also durcheinander, dargeboten werden. Hierzu ist nicht nur das Arbeitsgedächtnis erforderlich, um zwei Regeln aufrechtzuerhalten; es muss zudem immer wieder eine nahe liegende Reaktion unterdrückt werden und es wird dauernd die Regel geändert, die den Reaktionen zugrunde liegt: Herz – gleiche Seite drücken; Blume – andere Seite drücken. Bei der gemischten Aufgabe kommt also zum Arbeitsgedächtnis und zur Hemmung noch der dritte Aspekt der Selbstkontrolle, die Flexibilität, ins Spiel. Die drei Aufgaben (nur Herz, nur Blume, Herz & Blume gemischt) haben also einen aufsteigenden Schwierigkeitsgrad.

Trainiert man bei Kindern im Kindergarten die Fähigkeit zur Selbstkontrolle auf die beschriebenen Weisen (z. B. Karte mit dem Ohr; Lied beim Aufräumen; „klatsch-hüpf-klatsch-klatsch"), also dadurch, dass immer wieder – teilweise mit kleinen Hilfsmitteln – darauf Wert gelegt wird, dass Handlungen strukturiert ablaufen, also Aufgaben selbstständig beendet, Ziele selbstständig eingehalten und Projekte selbstständig durchgeführt werden, so kann sich die Fähigkeit zur Selbstkontrolle ausbilden – genau wie sich der Bizeps ausbildet, wenn man viele Klimmzüge macht! Der Effekt wiederum lässt sich mit Tests wie dem „Herz-Blume"-Test messen. Hierbei zeigen sich die stärksten Effekte in der Version „Herz & Blume gemischt", wenn alle drei Aspekte der Selbstkontrolle (Arbeitsgedächtnis, Inhibition, Flexibilität) gefordert sind, wie 2007 im Fachblatt *Science* zu lesen war (6).

Eine ebenfalls in *Science* publizierte Übersicht zu einer ganzen Reihe von Studien zu den Auswirkungen von Trainingsprogrammen zur Selbstkontrolle bei Kindern im Alter von 4 bis 12 Jahren (16) ergab eine Reihe von interessanten Gesichtspunkten, die zu wissen sich lohnt:

- Vom Training profitieren diejenigen, die es nötig haben: Kinder mit Aufmerksamkeitsstörungen und – die Jungen: „Die größten Fortschritte aufgrund eines solchen Programms zeigen Kinder aus Familien mit einem niedrigen Einkommen, Kinder mit einer kurzen Aufmerksamkeitsspanne und Kinder mit ADHS, und in einer Studie Jungen (die oft über eine schwächer ausgeprägte inhibitorische Kontrolle als Mädchen verfügen). Frühes Training ist daher eine exzellente Maßnahme, um für alle gleiche Ausgangsbedingungen zu schaffen und die Lücke zwischen mehr und weniger begünstigten Kindern zu schließen." (16, S. 963; Übersetzungen durch d. Autor).
- Damit ist ein weiterer bedeutsamer sozialer Aspekt dieses Trainings angesprochen: mehr Chancengleichheit.

- Das Wichtigste beim Training ist: üben, üben, üben. So wie man das Lesen durch Lesen lernt, das Laufen durch Laufen, so lernt man die Selbstkontrolle durch vielfältiges Ausüben derselben.
- Damit das Üben funktioniert, müssen die Aufgaben einen zunehmenden Schwierigkeitsgrad aufweisen. Dies ist wichtiger und weniger trivial als man denken mag: „Gruppen, die demselben Programm folgten, aber ohne Erhöhung des Schwierigkeitsgrads, zeigten keine Fortschritte" (16, S. 963). Denn viele Spiele und andere Tätigkeiten sind letztlich immer gleich schwer. Handarbeiten, Musik oder Sport sind Tätigkeiten, die beliebig einfach bis beliebig schwierig sind. Daher eignen sich diese Tätigkeiten gut für das Training von Selbstkontrolle.
- Das Ganze kostet nichts! Die Erzieher bzw. Lehrer brauchen nur das zu tun, was sie immer tun. Es geht also nur um eine leichte Modifikation dieses Tuns, nicht um irgendwelche Zusatztrainings.
- Entsprechend funktioniert das Training am besten, wenn es in Kindergärten und Schulen stattfindet. Denn dann kommt es *allen* Kindern zugute und nicht nur einigen wenigen: „Die Lehrpläne der öffentlichen Schulen bieten hervorragende Möglichkeiten, alle zu erreichen und früh genug anzusetzen, um Kindern einen positiven Weg zu bahnen und ihre exekutiven Funktionen breitestmöglich zu fördern" (16, S. 963).
- Stillsitzen taugt nichts, Freude ist hingegen der beste „Lernturbo", wie die Studien zeigen. Lassen wir ein letztes Mal die Autorinnen sprechen: „ [...] Erwarten Sie nicht, dass kleine Kinder lange stillsitzen. Solche Erwartungen werden ihrer Entwicklung nicht gerecht, erhöhen die Spannungen zwischen Lehrern und Schülern, und führen bei einigen Kindern dazu, dass ihnen vor der Schule graut oder sie fälschlicherweise mit dem Etikett

‚ADHS' versehen werden. [...] Fördern Sie Freude, Stolz und Selbstbewusstsein; und unterstützen Sie soziale Bindungen. [...] Stress, Einsamkeit und ein Mangel an körperlicher Fitness behindern die Funktionen des präfrontalen Kortex." (16, S. 963).

Es bliebe noch nachzutragen, dass man durch Fernsehen, Chatten, E-Mailen, Daddeln, Wischen (Swipen), Surfen, Gamen und Googeln nicht lernt, sich selber besser im Griff zu haben (s. auch Kap. 13 und 14).

Wer als Kind gelernt hat, sich besser im Griff zu haben, hat sich als Erwachsener besser im Griff (17), verdient im Leben mehr, ist glücklicher und gesünder und lebt länger. Wer wollte das nicht?

Literatur

1. Bueb B. Lob der Disziplin. Eine Streitschrift. Berlin: List 2006.
2. Bull R, Scerif G. Executive functioning as a predictor of children's mathematics ability: Inhibition, switching, and working memory. Developmental Neuropsychology 2001; 19: 273–293.
3. Bunge SA, Ochsner KN, Desmond JE, Glover GH, Gabrieli JD. Prefrontal regions involved in keeping information in and out of mind. Brain 2001; 124: 2074–2086.
4. Blair C, Razza RP. Relating effortful control, executive function, and false belief understanding to emerging math and literacy ability in kindergarten. Child Development 2007; 78: 647–663.
5. Brumlik M. Vom Missbrauch der Disziplin. Weinheim: Beltz 2007.
6. Diamond A, Barnett WS, Thomas J, Munro S. Preschool program improves cognitive control. Science 2007; 318: 1387–8.
7. Duncan GJ, Claessens A, Magnuson K, Huston AC, Klebanov P, Pagani LS, Feinstein L, Engel M, Brooks-Gunn J, Sexton H, Duckworth K, Japel C. School readiness and later achievement. Developmental Psychology 2007; 43: 1428–1446.

8. Hare TA, Camerer CF, Rangel A. Self-control in decision-making involves modulation of the vmPFC valuation system. Science 2009; 324: 646–648.

9. McClelland MM, Cameron CE, Connor CM, Farris CL, Jewkes AM, Morrison FJ. Links between behavioral regulation and preschoolers' literacy, vocabulary, and math skills. Developmental Psychology 2007; 43: 947–959.

10. Petrides M. Control of cognitive processes. Monsell S, Driver J (eds.). Attention and Performance XVIII. Cambridge, MA: MIT Press 2000.

11. Spitzer M. Geist im Netz. Heidelberg: Spektrum Akademischer Verlag 1996.

12. Spitzer M. Lernen. Heidelberg: Spektrum Akademischer Verlag 2002.

13. Spitzer M. Selbstkontrolle. Die Rolle der Werte bei Entscheidungen. In: Aufklärung 2.0. Stuttgart: Schattauer 2010; 60–70.

14. Spitzer M. Werkzeuge des Geistes. In: Aufklärung 2.0. Stuttgart: Schattauer 2010; 115–124.

15. Moffitt TE, Arseneault L, Belsky D, Dickson N, Hancox RJ, Harrington H, Houts R, Poulton R, Roberts BW, Ross S, Sears MR, Thomson WM, Caspi A. A gradient of childhood self-control predicts health, wealth, and public safety. PNAS 2011; 108: 2693–2698.

16. Diamond A, Lee K. Interventions shown to aid executive function development in children 4 to 12 years old. Science 2011; 333: 959–964.

17. Casey BJ, Somerville LH, Gottlib IH, Ayduk O, Franklin NT, Askren MK, Jonides J, Berman MG, Wilson NL, Teslovich T, Glover G, Zayas V, Mischel W, Shoda Y. Behavioral and neural correlates of delay of gratification 40 years later. PNAS 2011; 108: 14998–15003.

8 Literatur, Empathie und Verstehen

Menschen sind soziale Wesen: Sie haben einen im Vergleich zu anderen Arten viel größeren Sinn dafür, was ein Anderer denkt, wie er sich fühlt und was er wohl demnächst vorhat. Dieser soziale Sinn für die geistige Tätigkeit des Anderen hat im Deutschen keine eigenständige und umfassende Bezeichnung. Im englischen Sprachraum spricht man schlicht und einfach von *Theory of Mind* (man findet oft die Abkürzung ToM). Das heißt ins Deutsche übersetzt „Theorie des Geistes" und wird hierzulande allenfalls in philosophischen Seminarräumen diskutiert. Mit „Theorie" meinen die Engländer und Amerikaner hier aber nichts abgehoben Graues, sondern schlicht das, was einer denkt, nämlich über das Denken eines Anderen. „Theory of Mind" meint die Fähigkeit eines Menschen, sich vorzustellen, was ein Anderer fühlt, denkt und tut. In den gerade erwähnten philosophischen Kreisen ist in diesem Zusammenhang oft von *Intersubjektivität* die Rede, jedoch hat dieser Ausdruck bislang definitiv keinen Eingang in den allgemeinen Sprachgebrauch gefunden. Wie soll man also „Theory of Mind" auf Deutsch und zudem verständlich übersetzen? Nun, wenn es darum geht, was der Andere *fühlt* oder unmittelbar *erlebt*, dann haben wir dafür ein Wort: *Empathie*. Geht es jedoch um die Gedanken, Absichten, Erwartungen oder Meinungen des Anderen, so fehlt uns hierfür ein einheitliches Wort. „Sich in den anderen hineinversetzen" – wäre eine gute Bezeichnung für diese Fähigkeit, ebenso vielleicht „in die Haut eines Anderen schlüpfen" oder „die Welt mit den Augen eines Anderen zu betrachten". Aber diese Wendungen sind sprachlich kompliziert und gehen nicht so leicht von den Lippen wie *Theory of Mind*.

Die *Empathie* für die Gefühle anderer ist schon bei Dreijährigen recht gut entwickelt. Die Fähigkeit, sich in einen Anderen hineinzuversetzen, also der eher „kognitive"

Aspekt der Theory of Mind, entwickelt sich jedoch erst im vierten bis fünften Lebensjahr (hierzulande; anderswo noch später). Dann erst können die Kinder die Perspektive anderer einnehmen und z. B. verstehen, dass ein Anderer etwas Falsches glaubt. Diese soziale Fähigkeit braucht ein Mensch, um Wahrheit von Lüge zu unterscheiden bzw. Wirklichkeit von Schein. Die Fähigkeit, sich in andere Menschen hineinzuversetzen (hineinzudenken), wird bekannter Weise mit einem Test untersucht, in dem es letztlich darum geht, zu erkennen, was ein Anderer weiß und was er nicht weiß. Eine entsprechende Aufgabe wurde von den Psychologen Heinz Wimmer und Josef Perner bereits im Jahr 1983 entwickelt (9).

Hierbei sitzt ein Kind beispielsweise vor einer Keksdose und wird gefragt, was sich wohl darin befindet (Antwort: „Kekse"). Dann wird die Dose geöffnet und darin befinden sich unerwarteter Weise Buntstifte. Nun wird das Kind gefragt, was wohl eine andere Person in dieser Dose vermuten wird. Kinder, die noch keine Vorstellung von den Gedanken anderer Menschen haben, antworten nun: „Buntstifte". Kinder hingegen, die sich schon in das Denken anderer hineinversetzen können, sagen: „Kekse". Länder- und kulturvergleichende Untersuchungen in China, den USA, Kanada, Peru, Indien, Samoa und Thailand haben gezeigt, dass diese Fähigkeit sich in allen Kulturen entwickelt, wobei jedoch das Alter zwischen 4 und 9 Jahren variiert (3, 6).

So wie sich die Menschen im Hinblick auf ihre Neugierde oder Schuhgröße, Haarfarbe oder Schüchternheit bzw. Ohrenform oder Intelligenz unterscheiden, so unterscheiden sie sich auch im Hinblick darauf, wie gut sie sich in andere Menschen einfühlen können. Seit fast 30 Jahren herrscht die Meinung vor, dass man Autisten besonders gut daran erkennt, dass sie in Tests zur *Theory of Mind* versagen (2), wenn auch die entsprechenden Tests keineswegs in ihrer diagnostischen Bedeutung überschätzt werden dürfen

(5). Für das Funktionieren einer Gesellschaft ist es jedoch ganz offensichtlich von großer Bedeutung, dass Menschen ein Gefühl für andere und für deren innere Zustände entwickeln. Wie aber geht das?

Wer seinen Körper trainiert, wird stark, wer viel kopfrechnet, kann gut Kopfrechnen und wer viel spricht und zuhört, entwickelt seine sprachlichen Fähigkeiten. Wie trainiert man die Fähigkeit, sich in andere hineinzuversetzen? Schon im Kindergarten werden die Kinder darauf aufmerksam gemacht, wie sich ihre Handlungen auf andere Kinder auswirken: „Lisa, glaubst du Anna freut sich, wenn du ihr die Schokolade wegisst?", „Max, lass Felix bitte auch mal auf die Schaukel, sonst ist er ganz traurig!" – Interaktionen wie diese zielen explizit darauf ab, die Aufmerksamkeit eines Kindes auf den mentalen Zustand (Bewusstseinszustand) eines anderen Kindes zu lenken. Solche direkte Instruktion funktioniert durchaus, hat jedoch den Nachteil, dass sie vom Kind nicht unbedingt gerne angenommen wird: Ein Kind wird von einem Erwachsenen ja dummerweise meist genau dann auf den Geisteszustand eines anderen Kindes hingewiesen, wenn es diesem gegenüber an Empathie vermissen lässt. „Schau, jetzt lacht Lisa, weil sie Durst hatte und du ihr Saft gebracht hast" – das gibt es auch, ist aber seltener. „You have to share" – können US-amerikanische Kinder schon mit drei Jahren nicht mehr hören!

Besser als mit expliziter Instruktion ist daher das Arbeiten mit der Kreativität und Fantasie des Kindes, um zu lernen, sich in jemanden hineinzuversetzen. Und genau hier kommen die *Kunst* und vor allem die *Literatur* ins Spiel. Kinder lieben Geschichten! Nicht umsonst erzählen wir ihnen Märchen. Und sie können einfach nicht genug davon bekommen: „Papa, liest Du mir noch eine Geschichte vor?" sagen sie zum müden Vater abends im Bettchen liegend, obwohl der schon drei Geschichten vorgelesen hat. Später wird selber gelesen, und heute bedient eine Milliarden-Dollar schwere Medienindustrie das Bedürfnis junger und immer jüngerer Menschen nach multimedialer Befriedigung der Lust auf Fiktion. Dass die neuen Medien dabei mittlerweile völlig überzogen weit über das Ziel hinausschießen, und den jungen Menschen neben interessanten Menschen und ihren Abenteuern auch jede Menge computeranimierte Raumschiffe, Monster, Bösewichte, Drachen, Explosionen und Schlachten liefern sei an dieser Stelle – ausnahmsweise (!) – nicht weiter diskutiert. Fest steht jedenfalls, dass sogar am Erfolg von Hollywood-Streifen abzulesen ist, dass auch die spektakulärste Computeranimation wenig nützt, wenn die Story nicht stimmt und die Menschen unglaubhaft agieren. Wenn man die Ergebnisse einer neuen im Fachblatt *Science* publizierten US-amerikanischen Studie ernst nimmt, dann ist solcher Aufwand für die sogenannten „Visuals" eines Films sogar kontraproduktiv.

Die Autoren David Kidd und Emanuele Castano von der New Yorker *New School for Social Research*[1] haben sich nämlich nichts Geringeres zum Ziel gesetzt als zu zeigen, dass gute Literatur deutlichere Auswirkungen auf die Fähigkeit zur Empathie für andere Menschen hat als schlechte, wie – sagen wir – Groschenromane. Was aber ist gute Literatur? Die Diskussion dieser Frage nimmt in Science ganze drei Absätze ein, in denen – entgegen den Gepflogenheiten des Journals und auch ganz im Gegensatz zum Rest des Artikels – ausschließlich (ur-)alte Quellen zitiert werden, in denen einige hypothetische Annahmen ohne jeglichen empirischen

---

1   Es handelt sich hier um eine sehr angesehene fast hundert Jahre alte Universität, die von US-amerikanischen Intellektuellen gegründet wurde. „Sie steht in der Tradition der Verbindung von progressivem amerikanischen Gedankengut mit kritischer europäischer Philosophie" kann man über sie in Wikipedia lesen, was durch den Ansatz und Duktus der Science-Arbeit auf eindrückliche Weise exemplifiziert wird.

Beleg aneinandergereiht werden: Gute Literatur fordere den Leser mehr heraus, enthalte Lücken, die gefüllt werden müssen: „[...] Leser fiktionaler Literatur müssen ihren eigenen Beitrag zu einer Kakophonie von Stimmen leisten [...] um in einen lebhaften Diskurs mit dem Autor und den verschiedenen Charakteren zu treten" (4). Letztlich wird von den Autoren vorausgesetzt, dass gute Literatur dem Leser mehr Denkarbeit und vor allem mehr psychologisches und soziales Einfühlungsvermögen abverlangt als schlechte. „Genau wie im richtigen Leben stecken die Welten der literarischen Fiktion voller komplizierter Individuen, deren Innenleben selten einfach zu verstehen sind, sondern genauerer Erkundung bedürfen. [...] Leser fiktionaler Literatur müssen aus flexiblen Interpretationsquellen schöpfen, um auf die Gefühle und Gedanken der Charaktere Rückschlüsse ziehen zu können" (4, Übers. durch d. Autor). Und genau hier haken die Autoren gewissermaßen ein: Wenn das so ist, dann trainiert gute Literatur das Einfühlungsvermögen, und dies sollte sich experimentell nachweisen lassen. Sie halten sich denn auch nicht weiter mit Theorien auf, was gute Literatur ist, sondern definieren sie operational als das, was von Juroren von Literaturpreisen für gut (und eines Preises wert) befunden wurde.[2]

---

2 „Auch wenn sie durch einen von Natur aus unexakten Prozess ausgewählt werden, ist es bei preisgekrönten Texten wahrscheinlicher, dass sie bestimmte Literatureigenschaften aufweisen, als bei Bestsellern (z. B. Liebes- oder Abenteuerromane). In Ermangelung einer Möglichkeit literarische Qualität zu messen, wurde das Urteil von Experten (d. h. Literaturpreis-Juroren) herangezogen. Entsprechend haben wir fiktionale literarische Arbeiten von Literaturpreis-Gewinnern oder unbestrittene Klassiker ausgesucht und ihre Effekte auf die Theory of Mind mit dem Lesen von Sachtexten, Pop-Literatur oder gar nicht lesen verglichen", erklären die Autoren ihr Vorgehen schlicht (4, Übers. durch d. Autor).

Um dem Zusammenhang zwischen dem Lesen von guter Literatur einerseits und dem Einfühlungsvermögen in die Gefühle (Empathie) bzw. die Gedankenwelt eines anderen Menschen nachzugehen, führten die Autoren fünf Experimente durch. Im ersten Experiment wurden 86 Versuchspersonen (39 davon männlich; Alter 18 bis 66 Jahre) per Zufall in sechs Gruppen aufgeteilt, deren Teilnehmer jeweils einen kurzen Text lesen mussten. Bei diesem handelte es sich in drei Fällen um Literatur (Fiktion) und in den anderen drei Fällen um einen Sachtext. Danach wurden zwei Tests zur *Theory of Mind* durchgeführt, zum einen der Test zum Erkennen einer falschen Annahme (*False Belief Test*) als Maß für den eher kognitiven Aspekt des sich Hineinversetzens in das Denken eines anderen Menschen und zum anderen ein Test, bei dem es um das Ablesen des Affekts von einem abgebildeten Augenpaar geht und der eher die emotionale Komponente des sich Einfühlens in einen anderen Menschen misst (Abb. 8-1). Zudem wurden demografische Daten erhoben sowie erfragt, inwieweit die Versuchspersonen erstens mit Literatur Erfahrung hatten und sich zweitens affektiv auf den Text einlassen konnten.

Abb. 8-1 Reading the Mind in the Eyes Test (RMET) nach Baron-Cohen und Mitarbeitern (2). Ein Augenpaar mit vier Bezeichnungen von Affekten, von denen einer als zutreffend durch Umkringeln markiert werden soll (das Beispiel ist nicht Bestandteil des aktuellen Tests, der aus 36 solcher Bilder besteht; Foto: Autor).

Der eher kognitiv orientierte Test zum Sich-Einfühlen ergab keine signifikanten Unterschiede in den beiden Bedingungen (Fiktion versus Sachtext). Bei der Zuordnung von Augenpaaren zu dem durch sie ausgedrückten Affekt schnitten jedoch diejenigen Personen, die zuvor einen fiktionalen Text gelesen hatten, signifikant (p = 0,05) besser ab (Abb. 8-2). Auch zeigte sich, dass diejenigen Versuchspersonen, die mehr Erfahrung mit fiktionalen Texten hatten, insgesamt hochsignifikant bessere Leistungen in dem genannten Test aufwiesen (p = 0,0003).

Im zweiten Experiment wurde bei 114 Versuchspersonen (56 Männer, mittleres Alter 33,3 Jahre) das Lesen von klassischer Literatur mit dem Lesen von populären Bestsellern bzw. mit einer Kontrollgruppe, bei denen gar nichts gelesen wurde, verglichen. Danach wurde wieder das Einfühlen in die Gedankenwelt wie in Experiment 1 mit dem *False Belief Test* untersucht, der jedoch keine signifikanten Unterschiede zeigte. Zusätzlich kam in Experiment 2 ein

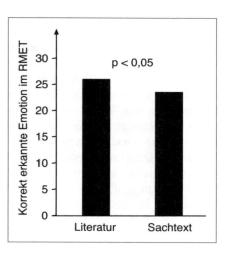

Abb. 8-2 Ergebnis von Experiment 1. Anzahl der richtig erkannten Emotionen in Bildern von Augenpaaren im Reading the Mind in the Eyes Test (RMET) nach dem Lesen von Literatur oder von Sachtexten (nach Daten aus 4, Tab. 2).

weiterer Test zur Anwendung, bei dem es wiederum um die Emotionserkennung in Gesichtern ging. Bei diesem Test (*Diagnostic Analysis of Nonverbal Accuracy 2 – Adult Faces Test*, abgekürzt: DANVA2-AF) wird den Versuchspersonen das gesamte Gesicht von Schauspielern gezeigt, die mit geringer oder hoher Intensität die Affekte Wut, Furcht, Trauer und Glück ausdrücken. Da die Glück-Skala mit den anderen negativ korreliert, wurde sie zur Erhöhung der internen Konsistenz der drei verbleibenden Skalen von der Auswertung ausgeschlossen. Im Ergebnis (Abb. 8-3) zeigte sich zunächst einmal wieder ein schwacher Effekt dahingehend, dass Vertrautheit mit fiktionalen Texten zu einer Verbesserung der Testleistung führte. Zudem zeigte sich ein statistischer Trend dahingehend, dass das Lesen literarischer Texte im Vergleich zum Lesen populärer fiktionaler Texte bzw. zur Kontrollgruppe, die gar keine Texte gelesen hatten, zu weniger Irrtümern bei der Emotionserkennung in den Gesichtern führte. Diese anderen beiden Gruppen unterschieden sich nicht.

In einem dritten Experiment wurde das Ergebnis von Experiment 2 an weiteren 69 Probanden (40 männlich, Durchschnittsalter 33,9 Jahre) mit anderem „Lesestoff" (nicht Literatur von Anton Chekhov, Don DeLillo und Lydia Davis, sondern von Gewinnern des Literaturpreises des amerikanischen PEN-Clubs) repliziert. Auch der verwendete Test – wieder der RMET aus Experiment 1 – war ein anderer. Wie Abbildung 8-4 zeigt, war das Ergebnis jedoch letztlich das gleiche wie in Experiment 2.

In einem vierten Experiment mit 72 Probanden (20 männlich, Durchschnittsalter 34,7 Jahre) wurde mit dem Material aus Experiment 3 (sowie einem zusätzlichen Text pro Bedingung, d. h. insgesamt vier literarischen und vier populären Texten) gearbeitet. Neben dem RMET wurde jedoch ein Test verwendet, von dem man sich eine höhere Sensibilität gegenüber der kognitiven Komponente der

94

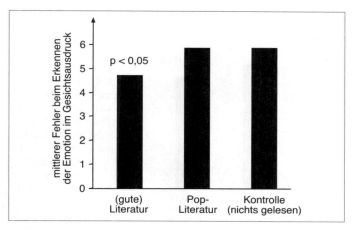

Abb. 8-3 Ergebnis von Experiment 2. Anzahl der Fehler beim Erkennen der Emotionen von Gesichtern erwachsener Menschen (dargeboten für jeweils 2 Sekunden) nach dem Lesen von Literatur oder von Pop-Literatur; als weitere Kontrollgruppe dienten Versuchspersonen, die vor dem Test nichts gelesen hatten (nach Daten aus 4, Tab. 2). Die angegebene Signifikanz (p < 0,05) bezieht sich auf den Unterschied zwischen der linken und der mittleren bzw. der linken und der rechten Säule.

Theory of Mind erhoffte. In den Experimenten 1 und 2 war diese ja bereits untersucht worden, jedoch in beiden Experimenten ohne signifikanten Effekt des Literaturlesens auf das Sich-in-jemand-Hineindenken. Hierbei fanden sich erneut die gleichen Effekte im RMET und zudem auch Auswirkungen auf das eher „kognitive" Hineinversetzen.

Mit einem fünften Experiment, das online an 356 Probanden durchgeführt wurde, konnten die Ergebnisse des vierten Experiments nochmals an einer größeren Stichprobe repliziert werden. Verwendet wurde neben dem RMET der *Yoni-Test* mit 24 affektiven und 24 kognitiven Testsitu-

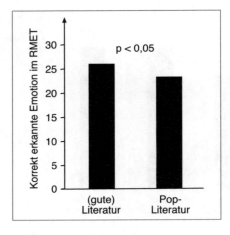

Abb. 8-4 Ergebnis von Experiment 3. Anzahl der richtig erkannten Emotionen in Bildern von Augenpaaren im Reading the Mind in the Eyes Test (RMET) nach dem Lesen von Literatur oder von Pop-Literatur (nach Daten aus 4, Tab. 2).

ationen, bei denen es um Schlussfolgerungen aus minimalistischen Zeichnungen und Textbausteinen geht, die sich um die Gedanken oder Gefühle einer Person drehen. Alle Probanden wurden zudem noch gefragt, wie sehr sie die Texte mochten („gute" Literatur weniger als Pop-Literatur – die Versuchspersonen waren offenbar ehrlich!), als beispielhaft für gute Literatur ansahen („gute" Literatur mehr als Pop-Literatur) und wie gut man sich in die Texte einfühlen konnte (kein signifikanter Unterschied zwischen den Texten, numerisch war die Einfühlung bei der „guten" Literatur etwas höher). Diese Variablen hatten auf die Ergebnisse beider Tests jedoch keinen Einfluss. Im RMET zeigte sich wieder das gleiche Ergebnis wie zuvor. Der sensiblere Yoni-Test, der sowohl die affektive (Empathie) als auch die kognitive (Einfühlung) Komponente der ToM mit jeweils unterschiedlichen Items erfasste, ergab einen Effekt von guter Literatur auf *beide* Komponenten. Dies legt den Schluss nahe, dass der in Experiment 1 verwendete Test zu „einfach" war und damit nicht sensibel genug für die Auswirkungen des Lesens von Literatur (Decken-Effekt: es wurden zu wenig Fehler gemacht).

Die Autoren diskutieren ihre Ergebnisse insgesamt dahingehend, dass Literatur das Einfühlen in andere Personen, also unsere soziale Kompetenz, fördert. Sie heben hervor, dass diese Effekte für „gute" Literatur spezifisch sind, da diese dem Leser mehr soziales Denken abverlange. Dabei interpretieren die Autoren ihre Ergebnisse so, dass es *nicht* um bestimmte Inhalte geht, die durch einen literarischen Text vermittelt werden. Vielmehr sei es die spezifische Qualität guter Literatur (auch wenn sie schwer zu operationalisieren sei), die das soziale Einfühlungsvermögen steigere. Sie geben jedoch auch zu, dass ihre Studie eher einen Politcharakter hat und noch weitere Studien folgen müssen, um den Effekt wirklich gegen jegliche Einwände abzusichern. Hoffen wir, dass es ihnen gelingt! Erfolgt diese Forschung doch nicht im Elfenbeinturm, sondern in einer Zeit, in der Literatur eher als „nettes Beiwerk" gilt, auf das man in Bildungseinrichtungen auch verzichten kann.

Literatur

1. Baron-Cohen S, Leslie A, Frith U. Does the autistic child have a „theory of mind"? Cognition 1985; 21: 37–46.
2. Baron-Cohen S, Weelwright S, Hill J, Raste Y, Plumb I. The „Reading the Mind in the Eyes" Test revised version: a study with normal adults, and adults with Asperger syndrome or high-functioning autism. Journal of Child Psychol Psychiatry 2001; 42: 241–251.
3. Callaghan T, Rochat P, Lillard A, Claux ML, Odden H, Itakura S, Tapanya S, Singh S. Synchrony in the onset of mental-state reasoning – Evidence from five cultures. Psychological Science 2005; 16: 378–384.
4. Kidd DC, Castano E. Reading literary fiction improves theory of mind. Science 2013; 324: 377–380.

5. Kißgen R, Schleiffer R. Zur Spezifitätshypothese eines Theory-of-Mind-Defizits beim frühkindlichen Autismus. Zeitschrift für Kinder- und Jugendpsychiatrie und Psychotherapie 2002; 30: 29–40.

6. Liu D, Wellman HM, Tardif T, Sabbagh MA. Theory of mind development in Chinese children: A meta-analysis of false-belief understanding across cultures and languages. Developmental Psychology 2008; 44: 523–531.

7. Shamay-Tsoory SG, Harari H, Aharon-Peretz I, Levkovitz Y. The role of the orbitofrontal cortex in affective theory of mind deficits in criminal offenders with psychopathic tendencies. Cortex 2010; 46: 668–677.

8. Shamay-Tsoory SG, Aharon-Peretz J. Dissociable prefrontal networks for cognitive and affective theory of mind: A lesion study. Neuropsychologia 2007; 45: 3054–3067.

9. Wimmer H, Perner J. Beliefs about beliefs: Representation and constraining function of wrong beliefs in young children's understanding of deception. Cognition 1983; 13: 103–128.

9 Spuren in der Wolke

Mit Sozialverhalten kann man rechnen – aber wollen wir das?

Das Leben in der digitalen Welt hat die Menschen in der zivilisierten Welt (noch nennen wir sie so!) ziemlich heftig im Griff: Die meisten Haushalte haben einen Internetanschluss und nicht nur junge Menschen verbringen in Deutschland und in den USA täglich viele Stunden im Internet, sei es in sozialen Netzwerken, zur Unterhaltung, zum Einkaufen oder aus Neugierde. Wie sich mittlerweile herumgesprochen hat, hinterlassen wir dabei digitale Spuren, die sich analysieren lassen und die von den großen Internetfirmen analysiert werden. Wer bei *Amazon* einkauft, merkt bald, dass ihm der Anbieter immer bessere Vorschläge für weitere Produkte macht, die sich aus der Analyse des bisherigen Einkaufsverhaltens der Einzelperson einerseits und der statistischen Auswertung des Verhaltens vieler Millionen Kunden (wer dieses kaufte, kaufte auch jenes) andererseits ergeben. Das Online-Portal *Facebook* ist mittlerweile notorisch bekannt für seine Datensammel- und Auswertewut (11); und die Analyse des Verhaltens der Nutzer der größten Suchmaschine der Welt, *Google*, ist integraler Bestandteil ihres Geschäftsmodells. Wenn ich weiß, was einer sucht, weiß ich auch, was er möchte und kann gezielte Werbung an ihn senden.

Vielen Nutzern des Internet ist dabei nicht klar, dass sie sich gerade in der „Wolke" (*Cloud*) befinden – so nennt man die abstrakte Gesamtheit der nicht zuletzt und nicht zufällig von den genannten drei großen Firmen anonymen Infrastrukturen der Informationstechnik: riesige Datenspeicher und Rechenleistung, Vernetzung sowie Software und Benutzeroberflächen. In einer schönen Übersicht hierzu, mit dem Titel „Verloren in den Wolken", zitiert Douglas Heaven zunächst eine aktuelle Umfrage, der zufolge 54 %

der Befragten angaben, die Wolke nie zu benutzen, obgleich sich bei genauerer Betrachtung zeigte, dass 95 % dieser Befragten die Wolke tatsächlich nutzten. „Der größte Trick, den die Schöpfer der Wolke je erfolgreich angewandt haben, bestand darin, die Welt davon zu überzeugen, dass sie gar nicht existiert", stellt der Autor (3; Übersetzung durch den Autor) daher mit Recht fest. Die Namen der Dienstleistungen, von Apples *iCloud* bis zu Microsofts *SkyDrive*, lassen uns Nutzer jedenfalls eher an Schäfchenwolken als an Kontrollverlust über unseren ideellen Besitz denken.

Wolken, die sich am Boden befinden, nennt man auch Nebel. Und vernebelt wird durch die Wolke vor allem die Tatsache der Enteignung ihrer Nutzer: Was immer man der Cloud überlässt gehört einem nicht mehr wirklich, und seien es die eigenen Liebesbriefe, privaten Fotos und Videos oder die Kontonummern, Steuerdaten oder die Geschäftskundendatei der Firma. Warum, so muss man daher fragen, lassen sich so viele Menschen und sogar Firmen auf das *Cloud-Computing* ein? – Vielleicht, weil sie einfach ihren Verstand ausschalten, sobald ein Angebot gratis ist. Erstmal alles mitnehmen, kostet ja nix. „Bei der Wahl zwischen kurzfristigem ökonomischen Vorteil und einem langfristigen abstrakten Wert wie der Privatsphäre zieht der abstrakte Wert fast immer den Kürzeren" beantwortet Rena Tangens, die Laudatorin des *Big Brother Award* 2012 für die Cloud, diese Frage wahrscheinlich ziemlich treffend (12).

Des Einen Schiffbruch ist des Anderen Strandgut! Und so macht die Existenz sehr vieler Menschen in der Wolke eine neue Art von Wissenschaft möglich, die es vor wenigen Jahren noch gar nicht geben konnte und die sich *computational social science* (rechnende Sozialwissenschaft; 9) nennt. Sie beruht zum einen wie die etablierten Disziplinen *computational biology* und *computational linguistics* (10) auf der Möglichkeit der Analyse großer Datenmengen mittels Computern und zum anderen auf der Generierung dieser Daten durch Menschen, die nicht nur in der realen, sondern auch in der virtuellen Welt agieren – ganz gleich ob wir online einkaufen (4), Musik hören (9), Webseiten ansehen, twittern (2) oder mit Freunden in Verbindung stehen (1) – und dabei Spuren hinterlassen. Aus diesen Spuren lässt sich auf Alter, Geschlecht, Bildung, Beruf und sogar die Persönlichkeit schließen, wie eine ganze Reihe von Studien bereits zeigen konnte (5, 7).

In einer 2013 publizierten Studie (6) wurde anhand eines großen Datensatzes gezeigt, wie genau man aus Facebook-Einträgen zu dem, was die Leute mögen (den „Likes" oder auf deutsch „Gefällt mir", z.B. bei Fotos, Produkten, Kneipen, Musik, Sport) auf eine große Zahl von Eigenschaften einer Person schließen kann, die als persönliche Daten gelten und daher eigentlich nicht gerne preisgegeben werden – zumindest nicht von jedem!

Die Autoren der Studie beschreiben diese „Gefällt-mir"-Daten wie folgt: „Likes repräsentieren eine spezifische Klasse digitaler Fußspuren, vergleichbar mit Internetsuchanfragen, Browser Cache und Kreditkarteneinkäufen. Zum Beispiel lassen sich aus den Likes der Benutzer im Hinblick auf Musik ähnliche Informationen ablesen wie aus den Songs, die ein Internetbenutzer online anhört, den Songs und den Künstlern, die er über eine Internetsuchmaschine sucht, oder den Beiträgen, denen er auf Twitter folgt. Im Vergleich zu diesen Informationsquellen sind Facebook-Likes insofern ungewöhnlich, als sie momentan fahrlässigerweise öffentlich zugänglich sind" (6, Übers. durch d. Autor).

Die Studie umfasste Daten von US-amerikanischen Facebook-Usern zu deren Facebook-Profil bzw. deren „Gefällt-mir"-Einträgen (im Durchschnitt 170 solcher Likes pro Person) sowie die Ergebnisse von zusätzlichen Online-Tests und Befragungen (Tab. 9-1 und 9-2). Verwendet wurde die *myPersonality application*, und die Probanden nahmen freiwillig teil.

Tab. 9-1   Übersicht zu den in der Studie erhobenen Variablen aus den Facebook-Profilen der Nutzer (nach 6).

Variable	n	Resultat
Alter	52 700	Mittelwert (±SD): 25,6 ± 10 Jahre
Geschlecht	57 505	62 % weiblich
Beziehungsstatus	46 027	49 % Single
politische Einstellung	9 752	65 % liberal; 35 % konservativ
Religion	18 833	90 % christlich
Anzahl der Freunde	17 601	Mittelwert: 204
sexuelle Orientierung	keine Angaben	homosexuell: Männer 4,3 %; Frauen 2,4 %

Tab. 9-2   Übersicht zu den in der Studie erhobenen Variablen aus den Tests und Umfragen, die bei den Nutzern durchgeführt wurden (nach 6).

Variable	n	Instrument/ % zutreffend
Intelligenz	1 350	Raven's Standard Progressive Matrices (SPM)
Lebenszufriedenheit	2 340	Satisfaction with Life Scale (SLS)
Persönlichkeit	46 027	International Personality Item Pool (IPIP)
Zigarettenmissbrauch	1 211	30
Alkoholmissbrauch	1 196	50
Drogenmissbrauch	856	21
Eltern leben zusammen	766	56
Ethnizität	7 000	73 kaukasisch, 14 afrikanisch, 13 andere

Um den über neun Millionen Likes in statistischer Hinsicht Herr zu werden, wurden solche aussortiert, die nur selten vorkamen: Likes, die weniger als 20 Mal vorkamen und User mit weniger als zwei Likes wurden eliminiert, und so blieben 55 814 verschiedene Likes und 58 466 User übrig sowie eine User-Likes-Matrix mit etwa 10 Millionen Verbindungen. Pro Person ergaben sich so ein bis 700 Likes (Median: 68). Diese Matrix wurde weiter mittels statistischer Verfahren auf eine handhabbarere Größe reduziert und mittels logistischer (bei dichotomen Daten) oder linearer (bei numerischen Daten) Regression dahingehend analysiert, inwieweit sich aus den Facebook-Daten zu dem, was einer mag (den *Likes*) die anderen – persönlichen – Daten vorhersagen lassen.

Die Auswertung der *dichotomen oder dichotomisierten Daten* ergab Folgendes: Zu den am besten durch die Facebook-Likes vorhergesagten Daten gehören das Geschlecht und die Volksgruppenzugehörigkeit (die bei den 7 000 in Tabelle 9-2 aufgeführten Probanden durch visuelle Inspektion ermittelt wurde): Ein „schwarzer" oder „weißer" Amerikaner konnte anhand dessen, was einer mag, mit 95 % Wahrscheinlichkeit, das Geschlecht eines Amerikaners mit 93 % Wahrscheinlichkeit richtig bestimmt werden. Christen und Muslime wurden entsprechend mit 82 % Wahrscheinlichkeit unterschieden, Republikaner von Demokraten mit 85 % Wahrscheinlichkeit; die sexuelle Orientierung wurde bei Männern leichter (88 %) als bei Frauen (75 %) korrekt identifiziert.

Recht gut konnte man anhand der Likes abschätzen, ob jemand *Single* oder *in einer Beziehung* war (67 %), rauchte (73 %), trank (70 %) oder illegale Drogen einnahm (65 %). Lediglich bei der Frage, ob die Eltern im 21. Lebensjahr der jeweiligen Person noch zusammen lebten, ergab sich eine Vorhersagewahrscheinlichkeit von nur 60 % (was sich nur solange gut anhört, wie man nicht bedenkt, dass das untere

Ende der Skala bei 50 %, das heißt, Zufallswahrscheinlichkeit der richtigen Einschätzung einer dichotomen Variable, liegt). Dennoch war diese Variable durchaus interessant: Menschen, deren Eltern sich vor ihrem Erwachsenwerden trennten, mochten mit einer größeren Wahrscheinlichkeit Aussagen, die sich mit Beziehungen beschäftigen, wie beispielsweise „wenn ich bei dir bin, dann bin ich bei dir und will niemanden sonst".

Auch die *numerischen Daten* zeigten, dass sich aus den Facebook-Likes eine Menge herauslesen lässt: Am besten das Alter, mit einer Korrelation des durch die Regression vorhergesagten mit dem wirklichen Wert von 0,75. Danach kamen die Größe des Facebook-Freundeskreises (r = 0,47) und vorhergesagte Intelligenz korrelierte mit der gemessenen noch mit 0,39 (alle diese Korrelationen mit p < 0,001 signifikant). Lediglich die Lebenszufriedenheit ließ sich nicht gut aus den Likes vorhersagen (r = 0,17), was nach Meinung der Autoren daran liegt, das die zur Erfassung verwendete Skala möglicherweise zu sensibel auf kurzfristige affektive Schwankungen reagiert, wohingegen sich die Likes eher über eine längere Periode hinweg ansammeln. Was die Persönlichkeitszüge anbetrifft, so waren die Korrelationen (Vorhersage aus den Likes mit den Werten im Online-Test) insgesamt niedriger, waren jedoch noch immer beträchtlich und ebenfalls sämtlich mit p < 0,001 signifikant (Abb. 9-1).

Wie genau ist nun die Vorhersage aus den Facebook-Daten, wenn man die Frage stellt, wie viele solcher Einträge (Likes) man braucht, um ein bestimmtes Merkmal mit einer bestimmten Wahrscheinlichkeit vorherzusagen? Um diese Frage anhand ihrer Daten zu beantworten, wurde eine Untergruppe von 500 Personen ausgewählt, von denen mindestens 300 „Gefällt-mir"-Angaben vorlagen. Daraus wurden nun in vielen Modellrechnungen jeweils eine, zwei, drei bzw. (bis zu) 300 Angaben zufällig ausgewählt und die

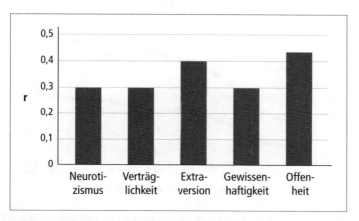

Abb. 9-1 Korrelationen zwischen aus den mittels Regression aus den „Gefällt-mir"-Angaben in Facebook berechneten und den mittels Test gemessenen Persönlichkeitsvariablen. Verwendet wurde ein Test, der die fünf wichtigsten und seit gut 80 Jahren am besten beforschten Persönlichkeitseigenschaften (Big Five) abbildet: Neurotizismus (emotionale Stabilität bzw. Instabilität), Verträglichkeit, Extraversion (bzw. Introversion), Gewissenhaftigkeit (bzw. Rigidität) und Offenheit für Erfahrungen (nach 7).

Korrelation des jeweiligen Ergebnisses der Regression mit dem gemessenen (bzw. in Facebook angegebenen) Wert bestimmt. Wie Abbildung 9-2 zeigt, wird die Vorhersage des Alters und der Persönlichkeitsvariable Offenheit mit der Anzahl der verwendeten Likes naturgemäß besser. Erstaunlich ist jedoch, dass schon eine einzige „Gefällt-mir"-Angabe diesbezügliche Informationen enthält.

Man könnte nun meinen, dass die gute Vorhersagequalität aus den „Gefällt-mir"-Angaben daran liegt, dass diese sich direkt auf die einzuschätzende Variable beziehen: Wenn einer Aussagen wie „I love being gay" oder „We didn't choose to be gay, we were chosen" (7) mit „gefällt

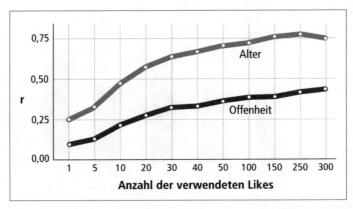

Abb. 9-2 Mittlere Genauigkeit der Vorhersage (Korrelation zwischen mittels Regression vorhergesagtem und tatsächlichem Wert) bei Modellrechnungen mit unterschiedlichen Anzahlen von „Gefällt-mir"-Angaben in Facebook für die Variablen Alter und Offenheit. Schon eine einzige „Like"-Angabe liefert Informationen, und 300 sind nicht viel besser als 30 (nach 7)!

mir" kommentiert, braucht man nur diesen einen Kommentar, um auf vorliegende Homosexualität zu schließen. Nach Angaben der Autoren waren solche expliziten Assoziationen jedoch bei weniger als 5 % der als homosexuell klassifizierten Personen vorhanden.

Es zeigte sich vielmehr, dass manche sehr prädiktive „Gefällt-mir"-Aussage bei oberflächlicher Betrachtung zunächst einmal gar nichts mit der prädizierten Variable zu tun hat und einem zuweilen sogar bei heftigem kreativem Nachdenken keinerlei Zusammenhang deutlich wird. Die Tabelle S1 der Autoren sei in dieser Hinsicht jedem empfohlen, der – vielleicht mit Freunden beim Rotwein – ein bisschen kreativen Spaß sucht (7). Betrachten wir Beispiele: Mit hoher *Intelligenz* korreliert das Mögen von „Science" und „Mozart", aber auch von „curly fries", mit niedriger Intelligenz dagegen korreliert das Mögen von „Harley Davidson" und „I love being a mom". Mit hoher Lebenszufriedenheit korreliert das Mögen von „Swimming", mit niedriger dagegen das Mögen von „iPod". Weibliches Geschlecht korreliert entsprechend mit „chic" und „Shoedazzle", männliches mit „Deadliest Warrior" und „Bruce Lee". Auch bei den Persönlichkeitsvariablen zeigen sich interessante Zusammenhänge (Tab. 9-3).

Tab. 9-3 Beispiele für „Gefällt mir"-Aussagen in Facebook, die mit Persönlichkeitseigenschaften hoch korrelieren (nach 7, Tabelle S1).

Persönlich-keitsmerkmal	hoch	niedrig
Neurotizismus	Sometimes I hate myself, Vampires everywhere	Mountain biking, Soccer, Climbing
Verträglichkeit	Compassion international, pornography harms, go to church	I hate everyone, Prada, Knives, Friedrich Nietzsche, Satanism
Extraversion	Dancing, Theatre, Michael Jordan, Cheerleading	Video Games, Programming, Minecraft, Role Playing Games
Gewissen-haftigkeit	Law officer, Accounting, Emergency medical services	Bandit nation, serial killer, Vamplets
Offenheit	Bauhaus, Plato, Oscar Wilde, Leonardo Da Vinci	Monster-in-law, I don't read, The Bachelor, Teen Mom 2

Wer „Camping" gerne hat, ist eher gewissenhaft, verträglich, emotional stabil und älter (über Offenheit und Extraversion lässt sich nichts sagen), und wer „Hello Kitty" – eine vor knapp 40 Jahren in Japan entworfene stilisierte Figur einer weißen Katze – gern hat, ist eher jung, neurotisch, unverträglich und wenig gewissenhaft (7, Figure S2). „Wir zeigen, dass eine breite Menge an Eigenschaften von Personen, von homosexueller Neigung bis zur Intelligenz, automatisch und mit hoher Genauigkeit aus ihren „Gefällt-mir"-Angaben in Facebook erschlossen werden können. Die Ähnlichkeit von solchen „Gefällt-mir"-Angaben in Facebook mit anderen verbreiteten digitalen Aufzeichnungen, wie beispielsweise zum Besuch von Web-Seiten, zur Benutzung von Suchmaschinen oder zum Einkaufsverhalten, legt nahe, dass die Möglichkeiten zum Erschließen von Persönlichkeitseigenschaften des Nutzers keineswegs auf Facebook beschränkt sind", kommentieren die Autoren ihre Ergebnisse (6, Übersetzung durch den Autor). Sie sehen das nicht unbedingt als Problem, stellen allerdings durchaus fest, dass die Tendenz zu immer mehr Zeit im Netz und damit auch digitalen Spuren Gefahren für das Wohlbefinden, die Freiheit und sogar für das Leben des Einzelnen haben kann. Offenbar hat man sich in den USA an so manches bereits gewöhnt, denn die Autoren sprechen am Ende ihrer Studie von „Vertrauen" und dem „guten Willen" der im Internet agierenden Personen. Das erscheint mir sehr blauäugig angesichts der Erkenntnis, dass nirgendwo mehr gelogen und betrogen und kriminell agiert wird als im Internet (11). Sammelt in den USA einer Daten über mich (und Millionen andere), so gehören sie ihm, und er kann damit machen, was er will. In Europa ist das anders. Hoffen wir, dass es so bleibt!

Literatur

1. Golbeck J, Robles C, Turner K. Predicting personality with social media. Conference on Human Factors in Computing Systems 2011; 253–262.
2. Golbeck J, Robles C, Edmondson M, Turner K. Predicting personality from Twitter. IEEE International Conference on Social Computing 2011; 149–156.
3. Heaven D. Lost in the clouds. New Scientist 2013; 2910: 34–37.
4. Hennig-Thurau T, Marchand A, Marx P. Can automated group recommender systems help consumers make better choices? Journal of Marketing 2012; 76: 89–109.
5. Kluemper DH, Rosen PA, Mossholder KW. Social networking websites, personality ratings, and the organizational context: More than meets the eye. Journal of Applied Social Psychology 2012; 42: 1143–1172.
6. Kosinski M, Stillwell D, Graepel T. Private traits and attributes are predictable from digital records of human behavior. PNAS 2013; doi/10.1073/pnas.1218772110.
7. Kosinski M, Kohli P, Stillwell DJ, Bachrach Y, Graepel T. Personality and website choice. ACM Web Science Conference 2012; 251–254.
8. Lazer D, Pentland A, Adamic L, Aral S, Barabási AL, Brewer D, Christakis N, Contractor N, Fowler J, Gutmann M, Jebara T, King G, Macy M, Roy D, Van Alstyne M. Computational social science. Science 2009; 323: 721–723.
9. Rentfrow PJ, Gosling SD. The do re mi's of everyday life: The structure and personality correlates of music preferences. J Pers Soc Psychol 2003; 84: 1236–1256.
10. Spitzer M. Aschenputtel als Flugsimulator. Mit Darwin und Sprache können Sie rechnen! In: Nichtstun, Flirten, Küssen. Stuttgart: Schattauer 2012; 1–35.
11. Spitzer M. Big Brother und Cybercrime. In: Das (un)soziale Gehirn. Stuttgart: Schattauer 2013; 110–120.
12. Tangens R. Laudatio anlässlich der Big Brother Awards 2012 in der Kategorie „Kommunikation".

10   Religion und Gott: Wir und die Anderen

Die Zugehörigkeit zu einer Religionsgemeinschaft und der Glaube an Gott sind nicht dasselbe. Gerade in jüngster Zeit treten hierzulande nicht wenige aus der Katholischen Kirche aus, weil ihnen deren Gebaren nicht passt, würden jedoch zugleich verneinen, dass ihnen der Glaube an Gott abhandengekommen sei. „Einem Verein anzugehören ist eine Sache, eine besondere Beziehung zu seinem persönlichen Gott zu haben, eine ganz andere" – so oder so ähnlich hört man vielerorts die Menschen argumentieren. – Und die Wissenschaft gibt ihnen in mehrfacher Hinsicht Recht.

Schon lange ist religiöses Denken und Erleben Gegenstand der empirischen Forschung – zunächst im Bereich der Sozialpsychologie, dann in der experimentellen Psychologie und mittlerweile auch in der Genetik und Neurobiologie. So bahnt der experimentell induzierte Gedanke an Gott bzw. Religion prosoziales Verhalten (14, 18). Es gibt Gene, die Religiosität bewirken (5, 15), und Gehirnzentren, die beim Beten aktiviert werden (1, 16). Mit Sicherheit gehören also Religiosität und die Fähigkeit zum Glauben an übernatürliche Wesen zum Menschen dazu, wie etwa die Musik, unser Empfinden für Schönheit oder unsere unersättliche Neugierde. Wenn das so ist, dann müssen Glaube und Religion einen evolutionären Nutzen haben, also im Laufe der Menschheitsgeschichte entstanden sein. Andere Primaten kennen den Glauben an Gott nicht, schon gar nicht an einen Gott, der Verletzungen von Werten und Normen bestraft, die für das Zusammenleben in einer größeren Gemeinschaft von Bedeutung sind. Unter den Menschen jedoch sind Glaube und Religion weit verbreitet: 85 % der Weltbevölkerung gehören irgendeinem Glauben bzw. irgendeiner Religion an. Am häufigsten sind die auf Abraham bzw. das Alte Testament zurückgehenden Religionen der Christen und Juden sowie Muslime, die mit zusammen etwa vier Milliarden Religionszugehörigen mehr als die Hälfte der Menschheit ausmachen. Diese Menschen glauben an einen allmächtigen, allwissenden, personalen Gott, der moralische Verfehlungen „von oben" (nach Art einer Überwachungskamera) erkennt und bestraft. Es wundert daher nicht, dass der Gedanke an Gott bei gläubigen Menschen sowohl die Selbstwahrnehmung verstärkt als auch soziale Erwünschtheit bahnt, wie Gervais und Norenzayan (4) in ihrer Arbeit mit dem schönen Titel *Like a camera in the sky? Thinking about God increases public self-awareness and socially desirable responding* anhand dreier Experimente nachweisen konnten: „ [...] wir haben herausgefunden, dass gottbezogene Bahnungsreize die Wahrnehmung von sozialer Überwachung bei Gläubigen in allen Studien erhöhten [...] Diese Resultate legen nahe, dass an Gott denken Gläubigen (und möglicherweise auch einigen Nicht-Gläubigen) das Gefühl gibt, beobachtet zu werden. Dies ist ein potenzieller Mechanismus, über den der Glaube an das Übernatürliche die Kooperation in sozialen Gruppen fördert" (4, Übers. durch d. Autor).

Sogar die Evolutionsbiologie hat sich des Gedankens an einen Gott angenommen und die Frage aufgeworfen, wie die Prädisposition hierfür – also religiöses Erleben im weitesten Sinne – überhaupt naturalistisch entstehen konnte: Als Produkt von biologischer oder kultureller Evolution, als Form der Anpassung oder Fehlanpassung (d.h. als eine Art „parasitärer Idee"; 2).

Der Grundgedanke von Religion als Anpassung ist einfach: Affen sind ganz offensichtlich nicht religiös, die frühen gemeinsamen Vorfahren der Primaten waren es wohl mit Sicherheit auch nicht. So erhebt sich die Frage, wie Religiosität evolutionär entstehen konnte: Religiöses Verhalten – Gebet, Opfer, jegliche Form von Gottes-Dienst – bedeutet Aufwand von Energie und Zeit, also von prinzipiell knappen Ressourcen. Und Verschwendung war immer eine

Letalmutante, weil die Sparsamen Hungersnöte besser überstanden und mehr Zeit für Fortpflanzung übrig hatten. Zudem gilt: Gehirne entwickelten eine immer bessere Fähigkeit zur Informationsverarbeitung, um das Überleben zu sichern. Ein in Baumwipfeln lebender Affe, der an einen Ast glaubt, der nicht da ist, lebt dagegen nicht so lange. Kurz: Es gibt gute Gründe, warum religiöse Neigungen im Verlauf der Evolution nie hätten entstehen dürfen! Weil nun aber die meisten Menschen religiös sind, so muss es noch bessere Gründe geben, die dafür sorgten, dass Religion bzw. der Glaube an Gott dennoch entstanden. Wofür also könnte Religion gut sein?[1]

---

1 Wer diese Fragestellung für konstruiert hält, vergegenwärtige sich, dass sie in der Medizin weit verbreitet ist, wie die Überlegungen zur heterozygoten Fitness belegen. Hier geht es darum, warum eine tödlich verlaufende Erbkrankheit überhaupt möglich ist, sollten doch die Träger der Gene keine Chance haben, sich fortzupflanzen. Die Antwort der Medizin ist seit dem Jahr 1949 die Folgende: Sichelzellanämie (eine Erkrankung der roten Blutkörperchen) liegt dann vor, wenn ein Mensch beide Gene für diese Erkrankung trägt. Dies sind nur wenige, denn das entsprechende Gen hat nicht jeder, und die Chance, es gleich zweimal von Vater und Mutter vererbt zu bekommen, ist gering. Hat man nur ein Gen, dann sind die roten Blutkörperchen (Erythrozyten) nur leicht verändert und man ist nicht nur gesund, sondern erkrankt zudem mit geringerer Wahrscheinlichkeit an Malaria, einer oft tödlich verlaufenden Fieberkrankheit. Der diese Krankheit verursachende Parasit lebt in den menschlichen roten Blutkörperchen und tut sich mit den durch das Gen für Sichelzellanämie leicht veränderten Erythrozyten schwer. Mittlerweile gibt es einen ganzen Forschungszweig, die evolutionäre Medizin, der nach solchen Zusammenhängen fragt, die für eine immer länger werdende Liste von Krankheiten gefunden werden: Farbenblindheit ist gut für das Dämmerungssehen, Mukoviszidose gut gegen Durchfall, und eine Depression vielleicht für das Durchstehen einer Durststrecke (20).

Die Antwort besteht letztlich im Postulat positiver Auswirkungen von Religiosität auf das menschliche Sozialverhalten (8). Der Glaube kann zu mehr Kooperation und Hilfsbereitschaft oder (9) zum Aufdecken von Leuten, die es nicht ehrlich meinen (Problem der sogenannten moralischen Trittbrettfahrer) führen bzw. zu mehr Aufrichtigkeit (12) und gegenseitigem Vertrauen. Allerdings hat die ganze Sache auch eine dunkle Seite, denn bekanntermaßen wurde und wird auch gerade in diesen Tagen „im Namen Gottes" Gewalt ausgeübt. Dies bezeugen die historischen Gegebenheiten, die im Alten Testament wiedergegeben sind ebenso wie die Kreuzzüge oder die Gewalt in Nordirland bis hin zu den gegenwärtigen Konflikten zwischen Juden, Christen und Muslimen. Entsprechend ließ sich experimentalpsychologisch zeigen, dass der Gedanke „Gott" sowohl bei bewusster als auch bei unbewusster Aktivierung sowohl prosoziale als auch aggressive Gedanken und Handlungen bahnen kann (3, 9, 13, 14).

Um die sozialen Auswirkungen von Religiosität genauer zu untersuchen, führten Psychologen von der *University of Illinois* vier Studien durch (11). Hierbei ging es jeweils um die Frage, ob sich die Auswirkungen des Gedankens an einen persönlichen Gott von denen des Gedankens an die eigene Religionszugehörigkeit unterscheiden. Die Grundidee hierbei war, dass es beim „Thema" oder Gedanken an Gott eher um Universalität und damit um alle Menschen und damit wiederum auch um die Anderen (Outgroup) geht, wohingegen das Thema bzw. der Gedanke an Religion eher die unmittelbare Gemeinschaft (Ingroup) betont.

Im Rahmen des ersten Experiments wurde den 88 Teilnehmern (36 männlich; Durchschnittsalter 19,8 Jahre, zu zwei Dritteln Christen) zunächst das folgende Szenario präsentiert: „Als Mitglied eines online Gemeinde-Blogs erhalten Sie öfters E-Mails von Menschen, die demnächst in Ihre

Gegend ziehen werden. Manchmal stellen diese Familien einfache Fragen z. B. nach Informationen über die Umgebung, zuweilen jedoch bitten sie auch um aufwändigere Hilfe (wie beispielsweise beim Umziehen, weil sie sonst niemanden haben, der sie unterstützt). Heute erhalten Sie zwei solche Anfragen nach Hilfe beim Umzug, die von den Leuten in letzter Minute gestellt wurden. Die eine Familie (die Ziffs) wird sich Ihrer Religionsgemeinschaft am Ort anschließen, die andere Familie (die Zoggs) jedoch nicht. Es bleibt Ihnen keine Zeit mehr, genug Leute zu organisieren, um beiden Familien helfen zu können. Sie können also nur einer der beiden Familien helfen."

Die Teilnehmer wurden nun gefragt, was Gott wohl von ihnen erwarten würde, d. h. wem sie helfen sollten (den Ziffs oder den Zoggs); und die Stärke dieser Erwartung sollte auf einer 5-Punkte-Skala von 1 (gar nicht) bis 5 (sehr) angegeben werden. Auf der Rückseite des Umfragebogens sollten die Teilnehmer sich dann diese Frage nochmals stellen, dieses Mal ging es allerdings darum, was das Oberhaupt ihrer Religionsgemeinschaft wohl von ihnen erwartet. Wieder war auch die Stärke dieser Erwartung anzugeben.

Es zeigte sich hierbei, dass die Entscheidung, welcher Familie zu helfen war, anders ausfiel, je nachdem, ob nach der Absicht Gottes oder der des religiösen Führers gefragt war: Nach Meinung von 70 % der Teilnehmer ist es die Absicht des religiösen Führers, dass der Familie aus der eigenen Religionsgemeinschaft zu helfen sei; dagegen meinen ebenfalls 70 % der Probanden, dass es die Absicht Gottes sei, der anderen Familie zu helfen. Das gleiche hoch signifikante Ergebnis fand sich, wenn man nicht die dichotome Entscheidung (soll den Ziffs oder den Zoggs geholfen werden?), sondern die Daten der Einschätzung auf den Skalen betrachtete, und der Effekt erwies sich als nicht abhängig von der Reihenfolge (erst Absicht Gotts oder erst Absicht des religiösen Führers, und dann die Absicht der jeweils anderen Instanz) oder der (ebenfalls erfragten) Religiosität bzw. Stärke des persönlichen Glaubens an Gott.

In einer zweiten Studie an 115 Probanden (44 Männer, Durchschnittsalter 21,6 Jahre) wurde jeder nur einmal gefragt (randomisiert; entweder nach der Absicht von Gott oder nach der des religiösen Führers) und die Namen der Familien wurden (in „Smiths" und „Johnsons") geändert. Ansonsten ging es um das gleiche Problem. Die Probanden sollten zudem jedoch noch den Grund für ihre Entscheidung angeben (offene Formulierungen).

Das Ergebnis dieser Studie war zunächst einmal identisch mit dem der ersten: Nur 18 der 56 Teilnehmer in der „Gott-Bedingung" (32 %), jedoch 38 der 59 Teilnehmer in der „Bedingung religiöser Führer" (68 %) entschieden sich dafür, derjenigen Familie zu helfen, die der eigenen religiösen Gemeinschaft angehört. Und wieder war dieses Ergebnis mit $p < 0,001$ hoch signifikant und unabhängig von der religiösen Einstellung oder dem Glauben an Gott.

In Tabelle 10-1 sind die angegebenen Gründe für die jeweilige Entscheidung angegeben (unabhängige Beurteiler, Mehrfachangaben möglich). Wie sich zeigt, führt „Gott" eher zum Gedanken an Universalität („alle Menschen sind gleich") oder an Bekehrung („führe ihnen ihre Erlösung durch Gott vor"), wohingegen der religiöse Führer eher Gedanken an die Gemeinschaft („wir gehören eng zusammen") und die Ähnlichkeit („wir haben das gemeinsam") evoziert. Die beiden Studien zeigen, dass „Gott" und „Religion" durchaus prosozial wirken, aber nicht in der gleichen Weise: Beim Gedanken an Gott geht es eher um das allgemein Gültige und damit auch um „die Menschheit" im Allgemeinen bzw. um „alle Menschen", wohingegen „Religion" eher etwas mit „meiner Gruppe" zu tun hat.

Die Frage ist nun, ob diese unterschiedlichen Bedeutungshöfe oder Horizonte von „Gott" bzw. „Religion"

Tab. 10-1 Gründe für die Entscheidung, einer Familie beim Umzug zu helfen, in Abhängigkeit davon, ob man Gottes Absicht oder die Absicht des religiösen Führers bedenkt (nach 11).

Grund	Gruppe „Gott" (n = 56)	Gruppe „religiöser Führer" (n = 59)	Signifikanz
Universalität	20 (36 %)	8 (14 %)	p < 0,01
Bekehrung	24 (43 %)	11 (19 %)	P < 0,01
Bedürftigkeit	6 (11 %)	6 (10 %)	n. s.
Ähnlichkeit	4 (7 %)	13 (22 %)	p < 0,05
Gemeinschaft	5 (9 %)	26 (44 %)	P < 0,001
andere	2 (3,6 %)	5 (8,5 %)	n. s.

auch Auswirkungen auf das konkrete Verhalten haben. Schließlich wurden in den beiden ersten Studien nur Verhaltenstendenzen (Hilfe für wen?) *erfragt*, es ging jedoch nicht um aktuale Hilfeleistungen, also um konkretes Handeln. Daher wurden zwei weitere Experimente durchgeführt.

Für die nächste Studie machten sich die Autoren die Tatsache zunutze, dass gegen Ende April 2009 gerade die ersten Fälle der Schweinegrippe in Mexiko und den USA aufgetreten waren. Die Nachrichten waren voll davon und man kannte weder die Gefährlichkeit der Krankheit im Sinne der Ansteckungsgefahr noch deren Verlauf. Allerdings waren schon die ersten Todesfälle berichtet worden, sodass man mit dem Schlimmsten rechnen musste. Vom 27.4. bis zum 1.5.2009 wurden nun Befragungen an 88 Fußgängern um den Campus der Universität herum (53 männlich; Durchschnittsalter 21 Jahre; 25 % katholisch, 21,6 % nicht katholisch-christlich) durchgeführt:

Um den Gedanken an Gott oder Religion zu aktivieren (bahnen), wurden die Passanten zunächst entweder nach ihrem Glauben an Gott („Gott-Gruppe") oder nach ihrer Religionszugehörigkeit („Religion-Gruppe") mittels mehrerer Fragen befragt. Einer dritten Gruppe („Kontrollgruppe") wurden diese Fragen nicht gestellt. Alle Teilnehmer wurden dann über ihre sportlichen Aktivitäten befragt (9 Fragen, wie beispielsweise: „Wie oft machen Sie jede Woche Sport?"), um das Thema „Gesundheit" mental vorzubereiten (d.h. zu bahnen). Zum Abschluss der Befragung erhielten die Probanden die Gelegenheit, 99 Cent dem Roten Kreuz zu spenden, wobei sie den Betrag zwischen dem amerikanischen und dem mexikanischen Roten Kreuz aufteilen konnten.

Die Logik des Experiments war folgende: Für Amerikaner sind Mexikaner die Outgroup, andere Amerikaner hingegen die Ingroup. Für Katholiken sind die (bekanntermaßen katholischen) Mexikaner die Ingroup, die (eher nicht katholischen) Amerikaner dagegen die Outgroup. Wenn die Befragung nach Gott die prosoziale Einstellung zur Outgroup erhöht, die nach Religion hingegen die Menschen eher zur Sympathie mit der Ingroup verleitet, sollte sich in diesem Experiment damit ein recht komplexes Ergebnis zeigen: In den beiden Experimentalgruppen sollten Katholiken bzw. Nichtkatholiken genau den entgegengesetzten Effekt zeigen, d.h. Katholiken sollten bei Bahnung mit „Religion" dem mexikanischen Roten Kreuz mehr (also ihrer religiösen Ingroup) spenden, wohingegen Nichtkatholiken dem amerikanischen roten Kreuz (also ihrer Ingroup) mehr geben sollten. Nach der Bahnung mit „Gott" sollte es genau umgekehrt sein, d.h. die Katholiken sollten jetzt mehr dem amerikanischen Roten Kreuz spenden und Nichtkatholiken dem mexikanischen Roten Kreuz (also jeweils der religiösen Outgroup). – Und genau so war es![2] (Ich erspare dem Leser die etwas komplexe Statistik der Datenauswertung.) Die Effekte waren wiederum weder von der Stärke des persönlichen Glaubens an Gott noch von der angegebenen Religiosität abhängig. In der Kontrollgruppe (keine Bahnung) wurde übrigens (von den *amerikanischen* Probanden) dem amerikanischen Roten Kreuz mehr gespendet als dem mexikanischen.

Nun kann man einwenden, dass die Teilnehmer dieser Studie nicht wirklich (ihr eigenes Geld) spendeten, und dass das ganze Ergebnis im Wesentlichen die Christen (die mexikanischen Katholiken und amerikanischen Protestanten) betrifft. Zudem hatte die Bahnungsprozedur selber (explizites Befragen) vielleicht zur Folge, dass den Probanden klar war, worum es geht.

Aus diesen Gründen wurde ein letztes Experiment durchgeführt, bei dem die Probanden unterschwellig entweder mit „Religion" oder mit „Gott" gebahnt wurden und dann dem aus der Spieltheorie und Ökonomie bekannten Gefangenendilemma unterworfen wurden. Hierbei können zwei Spieler entweder kooperieren oder sich gegenseitig in die Pfanne hauen. Kooperieren beide, so haben sie etwas davon (im Experiment: jeder bekommt 5 US-Dollar).

---

2   Mit den Worten der Autoren: „Wenn sie mit Religion gebahnt wurden, spendeten die Leute mehr Geld an die wohltätige Gesellschaft, die mit ihrer religiösen Ingroup assoziiert wurde. Aber wenn sie mit Gott gebahnt wurden, spendeten sie mehr für ihre religiöse Outgroup. Unter den Konditionen Bahnung mit Religion und Bahnung mit Gott zeigten Katholiken ein genau entgegengesetztes Spende-Muster gegenüber dem amerikanischen oder dem mexikanischen Roten Kreuz. Mexiko ist ein stark katholisch geprägtes Land, und deshalb spendeten Katholiken mehr an das mexikanische Rote Kreuz, wenn sie mit Religion gebahnt waren, und mehr an das amerikanische Rote Kreuz, wenn sie mit Gott gebahnt waren." (11, Übers. durch d. Autor).

Kooperieren beide nicht, erhalten sie nichts oder wenig (im Experiment: jeder bekommt 2 US-Dollar). Kooperiert der eine, und der andere nicht, erhält derjenige, der kooperiert nichts und der andere bekommt alles (im Experiment: 10 US-Dollar).

In entsprechenden Vortests wurden zwei Bilder aus einer ganzen Reihe von Bildern (kaukasischer und indischer) junger Männern danach ausgewählt ob sie – rein nach ihrer äußeren Erscheinung auf dem Bild – entweder eindeutig als Christen oder als Hindus bzw. Muslime eingeschätzt wurden. Im eigentlichen, am Computer durchgeführten Experiment an 85 Studenten (31 männlich, Durchschnittsalter 20,6 Jahre, 71 % Christen) dienten diese beiden Bilder dann als (vermeintliche) Gegenspieler im Gefangenendilemma. Den Probanden wurde gesagt, dass es bei dem Experiment darum gehe, den Einfluss von Bekanntheit auf das Sozialverhalten zu untersuchen, und dass manche Versuchspersonen ihren Gegenspieler kurz sehen können und manche nicht. „Von daher glaubten die Teilnehmer, dass sie zwar einen kurzen Blick auf ihren Gegenspieler werfen könnten, dieser sie aber nicht sehe. In Wirklichkeit war gar kein anderer Spieler anwesend und die Spieler bekamen nach dem Zufallsprinzip das Bild eines kaukasischen oder eines südasiatischen Gegenspielers präsentiert", formulieren die Autoren ihre Idee zum Experiment (11, Übers. durch d. Autor).

In Wahrheit hatte das Experiment ein einfaches 3×2-Design mit Gruppenvergleich und den Faktoren Bahnung (keine/Gott/Religion) und Gruppenzugehörigkeit des Gegenspielers (Ingroup/Outgroup). Die Bahnung erfolgte unterschwellig (subliminal) mit den beiden sehr kurz (und zwischen Maskierungsreizen) und wiederholt dargebotenen Wörtern „Gott" und „Religion" bzw. (in der Kontrollbedingung) mit den Wörtern „Broccoli" und „Hut" (jeweils wegen der vergleichsweisen Länge dieser beiden Wörter wie „Religion" und „Gott"). Danach sahen die

Versuchspersonen ihren vermeintlichen Gegenspieler für 4 Sekunden und dann konnten sie ihren Einsatz angeben (d. h. kooperieren oder nicht). Wieder sollte sich bei diesem Experiment eine Wechselwirkung zwischen den beiden Faktoren zeigen, d. h. bei der (unbemerkten) Bahnung mit „Gott" sollte ein Spieler eher mit einem Gegenspieler der Outgroup kooperieren, bei der Bahnung mit „Religion" hingegen eher mit einem Gegenspieler der Ingroup. Und genau so war es, wie die Abbildung 10-1 klar zeigt.

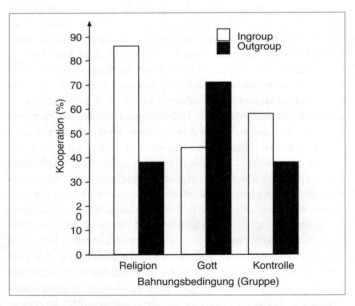

Abb. 10-1 Ergebnis des vierten Experiments von Preston und Ritter (11). Nach der Bahnung mit „Religion" ist man gegenüber einem Mitglied der eigenen religiös-ethnischen Gruppe eher kooperativ, nach der Bahnung mit „Gott" hingegen kooperiert man eher mit einem Partner aus der Gruppe der Anderen (Outgroup).

Wie in den anderen Experimenten auch hatte weder der berichtete persönliche Glaube noch die Religiosität einen Einfluss auf die Ergebnisse. Dies erscheint zunächst eigenartig, lässt sich jedoch leicht erklären: Auch wer sich für einen Atheisten hält, unterliegt den Auswirkungen seiner Erziehung bzw. hat die entsprechenden Normen, Werte und vor allem assoziativen semantischen Verknüpfungen von „Gott" und „Religion" gelernt. Kurz: Wer die Sprache spricht und die Kultur kennt (bzw. in ihr *lebt*), unterliegt den entsprechenden Bahnungseffekten.

Es muss offen bleiben, inwieweit die hier beschriebenen Effekte auch für andere Götter (nicht moralisierend/bestrafend) bzw. andere Religionen gelten. Dass ein eher aggressiv wahrgenommener Gott tatsächlich Aggressivität bahnen kann, wie schon vor Jahren gezeigt (3, 16), ist für die vorliegenden Studien sicherlich von Bedeutung, da es ganz explizit um Kooperation und Hilfe (und den entsprechenden Willen Gottes) ging. Je nachdem also, wie sich jemand Gott vorstellt (bzw. welches Gottesbild eine Person vermittelt bekam), sollte sich der Gedanke an Gott prosozial oder antisozial auswirken. Wenn Religion tatsächlich das prosoziale Verhalten nur gegenüber den Mitgliedern der eigenen Religionsgemeinschaft fördert, einen jedoch gegenüber Anderen, Fremden eher feindlich stimmt, dann bringt sie in einer globalisierten Welt (in der die Outgroup abhandengekommen ist!) nichts Gutes. Der Glaube an einen universellen Gott hingegen schon, vor allem dann, wenn er mit dem Gedanken der Liebe und Kooperation (und nicht mit Aggressivität) verknüpft wird. So betrachtet war der Gott Christi – der Grundidee nach – ein genialer Gedanke! Die mehr als zweitausendjährige Geschichte der praktischen Implementierung dieser Idee jedoch hat gezeigt, wie weit Gott von Religion entfernt sein kann. Die Forschung hat diesen Eindruck, den viele Menschen haben, eindrucksvoll bestätigt. Es wird an der Zeit, dass die wahren Gläubigen ihre Überzeugungen ernster nehmen und sich von ihrer Religion nicht vom guten Weg abbringen lassen. Oder anders: Auch eine moderne globalisierte Welt kann durchaus von „Gott" profitieren, von Religion wahrscheinlich eher nicht.

Literatur

1. Azari NP, Nickel J, Wunderlich G, Niedeggen M, Hefter H, Tellmann L, Herzog H, Stoerig P, Birnbacher D, Seitz RJ. Neural correlates of religious experience. European Journal of Neuroscience 2001; 13: 1649–1652.
2. Bulbulia JA. The evolution of religion. In: Dunbar RIM, Barrett L (eds.). The Oxford Handbook of Evolutionary Psychology. Oxford: University Press 2007.
3. Bushman B, Ridge RD, Das E, Key CW, Busath GL. When God sanctions killing: Effect of scriptural violence on aggression. Psychological Science 2007; 18: 204–207.
4. Gervais WM, Norenzayan A. Like a camera in the sky? Thinking about God increases public self-awareness and socially desirable responding. Journal of Experimental Social Psychology 2012; 48: 298–302.
5. Hamer D. The God Gene. How Faith Is Hardwired Into Our Genes. New York: Doubleday 2004.
6. Inzlicht M, Tullet AM. Reflecting on God: Religious primes can reduce neurophysiological response to errors. Psychological Science 2010; 21: 1184–1190.
7. James W The Varieties of Religious Experience. New York, NY: Collier Books 1902/1961.
8. Norenzayan A, Shariff A. The origin and evolution of religious prosociality. Science 2008; 322: 58–62.
9. Pichon I, Boccato G, Saroglou V. Nonconscious influences of religion on prosociality: A priming study. European Journal of Social Psychology 2007; 37: 1032–1045.
10. Pichon I, Saroglou V. Religion and helping: Impact of target, thinking styles and just-world beliefs. Archive for the Psychology of Religion 2009; 31: 215–236.
11. Preston JL, Ritter RS. Different effects of religion and God on prosociality with the ingroup and outgroup. Personality and Social Psychology Bulletin 2013; 39: 1471–1483.

12. Randolph-Seng B, Nielsen ME. Honesty: One effect of primed religious representations. International Journal for the Psychology of Religion 2007; 17: 303–315.
13. Saroglou V, Corneille O, Van Cappellen P. „Speak, Lord, your servant is listening": Religious priming activates submissive thoughts and behaviors. International Journal for the Psychology of Religion 2009; 19: 143–154.
14. Shariff AF, Norenzayan A. God is watching you: Priming god concepts increases prosocial behavior in an anonymous economic game. Psychological Science 2007; 18: 803–809.
15. Spitzer M. Das Gott-Gen. Nervenheilkunde 2005; 24: 457–462.
16. Spitzer M. Neurotheologie? Nervenheilkunde 2006; 25: 761–765.
17. Spitzer M. Moral und Mord im Namen Gottes? In: Liebesbriefe und Einkaufszentren. Stuttgart: Schattauer 2008; 41–57.
18. Spitzer M. Beobachtet werden. „Gott" bahnt Gutes und ein Beitrag zur Psychologie der Kaffeekasse. In: Liebesbriefe und Einkaufszentren. Stuttgart: Schattauer 2008; 58–71.
19. Zinnbauer BJ, Pargament KI. Religiousness and spirituality. In: Paloutzian R, Park C (eds.). Handbook for the Psychology of Religion and Spirituality. New York, NY: Guilford 2005.
20. Nesse RM, Williams GC. Evolution and Healing. London: Weidenfeld & Nicholson 1995.

11 Demografie, Dynamik und Demokratie

Wenn hierzulande eine Diskussion auf das Fachwort Demografie zu sprechen kommt, dann geht es sehr häufig um die zunehmende Belastung der Gesellschaft durch immer mehr alte Leute, denen immer weniger junge Leute gegenüberstehen. „Wie sollen die wenigen Jungen die Renten für die vielen Alten aufbringen?" – So oder so ähnlich („wer soll die vielen alten Menschen pflegen?") wird formuliert, und dann werden „Lösungen" diskutiert, wie beispielsweise ein höheres Renteneinstiegsalter, aus Polen importierte Altenpflegerinnen (nach wie vor nicht wirklich legal, aber dafür sehr effizient) oder Umschulungsmaßnahmen für 55-jährige Arbeitnehmer (8).

Man darf jedoch die Demografie einer Gesellschaft, das heißt, ihre Zusammensetzung aus Menschen unterschiedlichen Alters, keineswegs auf das Problem der Überalterung reduzieren. Bevölkerungspyramiden sind vielmehr wesentlich interessanter als deren „deutsche" Diskussion vermuten lässt. Diese grafischen Darstellungen der Alterszusammensetzung einer Gesellschaft sind zunächst einmal sehr clever: Man trägt das Alter (gruppiert nach Jahren, fünf Jahren oder Jahrzehnten) von unten nach oben auf und waagrecht den prozentualen Anteil der Menschen mit entsprechendem Alter durch Balken, z. B. nach links für Frauen und nach rechts für Männer. So entsteht die bekannte „natürliche" Alterspyramide. Diese beschreibt sehr einfach, klar und anschaulich eine große und komplexe Menge von Daten. Würde man diese Daten anders ausdrücken, z. B. in Form langer Tabellen, wären es zwar die gleichen Daten, aber man würde gleichsam den Wald vor lauter Bäumen nur sehr schwer erkennen.

Die Form der deutschen Alterspyramide von heute (Abb. 11-1) ist keine Pyramide – und das sollte für uns alle hierzulande kein Problem sein, sondern ein Faktum, auf

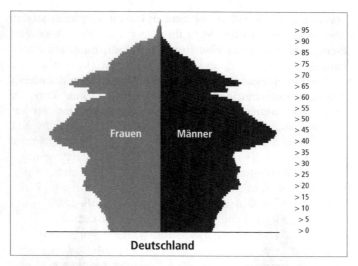

Abb. 11-1 Alterspyramide der deutschen Bevölkerung aus dem Jahr 2010 (Quelle: Statistisches Bundesamt).

das wir sehr stolz sein sollten! Es gehört zu den großen Errungenschaften vieler westlicher Zivilisation, dass die meisten Neugeborenen nicht ein paar Jahre später schon wieder tot sind, und dass die moderne Medizin den Älteren viele zusätzliche lebenswerte Jahre schenkt. Ohne ihr tägliches „Rentnerkonfekt" wären Millionen älterer Menschen entweder schon lange nicht mehr da oder hätten Schmerzen und Siechtum zu ertragen. „The 70s are the new 50s" sagen die Amerikaner, und wenn man sich nur etwas umsieht, muss man zugeben, dass viele 70-Jährige heute tatsächlich aktiver sind und jünger aussehen als die 50-Jährigen vor 50 Jahren. Selbst 1915 geborene 90-Jährige erweisen sich als geistig fitter als die 10 Jahre früher (1905) geborenen 90-Jährigen, wie eine dänische Studie zeigen konnte (1).

Dass unsere „Bevölkerungspyramide" im Vergleich zu der von Afghanistan oder Mali ihren Namen nicht mehr verdient (Abb. 11-2) ist eine Errungenschaft, nicht ein Problem!

Die Bevölkerungspyramiden von Afghanistan oder Mali machen einen traurigen Sachverhalt sehr deutlich: Von den in diesen Ländern geborenen Kindern stirbt ein großer

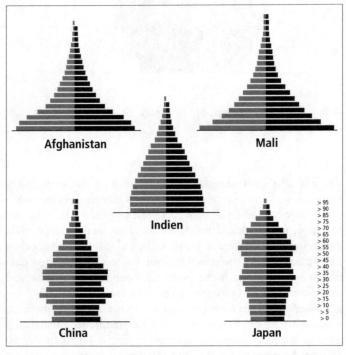

Abb. 11-2 Bevölkerungspyramiden im Vergleich: (a) Afghanistan, (b) Mali, (c) Indien, (d) Japan und (e) China (Quelle: 7; Männer rechts, Frauen links).

Anteil schon in jungen Jahren. So bleiben mit zunehmendem Alter immer weniger „übrig", und es entsteht die bekannte „natürliche" Alterspyramide. Geht es den Menschen einer Gesellschaft wirtschaftlich zunehmend besser, wird die Pyramide in der Mitte breiter, wie man am Beispiel Indien gut erkennen kann. Dort hat die Säuglings- und Kindersterblichkeit in den vergangenen Jahren deutlich abgenommen.

Bekommen die Menschen in sich entwickelnden Gesellschaften dann – aus welchen Gründen auch immer – zusätzlich weniger Kinder, ändert die Pyramide erneut ihre Form und bekommt einen „Bauch", denn im Vergleich zu den vorhandenen, immer älter werdenden Menschen kommen weniger junge Menschen nach. Man sieht dies an den Beispielen von Japan, wo dies nach dem Zweiten Weltkrieg begann, oder China, wo unter Mao Zedong zunächst ohne wirtschaftliches Wachstum viele Kinder propagiert wurden, was zu Problemen und weniger Kindern führte. Dann setzte die wirtschaftliche Entwicklung ein, und die Geburten wurden zudem durch eine staatlich verordnete Ein-Kind-Politik reduziert.

Auch Naturereignisse oder Kriege können die Form der demografischen Pyramide beeinflussen, wie man an der Form der Bevölkerungspyramide für Deutschland sieht: Die Toten des Zweiten Weltkriegs sind hier als „Taille" ebenso zu erkennen wie die durch die Verbreitung der Antikontrazeptiva zu Anfang der 1960er-Jahre nicht mehr Geborenen („Pillenknick").

Auch mit diesen Analysen ist die Interpretation demografischer Daten keineswegs am Ende, wie die folgende Überlegung zeigt. Bekannterweise brauchen Menschenkinder sehr viel länger als die Nachkommen anderer Arten, bis sie selbstständig für sich sorgen können. Und weil während Kindheit und Jugend jemand (meist die Eltern oder andere nahe Verwandte) Zeit aufbringen und sich kümmern muss, hat unsere Art biopsychologische Mechanismen entwickelt, die genau dafür sorgen: Das Hormon Oxytocin bewirkt nicht nur, dass sich jede Mutter bei der Geburt unsterblich in ihr Kind verliebt, sondern auch, dass sich der Mann (bei zärtlicher Berührung und sexueller Aktivität wird das Hormon beim Mann auch ausgeschüttet) sehr eng an die Mutter gebunden fühlt und sie bei der Versorgung der Kinder unterstützt. So betrachtet ist der Kuss, den Papa beim Nachhausekommen von Mama nach getaner Arbeit bekommt (früher: nach der erfolgreichen Eiweißbeschaffung durch beispielsweise Jagd oder Fischfang) weit mehr als kulturell tradierte (belanglose oder gar spießige) Nettigkeit – hat er doch über die Jahrhunderttausende zum Überleben der Menschheit beigetragen.

Weil also Mama und Papa von ihrer Natur her gar nicht anders können, als sich um ihre lieben Kleinen zu kümmern, hängt es vor allem von den Umständen ab, ob ein Kind durchkommt und erwachsen wird. Damit ist die Säuglings- und Kindersterblichkeit ein Ausdruck von und auch Maß für die Güte der Lebensverhältnisse, das heißt, die Möglichkeiten von Eltern, sich um Kinder auch tatsächlich zu kümmern und Unheil (Hunger, Kälte, Krankheit) von ihnen abzuwenden. Wenn es einer Gesellschaft besser geht, geschieht daher immer und überall das Gleiche: Es überleben mehr Säuglinge.

Man kann daher aus der Form der Bevölkerungspyramide auf die historische Entwicklung und den gegenwärtigen Entwicklungszustand einer Gesellschaft schließen: Ist die Gesellschaft über Jahrzehnte hin stabil, auf welchem Niveau auch immer, so ändert sich auch die Form der Bevölkerungspyramide nicht. Es ist wie bei einem Fließgleichgewicht: Das Wasser ändert sich über die Zeit, der Wasserspiegel nicht; bei einer Bevölkerungspyramide ändern sich die Leute dauernd, die Form ist dennoch bei konstanten Lebensbedingungen konstant.

Ändern sich jedoch die Lebensumstände, kommt Dynamik ins Spiel: Werden die Verhältnisse besser und kommen mehr Kinder „durch" (ins Erwachsenenalter) und nimmt zudem die Geburtenrate ab, dann kommt es zu einem *Jugendbauch*: Der Anteil Jugendlicher und junger Erwachsener an der Gesellschaft insgesamt ist dann vergleichsweise hoch (Kinder dagegen gibt es schon wieder weniger). Gesellschaften mit einer solchen Demografie mögen aus dem Blickwinkel der Rentenversicherungen ideal erscheinen, sie sind es jedoch keineswegs.

Schon lange wurde beobachtet, dass Gesellschaften mit einem hohen Anteil an jungen Männern durch eine gesteigerte Kriminalität und politische Gewaltbereitschaft charakterisiert sind. „Allgemein kann man sagen, dass die Leute, die hingehen und andere töten, in der Regel männlich und zwischen 16 und 30 Jahren alt sind." Es sind die jungen Männer, die zum Morden neigen, sagte der Harvard-Politikwissenschaftler Samuel Huntington nach den Attacken des 11. September 2001 (6) in einem Interview der Zeitschrift *Newsweek*.

Junge Frauen spielen hier eine geringere Rolle, weil die Gewaltbereitschaft von Frauen ohnehin viel geringer ist als die von Männern. Und wenn eine Kohorte von Männern (das heißt, die Männer eines bestimmten Jahrgangs in einer Gesellschaft) besonders zahlreich ist, sind die Chancen auf Arbeit und ein geregeltes Leben vergleichsweise kleiner. Wenn nun die wirtschaftliche Situation ungünstig ist und keinerlei Alternativen zu Armut und Hunger existieren, lassen sich junge Männer leicht als Söldner rekrutieren. Der frühere Forschungsdirektor der Weltbank, Paul Collier (4), hat diesen Gedanken bereits vor mehr als einem Jahrzehnt publiziert. Dass er ein Jahr später durch die Attacken des 11. September 2001 auf schreckliche Weise in seiner Auffassung bestätigt werden würde, hat er damals nicht geahnt.

Ähnlich ging es lokalpolitischen Experten, denen der politische Demograf Richard Cincotta das prophezeite, was man heute den „Arabischen Frühling" nennt: Sie lachten ihn aus (2). Bereits im März 2008 hatte er das Folgende publiziert „Die erste (und vielleicht überraschendste) Region, die eine Verschiebung in Richtung freiheitliche Demokratie verspricht, ist ein Cluster entlang der afrikanischen Mittelmeerküste: Marokko, Algerien, Tunesien, Libyen und Ägypten. Keiner dieser Staaten hat in der jüngeren Vergangenheit liberale Demokratie erfahren. Die andere Region liegt in Südamerika: Ecuador, Kolumbien und Venezuela hatten zwar relativ ‚früh' in ihrer Entwicklung den Status einer liberalen Demokratie erreicht, waren jedoch jeweils nicht in der Lage, ihn aufrechtzuerhalten. Sofern man diese Voraussagen vorsichtig interpretiert, können wir von einem oder zwei Staaten in jeder dieser beiden Gruppen erwarten, bis zum Jahr 2020 eine stabile freiheitliche Demokratie geworden zu sein" (2, Übers. durch d. Autor).

Wie kam er zu dieser erstaunlichen Voraussage? – Er hatte anhand von Daten zur Demografie und zu den politischen Verhältnissen ein Modell entwickelt, das voraussagt, unter welchen Umständen aus autoritären Staatsformen freiheitliche Demokratien entstehen. Er bezieht sich dabei auf Daten der internationalen Nichtregierungsorganisation (NGO) *Freedom House* mit Hauptsitz in Washington D. C. Die Organisation *Freedom House* hat das Ziel, liberale Demokratien weltweit zu fördern und ist durch ihren seit 1973 jährlich veröffentlichten Bericht *Freedom in the World* bekannt, der zu den ältesten Indizes zählt, die Freiheit und Demokratie beschreiben. Beispielhaft zeigen Tabelle 11-1 und Abbildung 11-3 Daten zur globalen Verbreitung der Freiheit in Form einer Weltkarte. Man kann sicherlich über die Einteilungen streiten, aber allein der Versuch, sich auf diese Art einen Überblick zu verschaffen und diese Daten mit wissenschaftlichem Anspruch zu analysieren, er-

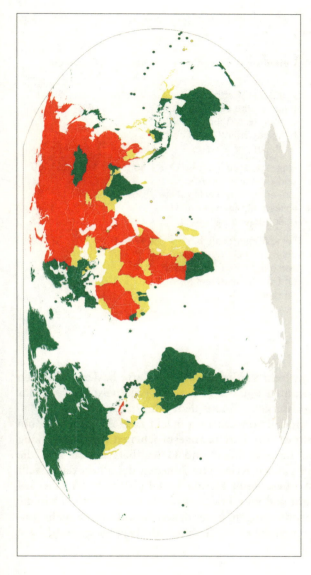

Abb. 11-3 „Karte der Freiheit" (nach 5). Von der NGO Freedom House jährlich veröffentliche Daten zur Freiheit in der Welt (freiheitliche Staaten grün, unfreie rot, Staaten dazwischen gelb; zugrunde liegen die Daten zu 195 Staaten und etwa 7 Milliarden Menschen aus Tabelle 11-1).

Tab. 11-1 Definition und Daten zur Freiheit in der Welt aus dem Jahr 2012 (5).

Status	Definition	Länder (%)	Population (%)
frei	politischer Wettbewerb; Bürgerrechte und -freiheiten werden respektiert; unabhängiges öffentliches Leben; unabhängige Medien	90 (46)	3 046 158 000 (43)
partiell frei	eingeschränkte Bürgerrechte und -freiheiten; Korruption; eingeschränkte Rechtsstaatlichkeit; ethnische Konflikte oder Bürgerkrieg	58 (30)	1 613 858 500 (23)
unfrei	keine Bürgerrechte bzw. politischen Grundrechte; persönliche Freiheit deutlich und systematisch eingeschränkt	47 (24)	2 376 822 100 (34)

scheint mir sehr verdienstvoll. Die Karte basiert auf Daten zu 195 Staaten und 12 Territorien (wie beispielsweise das „Palästinensergebiet") aus dem Jahr 2012.

Das Modell von Cincotta macht zwei Annahmen: Zum einen geht es vom bereits angesprochenen Zusammenhang zwischen Jugendlichkeit und Gewaltbereitschaft aus, die von einer ganzen Reihe von Autoren detailliert dargestellt wurde. So beschreibt Henrik Urdal (12) von der Harvard Universität und vom Friedensforschungsinstitut in Oslo die Rahmenbedingungen, unter denen Gewalt durch mehr junge Menschen in einer Gesellschaft begünstigt wird, wie folgt:

1. Wenn jungen Menschen keine Chance auf Arbeit und damit wirtschaftlichen Erfolg (eine „normale Existenz") haben, sind sie frustriert und zunehmend gewaltbereit. „If the labor market cannot absorb a sudden surplus of young job-seekers, a large pool of unemployed youth will generate strong frustration" (12).

2. Was dann geschieht, hängt vom Wirtschaftswachstum ab: ist es gering, haben die jungen Leute auf Dauer keine Chance und es entsteht Verzweiflung, die sich ein Ventil (Gewalt) sucht. Gibt es hingegen spürbares Wirtschaftswachstum, wird eine Welle junger Leute (ein Jugendbauch in der Demografie) zu einem Segen für die Gemeinschaft: Die jungen Leute haben Arbeit, verdienen, konsumieren, und generieren so weiteres Wachstum. „For large youth cohorts, the economic climate at the time they enter into the labor market is particularly crucial" (12).

3. Eine fehlende Ausbildung junger Männer trägt dazu bei, dass sie sich eher als Söldner verdingen. So betrachtet wirken Sekundarstufenunterricht und Universität als Friedensbringer. Das Gegenargument – gebildete junge Männer ohne Chance werden am ehesten zu Terroristen – lässt sich empirisch nicht halten.

4. Kommt zur geringen Ausbildung das Fehlen demokratischer Strukturen, gibt es erst recht keine Chance für die vielen jungen Männer, etwas an ihren Lebensbedingungen zu ändern. So bleibt ihnen nichts als Gewalt.

5. Schließlich ist Terrorismus ein weitgehend auf Städte konzentriertes Phänomen, sodass das überproportionale Wachstum der Städte zu mehr Gewalt beiträgt. Nach einer Studie in 27 indischen Provinzen zum Auftreten von Gewalt in Abhängigkeit von demografischen Faktoren (11) scheint die Urbanisierung für sich genommen jedoch kaum einen Einfluss zu haben. Allerdings sind es vor allem die jungen Männer, die es in schlechten Zeiten in die Städte treibt.

Der Zusammenhang zwischen geringem Durchschnittsalter einer Gesellschaft und erhöhter Gewaltbereitschaft ist mithin recht gut verstanden. Die zweite Annahme des Modells von Cincotta geht auf den britischen politischen Philosophen Thomas Hobbes zurück: In seiner berühmten Schrift *Leviathan* (betitelt nach einem mythischen Seeungeheuer) aus dem Jahr 1658 versucht Hobbes, eine systematische Begründung dafür zu liefern, warum Menschen sich freiwillig einem Herrscher unterwerfen, also einen Teil ihrer Freiheit aufgeben (Abb. 11-4). Sie tun dies, weil er sie schützt. Je mehr Anlass die Menschen haben, solchen Schutz zu suchen, das heißt, je mehr Gewalt in einer Gesellschaft herrscht, desto mehr sind die Menschen bereit unfreier zu leben. In unsicheren Zeiten möchten die Menschen einen Herrscher, der für Ruhe und Ordnung sorgt. Das Umgekehrte gilt aber auch: In sicheren Zeiten möchten die Menschen ihre Freiheit und lehnen Despoten ab. Man kann daher den Lauf der Geschichte der großen Gemeinschaften (Staaten) verstehen als Übergangsprozess von unfreien Staaten, die immer dann dem „Risiko" der Freiheit (Umsturz des Despoten) ausgesetzt sind, wenn es den Leuten für mehrere Jahrzehnte besser gegangen ist.

Wenn nun die „gefühlte Sicherheit" (von der man annehmen kann, dass sie eng mit der tatsächlichen Sicherheit korreliert) ausschlaggebend für den Wunsch nach Freiheit ist und zugleich direkt vom Durchschnittsalter der Bevölkerung abhängt, kann man vorhersagen, dass Staaten mit einer eher jungen Gesamtbevölkerung eher despotisch regiert werden, wohingegen es sich bei Staaten mit älteren Bürgern eher um freiheitliche Demokratien handelt. Rein statistisch jedenfalls lässt sich dies anhand entsprechender Daten gut belegen (Abb. 11-5): Erst dann ändert sich die Bevölkerungspyramide, wird unten schmaler, das Durchschnittsalter der Gesellschaft steigt und die Gewaltbereitschaft sinkt, wie dies beispielsweise in Nordamerika seit hundert Jahren

Abb. 11-4 Titelblatt von Hobbes' Monografie „Leviathan". Der Körper des Herrschers über die Welt und die Menschen besteht aus den Menschen, die freiwillig Macht abgeben, um Schutz zu erhalten, also in den Gesellschaftsvertrag eingewilligt haben.

und in Europa seit dem Ende des Zweiten Weltkriegs im Laufe der zweiten Hälfte des vergangenen Jahrhunderts der Fall war.

Wenn glückliche Umstände – Wirtschaftswachstum und Bildung – zusammenkommen, sind solche Jugendbäuche sogar eine einmalige Chance für Gesellschaften, sich in Richtung mehr Freiheit zu verändern: das Protestpotenzial (gegen alte Machthaber) ist (noch) da und die Möglichkeiten, neue Freiheiten zu nutzen und dann zu bewahren werden von der „Welle" junger, aber zunehmend eben doch auch alternder Menschen getragen. „In den letzten 50 Jahren haben Japan, Südkorea, Taiwan, Singapur, Hongkong

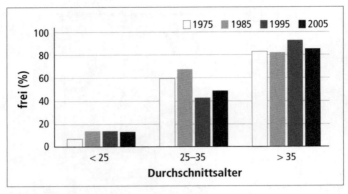

Abb. 11-5 Prozentualer Anteil freier Demokratien in Abhängigkeit vom Durchschnittsalter der Bevölkerung (nach 6, der Daten aus 5 verwendet hat).

und in neuester Zeit auch Thailand und Vietnam alle eine bessere Gesundheitsversorgung entwickelt, während die Geburtsraten unter die Nettoreproduktionsrate fielen. Dadurch entstanden Jugendbäuche, in denen die Bevölkerung im arbeitsfähigen Alter viermal so schnell anstieg wie die ‚abhängige' Bevölkerung. Mehr als zwei Drittel ihrer Bevölkerung waren im Arbeitsalter. In jedem dieser Fälle fiel dies mit schnellem wirtschaftlichem Wachstum zusammen", fasst Pearce (7, Übers. durch d. Autor) in seiner Übersicht zusammen, was weltweit vielerorts geschah.

Unabhängig vom untersuchten Zeitpunkt in der jüngeren Geschichte (egal, ob 1975 oder 2005) zeigt sich also, dass „junge" Staaten eher unfrei, ältere eher freiheitlich regiert sind. Dies wiederum ermöglichte Cincotta seine überraschende Vorhersage zu den politischen Entwicklungen in Nordafrika: Zwischen 2010 und 2019 erreicht die Bevölkerung aller genannten nordafrikanischen Mittelmeer-Anrainerstaaten – von Marokko bis Ägypten – ein Durchschnittsalter von 25 bis 35 Jahren, das nach Abbildung 11-5 mit einer ca. 50%igen Wahrscheinlichkeit einer freiheitlichen Demokratie einhergeht.

Es ist in diesem Zusammenhang interessant, dass Tunesien den „Arabischen Frühling" bislang am fruchtbarsten durchlaufen hat und Ägypten unter der meisten Gewalt leidet: Das Durchschnittsalter der Tunesier (Median) ist von allen fünf nordafrikanischen Mittelmeeranrainerstaaten mit 29 Jahren am höchsten, in Ägypten mit 24,4 Jahren am geringsten. Auch anderswo stimmt optimistisch, dass die Menschen in Myanmar (Birma) und Indonesien mittlerweile ein Durchschnittsalter von 28 erreicht haben, und in Richtung „Freiheit" unterwegs zu sein scheinen. Das gegenwärtige Durchschnittsalter der Syrer hingegen lässt nichts Gutes für den weiteren Verlauf des dortigen Konflikts ahnen (7).

Bekanntermaßen wird nun die Weltbevölkerung im Laufe der nächsten Jahrzehnte im Durchschnitt immer älter, was mit einem allgemeinen Trend zu mehr Freiheit einhergeht. Für die wenigen unfreien Staaten mit älterer Bevölkerung („this hard lot of illiberal survivors in the mature category") hat Cincotta drei Erklärungen: Charismatische Führer (Fidel Castro), Einparteienstaaten (China) und durch andere Staaten unterdrückte Staaten (Osteuropa zur Zeit des Kalten Krieges). Dennoch ist es aus demografischer Sicht für den Weltfrieden der nächsten Jahrzehnte nicht unbedeutend, dass der Anteil der 15- bis 24-Jährigen an der Weltbevölkerung in der ersten Hälfte dieses Jahrhunderts kontinuierlich fällt und weiter fallen wird (Abb. 11-6).

Das wiederum bringt die eingangs erwähnten und gegenwärtig hierzulande einzig diskutierten Probleme einer „Überalterung" mit sich. Die älteste Gesellschaft ist Japan mit einem Durchschnittsalter von 45,8 Jahren im Jahr 2013 (9). Auch in der EU sind viele Gesellschaften vergleichswei-

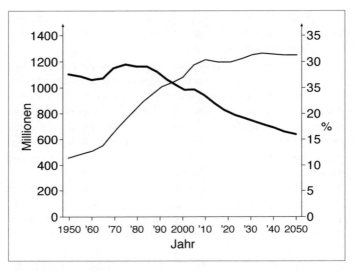

Abb. 11-6 Absolute Zahl (dünne Linie) und prozentualer Anteil (dicke Linie) der 15- bis 24-Jährigen an der Weltbevölkerung von 1950 bis 2050 (nach 12).

se alt. Deutschland: 45,3 Jahre; Italien: 43,8 Jahre; Griechenland: 42,8 Jahre; Spanien: 40,9 Jahre; Frankreich: 40,4 Jahre; Großbritannien: 40,2 Jahre; Zypern 35,1 Jahre (10). Aber alle diese Staaten haben ihren Jugendbauch genutzt und damit ihre historische Chance auf den Übergang von Despotismus zu Freiheit durchgemacht – mit mehr (Deutschland) oder weniger (Großbritannien) Geburtswehen und mehr oder weniger Erfolg am Ende (hier überlasse ich die Bewertung dem Leser). Die Schwellenländer erleben gerade ein solches „Fenster" und es bleibt abzuwarten, wie die Geschichte in den nächsten Jahrzehnten weiter verlaufen wird.

Hoffen wir, dass die Weisheit ihres Alters den Europäern hilft, ihre gegenwärtige Krise ohne Krieg zu meistern. Wenn die Demografen mit ihren Theorien Recht haben, könnte man fast optimistisch werden und auf eine in wirtschaftlicher Hinsicht zwar weniger dynamische, aber dafür friedlichere, freiheitlichere und demokratischere Welt hoffen. Das wäre doch etwas! *Für* die Demografen spricht jedenfalls aus wissenschaftlicher Sicht, dass sie ihre Gedanken der empirischen Überprüfung zugänglich machen.[1] Bis zum „Geriatrischen Frieden" (12) ab etwa 2050 scheint es jedoch noch ein langer, steiniger Weg zu sein, wie nicht zuletzt die jüngsten Entwicklungen in der arabischen Welt zeigen.

---

1 Ein kleiner Seitenhieb des hier vorrangig zitierten Autors Henrik Urdal gegenüber dem allgegenwärtigen politischen Geschwätz sei dem Leser an dieser Stelle nicht vorenthalten: „Den Disziplinen, die für die Analyse der internationalen Beziehungen zuständig sind, entgehen solche dramatischen Wendepunkte des Öfteren. Sie haben dann die blöde Angewohnheit, sich einen Spaß daraus zu machen, im Nachhinein nach passenden und nicht nachprüfbaren Erklärungen zu suchen. Wenn das Interesse an diesen dann abgeklungen ist, machen die, die sich meistens irrten, ohne Korrektur weiter mit ihren fragwürdigen Methoden und irrtümlichen Annahmen, die zu ihrem Scheitern führten. Auf diese Weise kommt keine Theorie und auch keiner von ihnen schlecht weg – außer den Außenpolitikern, die ein besseres Verständnis der politischen Zukunft benötigen und verdienen würden. " (12, Übers. durch d. Autor).

Literatur

1. Christensen K, Thinggaard M, Oksuzyan A, Steenstrup T, Andersen-Ranberg K, Jeune B, McGue M, Vaupel JW. Physical and cognitive functioning of people older than 90 years: a comparison of two Danish cohorts born 10 years apart. The Lancet 2013; doi.org/m67.
2. Cincotta RP. How democracies grow up: countries with too many young people may not have a fighting chance for freedom. Foreign Policy 2008; 165: 80–82.
3. Cincotta RP. Life Begins After 25: Demography and the Societal Timing of the Arab Spring. Philadelphia, PA: Foreign Policy Research Institute 2012.
4. Collier P. Doing well out of war: an economic perspective. In: Berdal M, Malone DM (eds.): Greed & Grievance: Economic Agendas in Civil Wars. London: Lynne Rienner Verlag, Boulder 2000.
5. Freedom house. http://www.freedomhouse.org/report-types/free dom-world, accessed 8.10.2013.
6. Huntington SP. So, are civilizations at war? (Interview) The Observer, 21.10.2001.
7. Pears F. Youthquake. New Scientist 2013; 219(2926): 42–45.
8. Spitzer M. Altern im Betrieb. Gehirnforschung und Arbeitswelt. In: Das Wahre, Schöne, Gute. Stuttgart: Schattauer 2009; 57–63.
9. Statista. Durchschnittsalter der Bevölkerung in ausgewählten Ländern im Jahr 2013. Altersmedian in Jahren. de.statista.com/statistik/daten/studie/37220/umfrage/altersmedian-der-bevoelke rung-in-ausgewaehlten-laendern.
10. Statista. Durchschnittsalter der Bevölkerung in den Mitgliedsstaaten der Europäischen Union im Jahr 2012. Altersmedian in Jahren. de.statista.com/statistik/daten/studie/248994/umfrage/durchschnittsalter-der-bevoelkerung-in-den-eu-laendern.
11. Urdal H. Population, resources and violent conflict: a sub-national study of India 1956–2002. Journal of Conflict Resolution 2008; 52: 590–617.
12. Urdal H. A clash of generations? Youth bulges and political violence. United Nations Department of Economic and Social Affairs, Population Division. Expert Paper 2012/1. www.un.org/esa/population/publications/expertpapers/Urdal_ExpertPaper.pdf.
13. Zakaria F. The roots of rage. Newsweek 2001; 138(16): 14–33.

12 Fernsehen – erst gar nichts und später das Falsche lernen

Von hibbeligen Mäusekindern zu arbeitslosen und kriminellen Erwachsenen

Nach wie vor ist Fernsehen dasjenige Medium, vor dem Kinder und Jugendliche die meiste Zeit verbringen. In Anlehnung an Fress-Exzesse (binge eating) bei essgestörten Patienten spricht man mittlerweile von „binge viewing" – zu Deutsch etwa: „Fernsehen bis zum Umfallen" – und bezeichnet damit das Ansehen ganzer Serien, vor allem an Wochenenden, über halbe oder ganze Tage hinweg. Der Trend kommt – wen wundert's? – mal wieder aus den USA, wo schon die Hälfte der Bevölkerung solchen TV-Marathon betreibt (24).

Hierzulande beträgt die durchschnittliche mit Fernsehen verbrachte Zeit bei jungen Menschen etwa 3 Stunden täglich. Bei im Mittel 8 Gewalttaten pro Stunde im ganz normalen Fernsehprogramm (das tagsüber zu 80 % Gewalt enthält) ergibt dies für junge Menschen 8 760 (3 × 8 × 365) erlebte Gewalttaten pro Jahr. So kommt man also im Verlauf von Kindheit und Jugend bis ins junge Erwachsenenalter (sagen wir: Anfang bis Mitte 20) auf ca. 200 000 erlebte Gewalttaten. Nach allem, was wir über die Plastizität des Gehirns und die Entstehung von Gedächtnisspuren durch Wiederholung wissen, kann dies eines nicht nach sich ziehen: Keine Auswirkungen!

Entsprechend gibt es eine Reihe von Studien, die klare negative Auswirkungen von TV-Konsum auf Gesundheit, Bildungserfolg und Sozialverhalten (bis hin zur Aggressivität und Kriminalität) zeigen. Allerdings gibt es auch Studien, die keinen Zusammenhang fanden. Eine große vom US-amerikanischen Fernsehen finanzierte Studie (15) fand beispielsweise keinen Zusammenhang, „verlor" allerdings die meisten Teilnehmer während des Untersuchungszeitraums (z. B. von über 500 auf 70). Zusammen mit dem Sponsoring macht das die Ergebnisse eher unglaubwürdig, zumal die Medien hierzu selber bekanntermaßen keine oder falsche Informationen liefern (2). Zudem muss man sich immer vor Augen führen, dass das Fehlen eines Nachweises nicht identisch ist mit dem Nachweis des Fehlens: Wenn man eine schlechte Studie durchführt, am falschen Fleck oder mit den falschen Methoden misst, dann findet man keinen Zusammenhang. Daraus jedoch zu folgern, dass ein solcher nicht existiert, ist logisch falsch.

Um ein für alle Male herauszufinden, was Fernsehkonsum mit Kindern und Jugendlichen macht, müsste man die folgende Studie durchführen: Man müsste Kinder zufällig in zwei Gruppen einteilen. In der einen Gruppe sehen die Kinder dann 6 Stunden täglich während Kindheit und Jugend fern und in der anderen nicht. Dann wartet man noch für ein paar Wochen ohne jeden TV-Konsum ab (um die Testergebnisse nicht durch akute Effekte des Fernsehens zu verfälschen) und testet alle Kinder danach im Hinblick auf Hyperaktivität, Aufmerksamkeit und Lernfähigkeit. Die Auswirkungen eines chronischen übermäßigen TV-Konsums in Kindheit und Jugend auf das Verhalten der jungen Erwachsenen sollten sich durch eine solche Studie klar aufzeigen lassen. Das Problem ist, dass man eine solche Studie aus ethischen Gründen nicht durchführen kann und dass sie sehr lange (3 Jahrzehnte) dauern würde.

Dennoch wurde eine solche Studie von einem US-amerikanischen Kinderarzt durchgeführt – an Mäusen! Weil bei diesen Tieren die Kindheit nach wenigen Wochen vorbei ist, war das Ganze zudem zeitlich leicht handhabbar und bedurfte keiner lebenslangen Anstrengung der beteiligten Wissenschaftler. Mäuse wurden ab ihrem 10. Lebenstag 42 Tage lang täglich während ihrer wachen Zeit 6 Stunden dem Tonkanal von Cartoon-Sendungen (z. B. *Pokémon*) sowie davon getriggertem buntem, flackerndem Licht ausgesetzt (nach den publizierten Bildern und Videos muss man sich das wie eine „Lichtorgel" aus einer Disco der 1970er-Jahre vorstellen; 5, 6). Der Schallpegel lag bei 70 dB (entsprechend der Lautstärke eines in 10 m Entfernung vorbeifahrenden Autos), also weit unterhalb dessen, was den Tieren Stress verursacht (Abb. 12-1). Neben der Experimentalgruppe, die diesen Bedingungen ausgesetzt wurde, gab es noch eine Kontrollgruppe, die im selben Zeitraum keiner Stimulation ausgesetzt war und ein „normales Mäuseleben" führte.

Nach 42 Tagen „Überstimulation" wurde noch 10 Tage abgewartet, um keine „akuten" Auswirkungen, sondern die Effekte auf die längerfristige Gehirnentwicklung, zu messen. Danach erfolgte eine Reihe standardisierter Tests, die vor allem Lernen, Aufmerksamkeit, Hyperaktivität und Risikobereitschaft messen und die auf ökologisch validen Verhaltensweisen beruhen.

So weiß man von Mäusen, dass sie sich gerne in der Deckung einer Ecke aufhalten und sehr ungern auf freies Gelände gehen, weil sie dort eher Räubern zum Opfer fallen. Daher gibt es zwei sehr einfache Tests auf Hyperaktivität und risikoreiches Verhalten. Der erste besteht in einem Labyrinth in der Form eines erhöht positionierten Plus-Zeichens (*elevated plus maze*), dessen Arme insgesamt 50 cm Länge aufweisen, und von denen zwei durch 5 cm hohe Wände begrenzt sind und zwei keine Wände aufweisen, also „gefährlicher zu betreten" sind. Der zweite Test besteht darin, dass man die Tiere in einen größeren Käfig (60 × 60 cm – für eine Maus ein großes freies Feld!) verbringt, der von oben vor allem in der Mitte beleuchtet wird (*open field test*). In beiden Tests werden die Bewegungen mit einer Videokamera aufgezeichnet. Mittels geeigneter Software kann man die Bewegungen nachverfolgen (tracken, wie

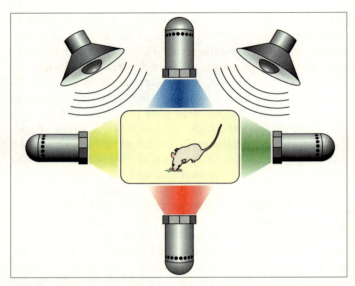

Abb. 12-1 Versuchsanordnung zur „Überstimulation" der Mäuse, schematisch und von oben betrachtet: Vier flackernde bunte Scheinwerfer und zwei Lautsprecher sorgten für visuelle und auditive Stimulation der Tiere im Käfig als würden sie sechs Stunden täglich fernsehen.

Abb. 12-2 Prinzip des Labyrinths (links) in Form eines erhöhten Pluszeichens (*elevated plus maze*) und automatische Nachzeichnung (oben) des von zwei Mäusen darin zurückgelegten Weges (schematisiert). Oben links ist der im Labyrinth zurückgelegte Weg einer Maus aus der Kontrollgruppe schematisch dargestellt (blau), rechts (rot) der einer Maus mit 42 Tagen TV-Konsum in ihrer Kindheit (nach 6). Die quantitative Auswertung (unten) solcher Nachzeichnungen (nach 6) von 48 Mäusen der Kontrollgruppe und 61 in der Überstimulationsgruppe (TV-Gruppe) zeigt, dass die Mäuse aus der TV-Gruppe signifikant öfter die offenen Arme des Labyrinths betraten (links), sich dort signifikant länger aufhielten (Mitte) und eine längere Wegstrecke (rechts) zurücklegten (**: $p < 0{,}01$; ***: $p < 0{,}001$).

man heute auf Neudeutsch sagt) und den während eines bestimmten Testzeitraums zurückgelegten Weg aufzeichnen. Wie die Abbildungen 12-2 und 12-3 deutlich zeigen, führt das Fernsehen bei Mäusen zu einer deutlichen Erhöhung von Hyperaktivität und Risikoverhalten.

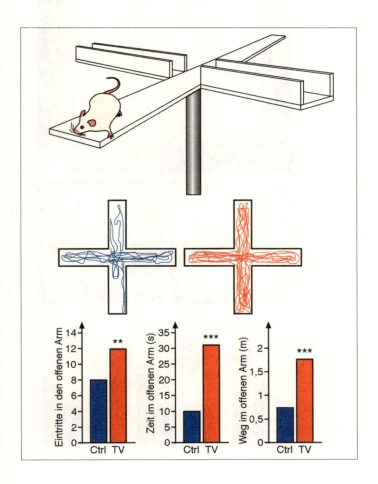

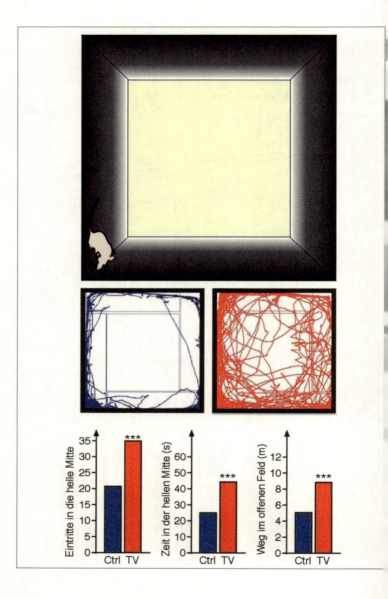

Ein weiterer Test besteht darin, dass den Tieren zunächst ein neues Objekt in den Käfig gelegt wird und sie Gelegenheit haben, es zu explorieren (z. B. ansehen, beschnüffeln, betasten). Dann wird ein zweites Objekt hinzugefügt und das Verhalten der Tiere wiederum per Video aufgezeichnet und automatisiert ausgewertet. Normalerweise wenden sich die Tiere nun neugierig dem neuen Objekt zu, das heißt, sie verbringen mehr Zeit mit diesem als mit dem alten, schon bekannten Objekt (*novel object test*). Dies ist bei den Kontrolltieren auch der Fall (Abb. 12-4). Die Tiere der TV-Gruppe hingegen wandten sich beiden Objekten etwa gleich häufig zu, hatten also entweder das erste Objekt schon wieder vergessen oder waren Neuem gegenüber einfach gleichgültig.

Um nicht nur Impulsivität, fehlende natürliche Ängstlichkeit vor Höhe und schutzloser Offenheit (vermehrte Risikobereitschaft) und Hyperaktivität zu messen, sondern das Lerndefizit, das der Novel-object-Test nahelegt, noch weiter zu charakterisieren, wurde eine weitere, standardisierte Labyrinthaufgabe, das „Barnes Labyrinth" (*Barnes Maze*) durchgeführt. Hierbei befindet sich die Maus auf ei-

---

Abb. 12-3 Automatische Nachzeichnung (oben) des von zwei Mäusen im offenen Feld zurückgelegten Weges (*open field test*). Links ist das Prinzip des Tests dargestellt. Oben in blau ist der im Käfig zurückgelegte Weg einer Maus aus der Kontrollgruppe abgebildet, rechts daneben in rot der einer Maus mit 42 Tagen TV-Konsum in ihrer Kindheit (nach Daten aus 5, 6). Die quantitative Auswertung (unten rechts) solcher Nachzeichnungen zeigt von 74 Mäusen der Kontrollgruppe und 72 in der Überstimulationsgruppe (TV-Gruppe), dass die Mäuse aus der TV-Gruppe signifikant öfter ins Zentrum eintraten (linkes Diagramm) und sich dort signifikant länger aufhielten (Mitte) und im offenen hellen Bereich eine längere Wegstrecke (rechts) zurücklegten (***: p < 0,001).

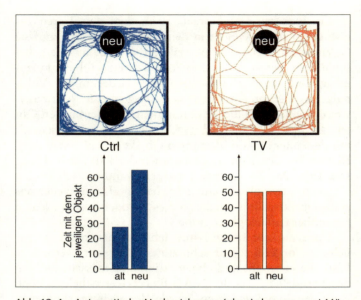

Abb. 12-4 Automatische Nachzeichnung (oben) des von zwei Mäusen, die mit einem alten und einem neuen Objekt konfrontiert wurden, zurückgelegten Weges (novel object test). Links (blau) eine Maus aus der Kontrollgruppe, rechts (rot) eine Maus mit 42 Tagen TV-Konsum in ihrer Kindheit (nach 6). Die quantitative Auswertung (unten) solcher Nachzeichnungen von 39 Mäusen der Kontrollgruppe und 42 in der Überstimulationsgruppe (TV-Gruppe) zeigt, dass die Mäuse aus der Kontrollgruppe sich signifikant öfter dem neuen Objekt zuwandten (links), die Tiere in der TV-Gruppe hingegen nicht (rechts).

ner kreisförmigen Platte, die 20 Löcher enthält, von denen eines zu einer kleinen dunklen Kammer unter der Platte führt. Da die Tiere gern den Schutz der Abgeschlossenheit und Dunkelheit suchen, lernen sie den Ort der Kammer und suchen sie auf (6). Der Test wurde an 4 aufeinander folgenden Tagen durchgeführt, wobei sich zeigte, dass die überstimulierten Mäuse am ersten Tag die Kammer rascher fanden, weil sie ganz einfach hyperaktiver waren und der Zufall ihnen so zu Hilfe kam. Nach 4 Tagen Lernen war es umgekehrt: Die hyperaktiven Tiere brauchten jetzt hoch signifikant länger als die Kontrolltiere und suchten auch mehr „falsche Löcher" auf (Abb. 12-5). „Die überstimulierten Mäuse machten immer wieder mehr Fehler bevor sie das Loch [zur Kammer] fanden, was für eine Beeinträchtigung von Lernen und Gedächtnis spricht", kommentieren die Autoren diesen Befund (6, S. 50, Übersetzung durch den Autor).

Fernsehen in der Kindheit bewirkt also auch bei Mäusen eine deutliche Beeinträchtigung von Neugierde und Lernen, lässt sie mehr Risiken eingehen und macht sie hyperaktiv. Kurz: Die Mäuse werden hibbelig, wie man das umgangssprachlich nennen würde. 6 Stunden täglich rasch wechselnde bunte Bilder, die keine nachvollziehbaren Inhalte enthalten und die in keinem sinnvollen Zusammenhang stehen (man betrachte einmal die schnellen Comics im Kinderkanal!) schaden ganz offensichtlich der Gehirnentwicklung, erlauben nicht die Formation von Gedächtnisspuren für wesentliche Inhalte. Was für Mäuse gilt, wird für Lebewesen, die wesentlich mehr Lernen und daher mehr vom Lernen im Hinblick auf ihren Lebenserfolg abhängen, erst recht der Fall sein – es gilt also in besonderem Maße für uns Menschen. Entsprechende Studien zeigen, dass Kinder bis zum vollendeten zweiten Lebensjahr von Bildschirmen und Lautsprechern nichts lernen können. Verbringen sie mit Bildschirmmedien dennoch viel Zeit, resultieren Beeinträchtigungen der Sprachentwicklung und des Verständnisses der Dinge in der Welt sowie langfristig Probleme in den Bereichen Sozialverhalten, Lernen, Gedächtnis und Aufmerksamkeit (17, 22, 23). Diesbezügliche Studien am Menschen können aber oft nicht mit der experimentellen Schärfe und nachweisbaren Kausalität durch-

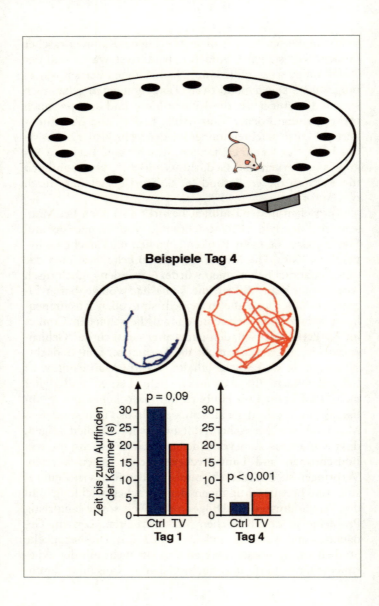

geführt werden, weswegen sie immer wieder methodischen Kritiken unterworfen werden, die mehr oder weniger berechtigt sind (7–9, 19). Die Ergebnisse der Studie an Mäusen stützen damit die für den Menschen vorliegenden Daten, denn sie lassen den Einwand „das ist alles nur Korrelationsstatistik" nicht mehr zu. Inhaltlich wird immer deutlicher: Wenn in jungen Jahren keine Gedächtnisspuren entstehen, kann man damit später nichts Neues verknüpfen, was sich vor allem langfristig auf die gesamte Bildungskarriere eines Menschen auswirkt.

Wenn es um die Gefahren des TV-Konsums geht, ist ein zweiter Gesichtspunkt, der sich nur beim Menschen untersuchen lässt, von wesentlicher Bedeutung: Spätestens ab 3 Jahren wird bis ins Jugendalter hinein sehr viel vom Fernsehen gelernt. Oft wird dies bestritten und behauptet, Menschen könnten ab einem Alter von etwa 8 Jahren zwischen Realität und Fiktion unterscheiden. Sie hätten damit beim Fernsehen gleichsam immer den Hintergedanken „das ist ja

---

Abb. 12-5 Prinzip des Barnes-Labyrinths (links) mit einer kreisförmigen Platte von 90 cm Durchmesser, die 20 Löcher von 5 cm Durchmesser enthält, von denen eines den Zugang zu einer kleinen Kammer unterhalb der Platte gewährt, und automatische Nachzeichnung (oben) des von zwei Mäusen darin zurückgelegten Weges (schematisiert). Oben links ist der im Labyrinth am Tag 4 zurückgelegte Weg einer Maus aus der Kontrollgruppe schematisch dargestellt (blau), rechts (rot) der einer Maus mit 42 Tagen TV-Konsum in ihrer Kindheit (nach 6). Die quantitative Auswertung (unten) solcher Nachzeichnungen von zwölf Mäusen der Kontrollgruppe und 72 in der Überstimulationsgruppe (TV-Gruppe) zeigt, dass die Mäuse aus der TV-Gruppe am Tag 1 das richtige Loch rascher fanden (allerdings nicht signifikant, sondern mit $p = 0,09$ nur als Trend), am Tag 4 (also nach 3 Tagen des Lernens) jedoch signifikant ($p < 0,001$) länger dafür brauchten als die Mäuse ohne vorherigen TV-Konsum.

nur Fernsehen" im Kopf. Dies sei gleichbedeutend damit, dass das Fernsehen keine Auswirkungen haben könne, denn man wisse, dass das alles nur vorgegaukelt sei. Dem ist entgegenzuhalten: TV-Sendungen, bei denen der Gedanke „das ist ja nur Fernsehen" aufkommt, sind schlecht. Bei guten Sendungen – man denke an einen gut gemachten Krimi oder gar Horrorfilm – liegt der Witz ja gerade darin, dass wir „mitten drin sind" im Geschehen und vergessen, dass das alles nur virtuelle Realität ist. Und schließlich zahlte niemand für TV-Werbung, wenn sie keine Auswirkungen in der realen Welt hätte! Die jährlich für Werbung ausgegebenen Milliarden belegen damit eindrucksvoll die Nichtigkeit dieser Behauptung, vom Fernsehen werde nichts gelernt und es habe keine Auswirkungen.

Bedenkt man zudem, dass die Rate der Gewalt gerade im Kinderprogramm höher ist als im Durchschnitt, und dass die Trailer zu neuen Serien oder gar Kinofilmen ganz besonders viel Gewaltakte enthalten, dann wird klar, wie wichtig gute, also belastbare Daten zum Zusammenhang von Fernsehen in Kindheit und Jugend und antisozialem Verhalten der späteren Erwachsenen sind. Um hier ein für alle Mal Klarheit zu schaffen, müsste man eigentlich die eingangs erwähnte Studie durchführen, also 1 000 Kinder per Randomisierung in zwei Gruppen einteilen, und die eine Gruppe von Kindern mit Fernsehen aufwachsen lassen und die andere ohne. Nach 25 oder 30 Jahren könnte man nachsehen, wer kriminell geworden ist und wer nicht. Eine solche Studie lässt sich aus ethischen Gründen nicht durchführen. Das Zweitbeste wäre eine Studie, die – ohne Randomisierung – ganz einfach Kinder, die ohne TV aufgewachsen sind, mit Kindern, die mit Fernseher groß wurden, vergleicht. Dies wiederum geht nicht, weil es praktisch keine Kinder ohne Fernsehkonsum gibt; und weil die wenigen, die es gibt, sich durch so viele andere Merkmale von den anderen unterscheiden, dass man die (möglicherweise zu findenden) Unterschiede anders erklären könnte, die Studie also keinen Erkenntnisgewinn brächte.

Dieses Problem ist in der Literatur zu den Auswirkungen des Fernsehens auf Kinder und Jugendliche gut bekannt: Wer die Schädlichkeit des Rauchens untersuchen will, vergleicht Raucher mit Nichtraucher. Wer die Schädlichkeit des Fernsehens untersuchen will, der kann leider nicht die Fernseher mit den Nichtfernsehern vergleichen, weil es diese praktisch nicht gibt und sie ohnehin ganz anders sind als die Fernseher (20, 21).

Also bleibt nur die drittbeste Studie: Man bestimmt bei 1 000 Kindern den TV-Konsum in Kindheit und Jugend, wartet ab, bis die Teilnehmer gut 30 Jahre alt sind und schaut in den Polizeiakten nach, wer kriminell ist. „Aber das hat doch mit dem Fernsehen gar nichts zu tun: Wer aus der Unterschicht kommt, der schaut mehr fern und ist eher kriminell – daran liegt es, nicht am Fernsehen", höre ich die Skeptiker schon mir in Talkshows und Diskussionsrunden entgegenschleudern. „Und übrigens: Wer als kleines Kind schon hibbelig ist und mit 5 Jahren sich mit den anderen nicht mehr verträgt, der schaut mehr fern, und wird dann eher kriminell – hat mit dem Fernsehen gar nichts zu tun", wird ein Anderer ergänzen. „Wenn im Elternhaus Zucht und Ordnung herrschen würde, gäbe es ihr Problem gar nicht", fügt ein Dritter hinzu und der Vierte meint, „das liegt am Intelligenzquotienten – die Dummen schauen mehr fern und werden nun mal eher kriminell".

Man müsste also bei den 1 000 Kindern zunächst einmal nachsehen, wer mit 3 Jahren schon an einer Aufmerksamkeitsstörung leidet. Im fünften Lebensjahr sollte man das Sozialverhalten unter die Lupe nehmen (wird von anderen gemieden, ist oft anderen gegenüber aggressiv; am besten durch die Eltern und die Erzieherinnen im Kindergarten beurteilt), und wenn die Kinder 7 oder 9 Jahre alt sind, sollte man sich das Elternhaus einmal genauer ansehen.

Aussagen wie „In unserer Familie wird auf das Einhalten von Regeln streng geachtet" oder „Man kommt in unserer Familie nicht so leicht mit irgendetwas davon" aus einem standardisierten Familieninventar sollten hierzu verwendet werden. Dann wäre es praktisch, man würde den IQ der Kinder messen, am besten im Alter von 7, 9, 11 und 13 Jahren, um durch Mehrfachmessung wirklich verlässliche Daten zu erhalten. Auch den sozioökonomischen Status der Familie sollte man anhand der Berufe der Eltern erfassen. Dann braucht man nur noch abzuwarten und die Jugendkriminalität zwischen 13 und 16 Jahren sowie die Kriminalität zwischen dem 17. und dem 26. Lebensjahr anhand der Polizeiakten zu erfassen und schon hat man die perfekte bestmögliche Studie zum Einfluss des Fernsehkonsums, den man natürlich gründlich, das heißt, im Alter von 5, 7, 9 und 11 Jahren durch die Eltern und im Alter von 13 und 15 Jahren durch die Jugendlichen selber erfasst, um daraus den durchschnittlichen TV-Konsum im Alter zwischen 5 und 15 so genau wie möglich zu erheben.

„Eine solche Studie gibt es nicht – viel zu aufwändig!" werden Sie, lieber Leser, sicherlich jetzt denken. Und damit liegen Sie falsch, denn genau diese Studie wurde im März 2013 von Robertson und Mitarbeitern im weltbesten Fachblatt für Kinderheilkunde *Pediatrics* publiziert (18). Hierzu wurden Daten aus einer Längsschnittstudie analysiert, die zu den bedeutsamsten Entwicklungsstudien überhaupt zählt und aus der schon sehr viele bedeutsame wissenschaftliche Arbeiten hervorgegangen sind (3, 11, 12, 16). Auf der Südinsel von Neuseeland liegt die Stadt Dunedin, in der zwischen April 1972 und März 1973 1 037 Neugeborene erfasst und in die Studie aufgenommen wurden. Die Kinder wurden zunächst im Alter von 3 Jahren und mit 5, 7, 9, 11 und 15 Jahren weiter untersucht. Möglicherweise aufgrund der Tatsache, dass Neuseeland von Tausenden Kilometern Ozean umgeben ist und daher niemand weit

weg umzieht, ist die Wiederauffindungsrate der Neusee-
landstudie sensationell hoch und liegt bei über 90 %. Mittlerweile – die Studie läuft immer noch – sind die Teilnehmer in ihrem 5. Lebensjahrzehnt. Zu den Besonderheiten
der Studie gehört, dass die Teilnehmer sehr gründlich und
mittels unterschiedlicher Methoden untersucht wurden. Sie
wurden zum einen befragt, es wurden aber auch Eltern,
Lehrer und Freunde der Teilnehmer befragt. Zudem wurden Tests durchgeführt und objektive Daten (beispielsweise
zum sozioökonomischen Status aber auch zum Sozialverhalten anhand der Aktenlage der Polizei) erhoben.

Im Alter von 5, 7, 9 und 11 Jahren wurden die Eltern
der Studienteilnehmer gefragt, wie viel Zeit die Kinder
an Wochentagen im Durchschnitt vor dem Fernseher
verbrachten. Im Alter von 13 und 15 Jahren wurden die
Studienteilnehmer selbst danach gefragt. Aus diesen Daten
wurde (wie in früheren Studien auch; 12) ein zusammenfassender Index berechnet, der die mittlere Fernsehdauer im
Alter von 5 bis 15 Jahren angibt. In 95 % der Gesamtko-
horte (n = 985) war es den Wissenschaftlern möglich, das
Computersystem der neuseeländischen Polizei auf Daten zu
kriminellen Einträgen hin auszuwerten. Dies wurde einmal
für die Zeit vom 13. bis zum 16. Lebensjahr sowie zudem
für die Zeit vom 17. bis zum 26. Lebensjahr getrennt vor-
genommen.

Zudem wurden mittels eines diagnostischen Persönlich-
keitsinterviews sowie mittels Fragebogen das Vorhanden-
sein einer antisozialen Persönlichkeitsstörung sowie Persönlichkeitszüge der Mitglieder der Kohorte erfasst. Von
besonderem Interesse waren die Persönlichkeitseigenschaften der Aggressivität, der negativen und positiven Emotionalität. Das Besondere an der Studie bestand weiterhin darin, dass die Verhaltensbeobachtungen, die im Alter von 3
Jahren gemacht wurden als Variable in die Auswertung der
Daten einbezogen wurden. Bereits mit 3 Jahren zeigten

manche Kinder hohe Irritabilität und Distraktibilität, sie konnten nicht stillsitzen, waren unkontrolliert und zeigten eine hohe emotionale Labilität. Im Alter von 5 Jahren wurde die Aggressivität der Kinder sowohl durch die Eltern als auch die Lehrer anhand einzelner Items erfasst, wie „oft in Raufereien verwickelt", „Ungehorsamkeit", „zerstörerisch", „Rowdytum", und „wird von anderen nicht gemocht". Auch der IQ der Kinder wurde im Alter von 7, 9, 11 und 13 Jahren gemessen. Hieraus wurde ein zusammenfassender Wert gebildet, der ebenfalls in die Analyse der Daten einbezogen wurde. Der sozioökonomische Status der Familien, aus denen die Kinder und Jugendlichen hervorgingen, wurde mehrfach, beginnend mit der Geburt und endend mit dem 15. Lebensjahr gemessen. Hierzu wurden objektive Daten zur Berufsausbildung beider Eltern herangezogen und ein zusammenfassender Wert gebildet. Der Erziehungsstil der Eltern wurde mit der Variable „elterliche Kontrolle" im Alter von 7 sowie 9 Jahren mittels einer speziellen Familienbefragung untersucht. Sätze wie „in unserer Familie gibt es klare Regeln, auf deren Befolgung Wert gelegt wird" oder „Drückeberger kommen in unserer Familie nicht ungeschoren davon" konnten auf einer Skala von 0 (geringe elterliche Kontrolle) bis 9 (hohe elterliche Kontrolle) eingeschätzt werden. Wie bei den anderen untersuchten Variablen auch, wurde aus der durch die Mutter eingeschätzten elterlichen Kontrolle im Alter von 7 und 9 Jahren der Studienteilnehmer, ein zusammenfassender Score gebildet.

Aufgrund der Tatsache, dass man auf diese Weise sowohl das Verhalten der Kinder im frühen Kindergartenalter (mit 3 Jahren), den Fernsehkonsum mit 5 bis 15 Jahren, den IQ, den sozioökonomischen Status und den Erziehungsstil der Eltern erfasst hatte, war es möglich, die Auswirkungen all dieser Einflüsse auf das später objektiv erfasste Sozialverhalten (bis hin zur Kriminalität) zu analysieren.

Das wichtigste Ergebnis der Studie bestand darin, dass man einen signifikanten Zusammenhang zwischen dem Fernsehkonsum in Kindheit und Jugend einerseits und dem Bestehen einer antisozialen Persönlichkeitsstörung im Erwachsenenalter sowie nachgewiesenen kriminellen Handlungen im Erwachsenenalter andererseits nachweisen konnte (Abb. 12-6). Dieser Zusammenhang blieb auch dann bestehen, wenn man Unaufmerksamkeit und Unkontrolliertheit im Alter von 3 Jahren, das antisoziale Verhalten (von den Eltern und Lehrern beobachtet) mit 5 Jahren und das Ausmaß der elterlichen Kontrolle im Alter von 7 und 9 Jahren sowie den sozioökonomischen Hintergrund der Familie und die Intelligenz der Kinder herausrechnete! Den Effekt all dieser Kovariablen kontrolliert zu haben, ist damit der Hauptverdienst der Studie. Man kann also z.B. nicht mehr sagen: „Der kommt aus schlechtem Elternhaus", „der war doch sicher als Kind schon ein ziemlicher Zappelphilipp", „wer als Kind schon aggressiv ist, wird eben als Erwachsener eher kriminell", „wer aus schlechten Verhältnissen kommt, wird kriminell". All diese Aussagen werden immer wieder angeführt, wenn es darum geht, ob Fernsehkonsum das Sozialverhalten der Konsumenten beeinträchtigt oder gar zu kriminellen Handlungsweisen führt. Die Studie hat gezeigt, dass diese „Ausreden" nicht gelten, denn wenn man all diese negativen Einflüsse aus den Daten herausrechnet, bleibt der Zusammenhang zwischen Fernsehkonsum und antisozialem Verhalten sowie Kriminalität bestehen.

Darüber hinaus zeigte die Studie, dass mehr Fernsehkonsum in der Kindheit und Jugend mit einer signifikant höheren Aggressivität, einer signifikant höheren negativen Emotionalität und einer signifikant geringeren positiven Emotionalität im Erwachsenenalter einherging. Auch diese

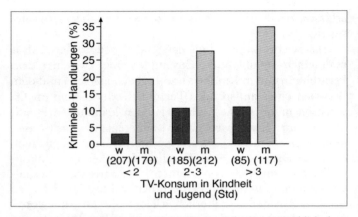

Abb. 12-6 Prozentualer Anteil der Studienteilnehmer (weiblich dunkelgrau, männlich hellgrau; Anzahl jeweils in Klammern) im Alter von 26 Jahren mit einer polizeilich dokumentierten kriminellen Handlung in Abhängigkeit vom TV-Konsum an einem Wochentag zwischen 5 und 15 Jahren (nach 18, Fig. 1).

Zusammenhänge blieben bestehen, wenn man den sozioökonomischen Status, die Intelligenz und das Temperament im Alter von 3 Jahren sowie das antisoziale Verhalten im Alter von 5 Jahren und die elterliche Kontrolle aus den Daten herausrechnete.

Wie die Abbildungen 12-6, 12-7 und 12-8 zeigen, ist der Einfluss der Höhe des Fernsehkonsums in Kindheit und Jugend auf kriminelles Verhalten und Aggressivität im Erwachsenenalter sowie bei Männern auf das Bestehen einer antisozialen Persönlichkeitsstörung dosisabhängig. Das Risiko, einer kriminellen Handlung im Alter von 26 Jahren überführt worden zu sein, steigt mit jeder weiteren Stunde Fernsehkonsum im Tagesdurchschnitt in Kindheit und Jugend um etwa 30 %. Die Stärken der negativen Effekte des Fernsehkonsums auf die gemessenen Variablen lagen mit

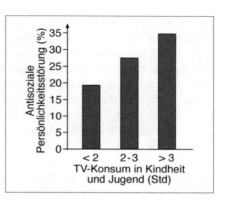

Abb. 12-7 Prozentualer Anteil der männlichen Studienteilnehmer im Alter von 26 Jahren mit einer antisozialen Persönlichkeitsstörung in Abhängigkeit von TV-Konsum zwischen 5 und 15 Jahren (nach 18, Fig. 2).

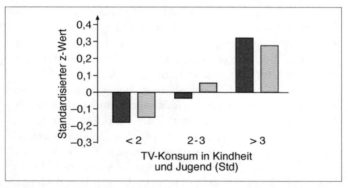

Abb. 12-8 Nach Alter und Geschlecht standardisierter z-Wert der Studienteilnehmer (weiblich dunkelgraue, männlich hellgraue Säulen; Anzahl wie in Abb. 12-6) im Alter von 26 Jahren in einem Aggressions-Persönlichkeitsfragebogen *(Early Adulthood Aggression Multidimensional Personality Questionaire)* in Abhängigkeit vom TV-Konsum an einem Wochentag zwischen 5 und 15 Jahren (nach 18, Fig. 3).

0,2 bis 0,3 im mittleren Bereich. Bedenkt man jedoch, dass solche Effektstärken in der Medizin oft gar nicht erreicht werden, aber dennoch klare therapeutische Konsequenzen gezogen werden, und bedenkt man zudem, dass sich diese Effektstärken praktisch auf die gesamte Bevölkerung auswirken, so wird das Ausmaß der Problematik und die Bedeutung der Daten ersichtlich. Nebenbei unterstreicht die parametrische Dosisabhängigkeit, dass die berichteten Zusammenhänge nicht lediglich Korrelationen ohne ursächliche Komponente darstellen.

Wem diese Befunde noch immer nicht ausreichen, um dem Fernsehkonsum in Kindheit und Jugend eher kritisch gegenüber zu stehen, der bedenke, dass eine Auswertung der Daten dieser Studie im Hinblick auf die Arbeitslosigkeit im Alter von 18 bis 32 Jahren (14) ebenfalls zu sehr beunruhigenden Ergebnissen kommt (Abb. 12-9): Das Ausmaß des Fernsehkonsums in Kindheit und Jugend korrelierte – wie zu erwarten – negativ mit dem erreichten Ausbildungsstand und korrelierte positiv mit den Monaten Arbeitslosigkeit im Alter zwischen 18 und 32. Auch Ausbildungsstand und Arbeitslosigkeit korrelierten negativ. Selbst dann, wenn man den erreichten Bildungsgrad und zudem den IQ, den sozioökonomischen Status der Herkunftsfamilie und frühe Verhaltensauffälligkeiten aus den Daten *herausrechnet*, bleibt der Zusammenhang zwischen TV-Konsum zwischen 5 und 15 Jahren und Arbeitslosigkeit zwischen 18 und 32 bei Männern erhalten ($p < 0,0035$). Das Risiko, im Alter zwischen 18 und 32 Jahren mindestens 6 Monate arbeitslos zu sein, steigt mit jeder in Kindheit und Jugend im Tagesdurchschnitt mit Fernsehen zugebrachten Stunde um etwa 36 %. Der TV-Konsum von Mädchen hat demgegenüber nur einen geringen nicht mehr signifikanten Einfluss auf deren spätere Arbeitslosigkeit.

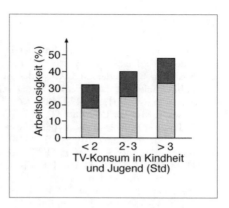

Abb. 12-9 Anteil der männlichen arbeitslosen Studienteilnehmer in Prozent im Alter von 18 bis 32 Jahren in Abhängigkeit vom TV-Konsum an einem Wochentag zwischen 5 und 15 Jahren (nach 14, Fig. 2b links). Arbeitslosigkeit insgesamt (dunkelgrau), längere Arbeitslosigkeit (hellgrau).

Fassen wir zusammen: Kleine Kinder lernen von Bildschirmen nichts, sondern werden durch sie in ihrer kognitiven Entwicklung massiv behindert. Daraus resultiert nicht nur ein geringeres erreichtes Bildungsniveau, sondern zusätzlich (und unabhängig von diesem) eine höhere Arbeitslosigkeit. Das viel zitierte „richtige Fernsehen" kann zudem nicht vor dem medialen Gewaltkonsum schützen und begünstigt eindeutig negative Emotionen und antisoziale Tendenzen bis hin zur Kriminalität. Ebenso wird deutlich: Die einzige Möglichkeit, die man als Vater oder Mutter hat, den Gewaltkonsum seiner Kinder zu beschränken, ist die Reduktion der täglichen TV-Dosis: Je weniger, desto besser!

Literatur

1. Bilimoria PM, Hensch TK, Bavelier D. A mouse model for too much TV? Trends in Cognitive Science 2012; 16: 529–531.
2. Bushman BJ, Anderson CA. Media violence and the American public. Scientific facts versus media misinformation. American Psychologist 2001; 56: 477–489.
3. Caspi A, McClay J, Moffitt TE, Mill J, Martin J, Craig IW, Taylor A, Poulton R. Role of genotype in the cycle of violence in maltreated children. Science 2002; 297: 851–854.
4. Caspi A, Sugden K, Moffitt TE, Taylor A, Craig IW, Harrington H, McClay J, Mill J, Martin J, Braithwaite A, Poulton R. Influence of life stress on depression: moderation by a polymorphism in the 5-HTT gene. Science 2003; 301: 386–389.
5. Christakis DA. Media and children. TED talk 2011: www.youtube.com/watch?v=BoT7qH_uVNo.
6. Christakis DA, Ramirez JSB, Ramirez JM. Overstimulation of newborn mice leads to behavioral differences and deficits in cognitive performance. Scientific Reports 2012; 2: 546–551.
7. Ferguson CJ, Savage J. Have recent studies addressed methodological issues raised by five decades of television violence research? A critical review. Aggress Violent Behav 2012; 17: 129–139.
8. Grimes T, Bergen L. The epistemological argument against a causal relationship between media violence and sociopathic behavior among psychologically well viewers. Am Behav Sci 2008; 51: 1137–1154.
9. Gunter B. Media violence: is there a case for causality? Am Behav Sci 2008; 51: 1061–1122.
10. Goodrich SA, Pempek TA, Calvert SL. Formal production features of infant and toddler DVDs. Arch Pediatr Adolesc Med 2009; 163: 1151–1156.
11. Hancox RJ, Milne BJ, Poulton R. Association of television viewing during childhood with poor educational achievement. Archives of Pediatrics & Adolescent Medicine 2005; 159: 614–618.
12. Hancox RJ, Milne BJ, Poulton R. Association between child and adolescent television viewing and adult health: a longitudinal birth cohort study. Lancet 2004; 364: 257–262.
13. Johnson JG, Cohen P, Smailes EM, Kasen S, Brooks JS. Televison viewing and aggressive behavior during adolescence and adulthood. Science 2002; 295: 2468–2471.

14. Landhuis CE, Perry DK, Hancox RJ. Association between childhood and adolescent television viewing and unemployment in adulthood. Preventive Medicine 2012; 54: 168–173.
15. Milavsky JR et al. Television and Aggression: a Panel Study. New York, NY: Academic Press 1982.
16. Moffitt TE, Arseneault L, Belsky D, Dickson N, Hancox RJ, Harrington H, Houts R, Poulton R, Roberts BW, Ross S, Sears MR, Thomson WM, Caspi A. A gradient of childhood self-control predicts health, wealth, and public safety. PNAS 2011; 108: 2693–2698.
17. Richards R, McGee R, Williams SM, Welch D, Hancox RJ. Adolescent screen time and attachment to parents and peers. Arch Pediatr Adolesc Med 2010; 164: 258–262.
18. Robertson LA, McAnally HM, Hancox RM. Childhood and adolescent television viewing and antisocial behavior in early adulthood. Pediatrics 2013; 131: 439–446.
19. Savage J. The role of exposure to media violence in the etiology of violent behavior: a criminologist weighs in. Am Behav Sci 2008; 51: 1123–1136.
20. Spitzer M. Fernsehen und aggressives Verhalten. Nervenheilkunde 2002; 21: 272–274.
21. Spitzer M. Frontalhirn und Fernsehen, Richter und Zucker. In: Das (un)soziale Gehirn. Stuttgart: Schattauer 2013; 169–178.
22. Strasburger VC, Jordan AB, Donnerstein E. Health effects of media on children and adolescents. Pediatrics 2010; 125: 756–767.
23. Swing EL, Gentile DA, Anderson CA, Walsh DA. Television and video game exposure and the development of attention problems. Pediatrics 2010; 126: 214–221.
24. Wallnöfer I. Der Fernsehmarathon kommt in Mode. Die Presse, 16.5.2013.

13 Wischen – Segen oder Fluch?

Zu Risiken und Nebenwirkungen der neuen Art des Umblätterns

Auch bevor es das iPad gab, wischten wir gelegentlich mit den Händen über eine Oberfläche: Nach dem Essen wischten wir den Tisch ab, wischten den Dreck vom Boden auf oder die Spiegel und Fenster blank. Ballenmattierung und andere Oberflächenveredler wurden mit dem Lappen per Wischbewegung aufgetragen, und wischen wir jemandem sanft über die Haut, nennen wir das „streicheln" und tragen damit in ähnlicher Weise zum sozialen Frieden bei wie die Affen beim Lausen: Sauberkeit und Sozialverhalten hingen schon immer eng zusammen (15).

Mit dem Aufkommen der Smartphones und Tablet-PCs (wie dem iPad; Abb. 13-1) bekam das Wischen eine völlig neue Funktion: Wir *blättern um*, indem wir mit einem oder mehreren Fingern über einen Bildschirm wischen. Eine Kleinigkeit einerseits, nichts weiter als die Zuordnung einer uralten Geste zu einer neuen Funktion, der Befriedigung von Neugier, mittels eines technischen Geräts – ähnlich dem Drücken eines Knopfes auf der Fernbedienung. Andererseits jedoch ist dieses Wischen mittlerweile so weit verbreitet[1], dass man mit Recht behaupten kann, es sei nun fester Bestandteil unserer kulturell tradierten manuellen Möglichkeiten bzw. Fähigkeiten, wie das Schneiden mit einer Schere, das Halten eines Bleistifts, das Drehen einer Schraube oder das Tippen mit zehn Fingern. Solche neuen Weisen des Gebrauchs der

---

1 Nach einer von Nokia in Auftrag gegebenen Studie schaut der durchschnittliche Nutzer eines Smartphones täglich 150 Mal drauf (1). Da die Bedienung der Smartphones vor allem über das Wischen erfolgt, geht es mithin um eine sehr häufige neue Handbewegung.

Abb. 13-1 In Deutschlands Großstädten (wie hier in Berlin) wird derzeit auf riesigen Plakaten (5 Stockwerke hoch und mehr als 2,5 mal so breit) für digitale Wischgeräte ganz analog geworben (Foto: Autor).

Hand begleiteten regelmäßig unseren kulturellen Fortschritt – zusammen mit neuen Sachen und neuen Wörtern.

Nun ist es mit der Verwendung der Hand als Universalwerkzeug nicht anders als mit dem Laufen, dem Radfahren oder dem Sprechen: Wir können es, weil wir es in der Kindheit gelernt haben und denken gar nicht mehr darüber nach, wie komplex und kompliziert diese Leistungen eigentlich sind. Bringen Sie mal einem zweibeinigen Roboter das Laufen oder das Radfahren bei, dann merken Sie, was gemeint ist: Das alles will gelernt sein, und je besser es gelernt wurde, desto besser klappt es ein Leben lang. Sprechen ist so kompliziert, dass Computer es bis heute nicht wirklich können, obgleich es jeder Dreijährige schon kann (daran erkennt man, wie schlau Dreijährige sind!). Und kaum anders ist es mit dem Hantieren!

Beim Gebrauch als Werkzeug ist die Hand keineswegs nur ein Halteinstrument, sondern auch ein Sinnesorgan: Beim Greifen sendet sie Berührungs- und Druckempfindungen sowie Informationen über die Stellung der Gelenke an das Gehirn, wo diese Sinneseindrücke mit denen von den Augen kombiniert und verarbeitet werden. So entstehen „ganzheitliche" Erkenntnisse über Aussehen, Größe, Form und Bewegungsrichtung. Zusammen mit dem geplanten Handlungsziel[2] wird der Widerstand, der bei der Ausführung einer Bewegung überwunden werden muss, durch die motorischen Zentren des Gehirns berechnet, und die Muskulatur entsprechend angesteuert. Die Augen helfen hierbei zwar mit, der Löwenanteil der Aufgabe wird jedoch von der Hand und ihrer Steuerung (den sensomotorischen Zentren im Gehirn) erledigt. Fazit: Die Greifarme von Robotern sind taktil-mechanische Waisenknaben gegenüber den Händen von Dreijährigen!

Es gibt unendlich viele Möglichkeiten des Greifens: Der Gegenstand bestimmt die Griffart und den Greifdruck, die geplante Handlung, die Bewegungsrichtung und/oder die Drehung der Hand im Kontext der zu ändernden Umgebung. Jeder Handgriff ist anders und wird beim Üben geplant, ausprobiert, wieder geplant und wieder probiert. Die Möglichkeiten der Hand beim Greifen der Dinge und damit beim Begreifen der Welt sind je nach Zweck und Funktion sehr unterschiedlich, insbesondere, was die eingesetzte Kraft und die mögliche Genauigkeit von deren Dosierung anbelangt: Schon lange unterscheidet man den Grob- oder Kraftgriff vom Hakengriff, den feinen, groben und lateralen Spitzgriff oder den sphärischen Feingriff (Abb. 13-2).

---

2 Die Bedeutung der Hand zeigt sich nicht zuletzt in den Wörtern, mit denen wir beschreiben, was wir ganz allgemein (und zuweilen auch ohne die Hände) *tun*: Wann immer wir etwas tun, dann nennen wir das *Handeln*; im Einzelnen be*handeln* wir Sachverhalte oder Patienten, ver*handeln* Prozesse oder Verträge, die wir auch aus*handeln*.

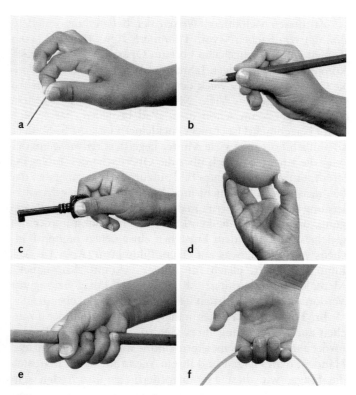

Abb. 13-2 Weisen des Greifens mit der Hand: (a) feiner Spitzgriff (Zweifingergriff; auch Pinzettengriff genannt), beispielsweise zum Halten einer Nadel, (b) grober Spitzgriff (Dreifingergriff, z. B. zum Halten eines Stifts), (c) lateraler Spitzgriff (Schlüsselgriff, bei dem der Daumen die Seite des Zeigefingers berührt), (d) sphärischer Feingriff (z. B. beim Halten eines rohen Eis), (e) Grob- oder Kraftgriff zum Festhalten (an) einer Stange, (f) Hakengriff (z. B. beim Tragen eines Eimers). Ich danke meiner Tochter Anna (4 Jahre) für ihre Mitarbeit beim Hand-Fotoshooting.

Zu diesen vielfältigen Weisen der Be*handl*ung (engl: *to handle*) von Sachen – vom Hämmern zum Streicheln, vom Tragen von Zementsäcken bis zum Operieren eines Auges – kommt also seit wenigen Jahren das Wischen über eine blanke Oberfläche zum Zweck des Umblätterns zu einem neuen Bildschirminhalt. – Viele Mütter sind begeistert: „Mein Zweijähriger kann schon mein iPad bedienen, hat er sich selbst beigebracht! Ist er nicht ein kleiner Einstein?" – So oder so ähnlich hört man viele Mütter begeistert reden, wenn der oder die Kleine plötzlich über die Oberfläche des Tablet-PC streift, um damit ein neues Bild aufzurufen. Sie vergessen dabei, dass es sich hier nicht um eine taktil-kognitive Meisterleistung handelt, sondern um die so ziemlich einfachste Bewegung, die man sich denken kann, zur Erzielung immer des gleichen Resultats: dem Entstehen eines neuen bunten Bildchens von irgendetwas auf einem Bildschirm (Abb. 13-3). – Einmal probiert, gleich für immer gekonnt. Kunststück? Mentale Meisterleistung? – Keineswegs! Aktiver Beitrag zur Verdummung der nächsten Generation? – Wahrscheinlich!

Im Folgenden sei dies näher begründet. Kinder brauchen zur Entwicklung ihres Gehirns immer neue Herausforderungen, die zu meistern sind – mit ihren Sinnen und Händen, dem Herzen und ihrem Verstand.[3] Stellt man sich die Frage, wie diese Herausforderungen beschaffen sein müssen, um besonders gut zu funktionieren, dann lautet die Antwort:

1. Ganzheitlichkeit und
2. wachsender Schwierigkeitsgrad.

---

3   Man kann an dieser Stelle „alte" Pädagogen wie Johann Comenius (1592–1670) und Johann Heinrich Pestalozzi (1746–1827) zitieren (4), aber auch „neue" Erkenntnisse aus der experimentellen Psychologie und Neurobiologie zur Bedeutung emotionaler Prozesse für das Einspeichern von Ereignissen ins Gedächtnis (5, 19).

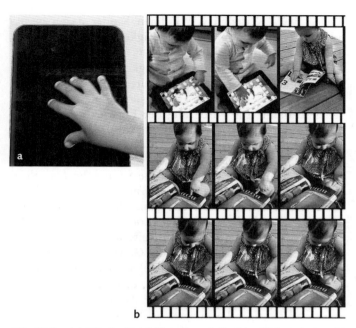

Abb. 13-3 (a) Mit der Hand über eine glatte Oberfläche wischen ist kinderleicht (in Ermangelung eines iPad wurde dieses durch eine im Besitz des Autors befindliche Küchenwaage simuliert). Nicht nur die Motorik stellt kaum Anforderungen, auch die Hand als Sinnesorgan wird praktisch kaum beansprucht, ein „ganzheitliches Erlebnis" resultiert nicht und schon gar nicht werden objektspezifische Erfahrungen gemacht, aus denen sich letztlich unser Weltwissen zusammensetzt. (b) Bei Zweijährigen kann man zudem eine gewisse Verwirrung beobachten, die daraus resultiert, dass das Wischen nicht überall und immer die gleiche Konsequenz hat wie beim iPad (Fotoserie aus einem Video, das anlässlich der holländischen Ausgabe von „Digitale Demenz" im niederländischen öffentlich-rechtlichen Fernsehen zu sehen war; 8). Das Kind wischt zuerst und blättert um, dann versucht es diese Art des Umblätterns bei einer Zeitschrift und scheitert, woraufhin es (kleine Kinder sind wirklich clever!) sich durch Berühren des eigenen Oberschenkels mit dem Finger mehrfach rückversichert, dass seine Wischbewegung trotz fehlendem Effekt korrekt ausgeführt ist.

Liegen beide Kriterien vor, können Kinder daran geistig und seelisch wachsen und ihre Fähigkeiten im Umgang mit den Dingen und der Welt entwickeln.

(Zu 1) Je ganzheitlicher die Tätigkeiten, und je mehr ihr Schwierigkeitsgrad mit fortschreitendem Training zunimmt, desto besser geeignet sind sie als Herausforderungen und damit zur Förderung der Entwicklung: *Fordern und Fördern* heißt hier nicht zuletzt schon lange die Devise. Man sollte also nicht *erst* die Hände trainieren, und *dann* noch das Denken, und später dann noch etwas Spaß haben und ganz zum Schluss vielleicht die Sinne schärfen. Nein, alles zugleich – und genau das ist mit „ganzheitlich" gemeint. Denn dann bereitet das Ganze besonders viel Spaß und diese Freude am Tun ist der Motor weiterer Beschäftigung mit den Dingen und damit weiteren Lernens.

(Zu 2) Ebenso wichtig wie die Ganzheitlichkeit ist der (richtige und vor allem zunehmende) Schwierigkeitsgrad für das Lernen. Studien haben gezeigt, dass ein zunehmender Schwierigkeitsgrad sehr wichtig für das Trainieren motorischer und geistiger Leistungen ist. So wird man beispielsweise beim Sport (egal ob Geräteturnen oder Basketball) oder beim Musizieren oder bei bestimmten Handarbeiten (Malen, Werken) immer besser – und genau darin liegt schon die größte Belohnung! Bleibt der Schwierigkeitsgrad einer Tätigkeit dagegen immer gleich, wird es dem Lernenden schnell langweilig und das Lernen hört auf (9).

Studien haben zudem gezeigt, dass Kinder die Dinge be-*greifen* müssen, um gut über sie nachdenken zu können (12, 13). Erst dadurch lernen sie die Dinge in der Welt richtig kennen und zugleich den richtigen Umgang mit ihnen. Das Be-greifen schließt zudem das Training der Feinmotorik ein, die sich bei Kindern überhaupt erst dadurch entwickeln kann. Genauso, wie man seine Sprache nur dann entwickelt, wenn man viel miteinander spricht, so lernt man Feinmotorik, räumliches Denken und sogar das kategoriale

Nachdenken über die auf diese Weise begriffenen Dinge nur durch das aktive Tun. Und nur durch dieses Tun erobern sich Kinder die Welt, machen sie zu *ihrer* Welt.

Ganzheitliches Lernen führt so zu vernetztem Denken. Wer die Dinge beim Lernen nur sieht, der prägt sie sich auch nur mit dem Sehsystem (besser: in sein Sehsystem) ein. Wer sie jedoch be-greift, der benutzt zusätzlich seine gesamte Motorik (etwa ein Drittel des Gehirns) zur Verarbeitung und Speicherung des Gelernten. Studien konnten zeigen, dass tatsächlich „mit der Hand" gelernt wird, wenn man mit Dingen hantiert: Motorische und auch sensorische Zentren lernen mit, wodurch zusätzliche Bereiche des Gehirns für das Behalten und spätere Nachdenken zum Einsatz kommen. Das Ergebnis: Man lernt nicht nur schneller, sondern kann mit dem Gelernten auch besser umgehen, kann schneller und tiefer darüber nachdenken und es besser kreativ einsetzen.

Genau hier liegt die Problematik des iPad: Man wischt über seine Oberfläche – und das war's auch schon! Keine objektspezifischen Repräsentationen auf sensomotorischen Zwischenschichten. Damit auch keine Möglichkeit der Unterstützung höherer geistiger Leistungen durch diese Gehirnareale. Damit wiederum Benutzung von weniger Gehirn beim Denken; und damit geringere Denkleistung. Zudem geringere Möglichkeiten zur Entwicklung der Feinmotorik, des räumlichem Denkens, auch das Denkens überhaupt und geringere Förderung von Kreativität. Denn durch das Zusammenspiel von Auge und Hand, von Sehen und Greifen und vor allem durch die vielfältigen Sinneseindrücke beim dreidimensionalen Greifen wird vernetzt gelernt und die Welt buchstäblich be-griffen. Ein iPad liefert all dies nicht, leistet daher keinen Beitrag zur Förderung des Kindes, spricht es nicht auf vielfache Weise an, und fordert es weder sinnlich noch motorisch!

Trotz dieser Indizien für die Existenz ungünstiger Auswirkungen des Wischens über Tablet-PCs, wurden diese unter dem Schlagwort „Toys 3.0" anlässlich der diesjährigen Nürnberger Spielwarenmesse gleich in ca. einem Dutzend verschiedener Typen (z. B. in rosa für Mädchen, aus Plastik für die ganz Kleinen) von verschiedenen Herstellern „als Revolution im Kinderzimmer" angepriesen. Aber nicht nur das: Mittlerweile starten manche Kinder die Grundschule in einer iPad-Klasse – ohne dass man hier zuvor einmal geforscht und sich mit Risiken und Nebenwirkungen befasst hätte. In der Medizin wäre dies ein ungeheuerlicher Vorgang. Aber wenn es nur um unsere Kinder geht, darf jeder herumprobieren nach Herzenslust, und Marktgeschrei ist wichtiger als Wissenschaft. Die aber sagt uns (im Fachblatt *Science*), dass digitale Lehrbücher gerade dann für das Lernen ungünstiger sind, wenn sie interaktiv gestaltet sind und damit vom Lesen ablenken (7). Googeln ist zur Aneignung von Wissen schlechter geeignet als Bücher oder Hefte, wie vier von Psychologen der Universitäten Columbia und Harvard ebenfalls in *Science* publizierte Experimente zeigten (14), und Tippen ist für das Aufnehmen von Wissen ins Langzeitgedächtnis nicht so effektiv wie das Schreiben mit der Hand (18). Über die verheerenden Folgen des Schreibens auf digitalen Medien in China für die Lesefähigkeit ist in diesem Band auch in Kapitel 15 die Rede. Dennoch fangen in Südkorea diesen Herbst sehr viele erste Klassen mit dem iPad an, und auch in den Niederlanden gibt es die nach dem Gründer der Firma Apple benannten Steve Jobs-Klassen – mit iPad statt Schulbuch und Schulheft.

Bevor man mit besten Absichten und absehbar verheerenden Konsequenzen Millionen von iPads auf ebenso viele Kinder loslässt, sollte man vielleicht die Erfahrungen abwarten, die derzeit mit Tieren gemacht werden. Seit einigen Monaten gibt es tatsächlich Anwendungen (engl.: *applications*, abgekürzt: apps, sprich „ähps"), also kleine auf dem iPad laufende Programme, die speziell für Tiere entwickelt wurden (11). Wie so vieles war das Ganze eher ein Produkt des Zufalls: Die beiden Programmierer Fuller und Murray hatten eigentlich ein Programm für Kinder entwickelt, bei dem diese ein Maus fangen mussten, das sich jedoch als wirtschaftlicher Flop erwies. So veränderten sie ihr Programm und brachten es als „Spiel für Katzen" *(Game for Cats)* zum Spottpreis von 1,99 US-Dollar heraus. Innerhalb kurzer Zeit wurde es über eine Million Mal heruntergeladen und war damit ein voller Erfolg. Mittlerweile gibt es drei solcher Katzen-Programme, von denen eines beispielsweise den Katzen ermöglicht, auf dem iPad mit ihren Pfoten zu malen. „Als ich damit begann, dachte ich, dies sei lächerlich. Aber es stellte sich bald heraus, dass diese Programme vielen Menschen etwas bedeuteten", zitiert das *Wall Street Journal* einen der Entwickler, und fügt hinzu, dass manche Leute die Bilder ihrer Katzen mittlerweile ausgedruckt, ausgestellt und sogar verkauft haben.

Auch im Online-Geschäft der Firma Apple (iTunes) kann man mittlerweile ganz normal nicht nur Musik und Programme kaufen, sondern mehr als ein Dutzend solcher Programme, die speziell für Haustiere (meist Katzen oder Hunde) entwickelt wurden, jedoch auch von Pinguinen, Tigern und Fröschen benutzt werden. „Besonders Pinguine scheinen ‚Game for Cats' zu lieben, sagt Mr Fuller, aber ‚Ich denke nicht, dass dieser Markt besonders groß ist'", kommentiert der Entwickler bescheiden.[4] Zumal die Kon-

---

4 Für diejenigen, welche dies alles nicht glauben, sei der folgende Absatz des *Wall Street Journal*-Artikels im Original zitiert: „More than a dozen Magellanic penguins periodically play the game at the Aquarium of the Pacific, in Long Beach, Calif., says Dudley Wigdahl, curator of mammals and birds. During their first gaming session in February, he was astonished to see the penguins pecking vigorously at the screen, trying to catch the mouse. ‚They got a lot out of it', he says. ‚I didn't expect that'" (11).

kurrenz auch nicht schläft und der Katzenfutterhersteller *Friskies* mittlerweile sieben iPad-Spiele für Katzen herausgebracht hat (z. B. *Cat Fishing* und *Cat Fishing 2*, das es erlaubt, die Ergebnisse seiner Katze via *Facebook* mit anderen Tierliebhabern zu vergleichen). Eines davon sei das weltweit erste *Dual-Species*-Ballspiel und nennt sich „Du gegen die Katze" *(You vs Cat)*.[5]

In Tierheimen werden diese Spiele sogar zum Training schüchterner Katzen „therapeutisch" eingesetzt. Die Verantwortlichen weisen jedoch darauf hin, dass dies nicht ohne Folgen bleibt: Die Katzen gehen sehr bald davon aus, dass das iPad *ihnen* gehört, und lassen den Besitzer nicht mehr dran.

Katzen reagieren allerdings auch oft frustriert, spielen die ganze Zeit, nur unterbrochen vom Schlafen, und werden immer unruhiger. Das digitale Mäusefangen wirkt auf sie keineswegs beruhigend, sondern macht süchtig und bewirkt das, was man bei Kindern Hyperaktivität und gestörte Aufmerksamkeit nennen würde. Auch für Hunde wurden entsprechende Programme speziell entwickelt, aber es zeigte sich, dass der Hund oft schier durchdreht, wenn er das iPad benutzt. Es verhält sich bei Haustieren also ähnlich wie in der in Kapitel 12 beschriebenen Studie zu den Auswirkungen des Fernsehens bei Mäusen: Die Effekte auf Tiere erweisen sich als den Auswirkungen auf Menschen ganz ähnlich.

„Dogs don't necessarily do very usefull things on the iPad", wird die Hundetrainerin Anna Jane Grossman im *Wall Street Journal* zitiert, nicht ohne dass sie hinzufügt: „But I don't necessarily do very useful things with my iPad either." – Nicht nur die Auswirkungen, sondern auch der

---

5 Die Auswertung millionenfacher Spiele im August 2013 ergab, dass die Katzen öfter gewinnen als die Menschen (11).

motivationale Hintergrund der Nutzung, erscheint mithin bei Tier und Mensch kaum verschieden. Und das Resultat der Beschäftigung mit moderner Informationstechnik ist Unmut und Frustration, Einsamkeit und Depression – also genau das Gegenteil dessen, was die Werbung verspricht.

Alles was wirkt, hat auch unerwünschte Wirkungen (16). Bevor man die Gehirne von Millionen von Kindern mittels iPads ruiniert, sollte man sich daher Gedanken über die Risiken und Nebenwirkungen machen, also darüber, welche Konsequenzen es hat, den Zweijährigen das Wischen als Geste zur Befriedigung ihrer Neugier beizubringen. Nach den vorhandenen Erkenntnissen fördert dies kleine Kinder keineswegs, sondern behindert die Entwicklung von Sensorik, Motorik, Neugierde, Denken und Kreativität.

Mit dem Wischen auf dem iPad fängt es an, und mit dem Benutzen von Facebook anstatt realen Kontakten (2, 17) oder dem Starren auf das iPhone – 150 Mal am Tag – statt dem Wandern in der Natur (3) hört es noch lange nicht auf. Wehret den Anfängen: Die Behauptung, Kinder würden durch das Wischen auf dem Bildschirm in ihrer geistigen Leistungsfähigkeit gefördert ist – sorry – pure Augenwischerei!

Literatur

1. Ahonen T. Average person looks at his phone 150 times per day. Zit. nach www.phonearena.com/news/Average-person-looks-at-his-phone-150-times-per-day_id26636 accessed 14.8.2013.
2. Anonymus. Facebook is bad for you: Get a life! The Economist, 17.8.2013.
3. Anonymus. Why go outside when you have an iPhone? The Economist, 17.8.2013.
4. Böhm W. Geschichte der Pädagogik. München: Beck 2007.

5. Cahill L, Prins B, Weber M, McGaugh J. B-adrenergic activation and memory for emotional events. Nature 1994; 371: 702–704.
6. Comenius JA. Große Didaktik: die vollständige Kunst, alle Menschen alles zu lehren. Übers. und Hrsg.: A Flitner. Stuttgart: Klett-Cotta 1657/2007.
7. Daniel D, Willingham DT. Electronic Textbooks: Why the rush? Science 2012; 335: 1570–1.
8. De Fons Poel. Brandpunt 23.6.13. Informationssendung im holländischen Fernsehen; http://brandpunt.kro.nl/seizoenen/2013/afleveringen/23–06–2013/fragmenten/het_gewiste_geheugen
9. Diamond A, Lee K. Interventions shown to aid executive function development in children 4 to 12 years old. Science 2011; 333: 959–964.
10. Hoenig K, Müller C, Herrnberger B, Sim EJ, Spitzer M, Ehret G, Kiefer M. Neuroplasticity of semantic representations for musical instruments in professional musicians. Neuroimage 2011; 56: 1714–1725.
11. Hollander S. Pets can't keep paws off the iPad. The Wall Street Journal, 13.8.2013; 31.
12. Kiefer M, Sim E-J, Liebich S, Hauk O, Tanaka JW. Experience-dependent plasticity of conceptual representations in human sensory-motor areas. Journal of Cognitive Neuroscience 2007; 19: 525–542.
13. Kiefer M, Trumpp NM. Embodiment theory and education: The foundations of cognition in perception and action. Trends in Neuroscience and Education 2012; 1: 15–20.
14. Sparrow B, Liu J, Wegner DM. Google effects on memory: Cognitive consequences of having information at our fingertips. Science 2011; 333: 776–778.
15. Spitzer M. Sich rein waschen. Metaphern und Körperlichkeit (II). In: Das Wahre, Schöne, Gute. Stuttgart: Schattauer 2009; 99–107.
16. Spitzer M. Digitale Demenz. München: Droemer 2012.
17. Spitzer M. Big Brother und Cybercrime. In: Das (un)soziale Gehirn. Stuttgart: Schattauer 2013; 110–120.
18. Spitzer M. Lesen und Schreiben. In: Das (un)soziale Gehirn. Stuttgart: Schattauer 2013; 227–236.
19. Spitzer M. Lernen. Gehirnforschung und die Schule des Lebens. Heidelberg: Spektrum Akademischer Verlag 2003.

14 Laptop und Internet im Hörsaal?

Wirkungen und Wirkungsmechanismen für evidenzbasierte Lehre

Neulich, gegen Ende einer Sitzung des medizinischen Fakultätsrats, meldete sich ein Vertreter der Studenten[1] und beschwerte sich über die mangelnde technische Ausstattung vieler Hörsäle: Noch immer habe man während der Lehrveranstaltungen keinen drahtlosen Internetzugang (W-LAN), was angesichts der üblichen Standards einfach beschämend für die Universität sei. Denn schon lange gehöre es zur Grundausstattung einer Universität, dass man immer und überall online sein könne.

Nun wissen wir jedoch schon lange, dass Menschen alles Mögliche gleichzeitig erledigen können – auf dem linken Bein hüpfen, mit der rechten Hand winken und dabei ein Lied singen oder ähnliches. Sie können aber nicht zwei Bedeutungsstränge zugleich verfolgen, also zur gleichen Zeit

---

1 Auch wenn im Folgenden durchweg von „Studenten" die Rede ist, möchte ich damit nicht in Abrede stellen, dass mehr als 50 % der Studenten mittlerweile weiblichen Geschlechts sind. Seit jeher ist es jedoch gebräuchlich, das männliche Geschlecht als „generisch" aufzufassen, und so schreibe ich weder „Studenten und Studentinnen", noch „StudentInnen", und das politisch korrekte „Studierende" erscheint mir umständlich bis gestelzt. Wer nichts zu sagen hat und viel reden muss, wird dagegen von Bürgerinnen und Bürgern sprechen (aus meiner Sicht eine bei Politikern verbreitete Unsitte – Bürger gibt es schon lange und damit es weiterhin welche gibt, braucht man sie in Form beiderlei Geschlechts), und ich warte schon lange darauf, dass man zu „Lehrlinginnen und Lehrlingen" oder „Schornsteinfegerinnen und Schornsteinfegern" übergeht, die politisch endlich korrekt auf „Stühlinnen und Stühlen" an „Tischinnen und Tischen" sitzen und „Kartoffelinnen und Kartoffeln" mit „Bratlinginnen und Bratlingen" essen.

zwei Bücher lesen, zwei Telefonate führen oder zwei Vorträgen lauschen. Wir tun das nicht, weil wir es schlicht nicht können, genauso wenig wie fliegen oder mit Kiemen unter Wasser atmen. Dafür sind wir nicht gebaut! Wenn wir dennoch versuchen, zwei Bedeutungsstränge zugleich zu erfassen, scheitern wir kläglich: Setzen wir das Verständnis eines Buchs/Telefonats/Vortrags pro Zeiteinheit als 100 %, so ist das Ergebnis des Versuchs, jeweils zwei davon zugleich zu erfassen keineswegs 2 mal 100 %, auch nicht 2 mal 50 %, sondern sehr viel weniger! Denn weil dieses Multitasking nicht geht – wir können das einfach nicht –, wechseln wir dauernd zwischen beiden Aufgaben hin und her, und dieser Wechsel kostet zusätzlich Zeit. Zudem verlieren wir den Faden und verstehen dadurch auch einfache Zusammenhänge gar nicht mehr. Wir arbeiten also ineffektiv, wie die experimentalpsychologische Grundlagenforschung schon lange nachgewiesen hat (13). Schon vor Jahren wurde geschätzt, dass der US-amerikanischen Wirtschaft jährlich 650 Milliarden Dollar verloren gehen, weil die Angestellten versuchen, zu multitasken, es aber nicht können und dadurch ein Produktivitätsverlust entsteht (12). Und wer täglich viel Multitasking betreibt, also diesen Arbeitsstil dennoch ständig versucht, der trainiert sich langfristig eine Aufmerksamkeitsstörung an, wie durch neuropsychologische Studien an Multitaskern (*heavy multitaskers*) im Vergleich zu Nichtmultitaskern experimentell gefunden wurde (11).

Ich habe mich daher nach dem studentischen Beitrag zu Wort gemeldet und dem Studenten sowie meinen teilweise erstaunten bzw. amüsierten Kollegen erklärt, dass es die Aufgabe von Studenten sei, in der Vorlesung zuzuhören und vielleicht das Wichtigste mitzuschreiben. Wer gleichzeitig einen Laptop samt Internet benutzt, betreibt Multitasking, was den Lernerfolg nicht steigert, sondern im Gegenteil zu gestörter Aufmerksamkeit und damit zu einem

Effektivitätsverlust des Lernens führt (16). Kurz: Ich erklärte dem Studenten, dass Laptop und W-LAN im Hörsaal sowohl nach Erkenntnissen der „klinischen" Forschung zu deren Auswirkungen auf Denken und Lernen als auch nach Erkenntnissen der Grundlagenforschung zu den Prozessen bzw. Mechanismen von Aufmerksamkeit im Hörsaal nichts zu suchen haben. Wir kennen sowohl die Wirkung als auch den Wirkungsmechanismus – wie jeder Mediziner weiß, zwei grundsätzlich völlig unterschiedliche Dinge. Und gerade deswegen ist die Evidenz für die Ablehnung digitaler Informationstechnik während der Vorlesung besonders hoch.

Mein kleiner Redebeitrag in der Fakultät war von allgemeinem ungläubigem Kopfschütteln der anwesenden Studentenvertreter begleitet und es waren Bemerkungen wie „Hat der die letzten zwei Jahrzehnte verschlafen?" oder „Will der zurück in den Urwald?" zu vernehmen. Ganz allgemein wird offenbar von vielen Menschen stillschweigend vorausgesetzt, dass durch Multitasking mehr Arbeit rascher erledigt wird als beim Abarbeiten eines Vorgangs nach dem anderen (1). Sogar bei der Bewerbung um einen Job wird mittlerweile die Fähigkeit zum Multitasking – neben Sprachkenntnissen oder dem Beherrschen von Anwendersoftware – als wichtiges Qualitätsmerkmal vom Bewerber hervorgehoben (12). Die gleichen Medizinstudenten, die bei klinischen Problemen kritisch nachfragen und mit gutem Recht nach der empirischen Evidenz für die eingesetzten Therapieverfahren fragen, interessiert mithin die empirische Basis ihrer eigenen Lernprozesse gar nicht. Hauptsache W-LAN im Hörsaal und Steckdose für den Laptop!

Die Studenten hinken mit ihrer Ansicht dem in der relevanten Literatur sich abzeichnenden Trend etwa ein Jahrzehnt hinterher: Computer und Internetzugang wurden überall als pädagogische Revolution gefeiert und erste Studien scheinen tatsächlich positive Auswirkungen nachweisen zu können (19–23). Entsprechend wurde moderne Informationstechnik an vielen Bildungseinrichtungen in entwickelten Industrieländern mit zumeist erheblichen öffentlichen finanziellen oder privaten Mitteln implementiert. Bald gab es dafür sogar einen eigenen Terminus technicus, *ubiquitous computing*, um einen Campus zu beschreiben, an dem alle Studenten und Lehrenden Laptops haben und alle Gebäude über einen W-LAN-Zugang verfügen (8). Und so können die Studenten nun während der Vorlesung googeln, ihre E-Mails abrufen, twittern, via Facebook flirten, Musik hören, Kurznachrichten schreiben, chatten oder die neuesten Videos auf You-Tube[2] anschauen. Sie tun dies in beträchtlichem Ausmaß, wie entsprechende Erhebungen zeigen – je jünger sie sind, desto häufiger (4).

Die Psychologin Lydia Burak von der Bridgewater State University in Massachusetts, USA, stellte einen Fragebogen zu derlei Aktivitäten sowie zu demografischen und Persönlichkeitsvariablen zusammen und befragte damit 774 Studenten im mittleren Alter von 20,75 Jahren (67,1 % weiblich; 90,6 % „white, non-hispanic"). Gerade einmal 9 Studenten gaben an, während der Lehrveranstaltung keinerlei zusätzlichen Aktivitäten nachzugehen, und auch wenn man Essen und Trinken nicht berücksichtigt (beides kann automatisiert geschehen und lenkt daher eher wenig ab), sind nur 44 Studenten (5,6 %) während der Vorlesung nicht zugleich mit anderen Aufgaben zugange. Alle anderen tun während der Vorlesung alles Mögliche nach eigenen Angaben „oft" oder „sehr oft" (Tab. 14-1).

---

2 Ich beziehe mich hier auf die Literatur: „[...] viele Studenten sind damit beschäftigt, Textnachrichten zu schreiben, Facebook oder ihre E-Mails zu checken oder zu chatten, während sie im Hörsaal sitzen", beschreibt Burak den Sachverhalt in ihrer Studie *Multitasking in the University Classroom* (3, S. 1; Übers. durch d. Autor).

Tab. 14-1 Tätigkeiten, die Studenten oft oder sehr oft während der Vorlesung bzw. des Seminars ausführen (n = 774; nach 3, Tab. 1).

Zusätzliche Tätigkeiten während der Vorlesung	n	%
Facebook	191	24,7
SMS	392	50,6
Chatten	102	13,2
E-Mail	116	15,0
Musik hören	51	6,5
Aufgaben für andere Lehrveranstaltungen bearbeiten	136	17,6
Telefonieren	25	3,2
Essen	202	26,1
Trinken	440	56,8

Knapp die Hälfte der Studenten (n = 333; entsprechend 44 % der Gesamtstichprobe) gab zudem an, dass sie Online-Seminare besuchen würden und währenddessen ebenfalls anderen Tätigkeiten zusätzlich nachgingen. Hierzu informiert Tabelle 14-2. Man sieht deutlich, dass während Online-Seminaren noch weitaus mehr anderes erledigt wird. Lediglich zwei Studenten waren ausschließlich mit dem Seminarinhalt beschäftigt, und selbst wenn man Essen und Trinken wieder unberücksichtigt lässt, waren es nur fünf Studenten (1,5 %), die nicht noch etwas anderes zusätzlich taten.

Ein Vergleich zwischen traditionellen Seminaren und Online-Seminaren ergab, dass alle in den Tabellen 14-1 und 14-2 angeführten Tätigkeiten hoch signifikant häufiger während der Online-Seminare praktiziert werden als während traditioneller Seminare (Abb. 14-1). In Anbetracht dieser

Tab. 14-2 Tätigkeiten, die Studenten oft oder sehr oft während ihrer Arbeit bei Online-Seminaren ausführen (n = 333; nach 3, Tab. 2).

Zusätzliche Tätigkeiten während der Bearbeitung eines Online-Seminars	n	%
Facebook	209	62,7
SMS	231	69,3
Chatten	134	40,2
E-Mail	155	46,5
Musik hören	222	66,6
Aufgaben für andere Lehrveranstaltungen bearbeiten	104	31,2
Telefonieren	78	23,4
Essen	234	70,2
Trinken	261	79,3

Ergebnisse wundert es nicht, dass sich auch eine signifikante ($p < 0,01$) negative Korrelation zwischen der Menge an zusätzlicher Tätigkeit und dem Notendurchschnitt zeigte.

Frühere Studien zum Nutzungsverhalten digitaler Medien hatten gezeigt, dass dieses ganz allgemein mit risikoreichem Verhalten korreliert (7). In einer kanadischen Studie zur Mediennutzung an 8 215 Schulkindern der Klassen eins bis zehn im Querschnitt sowie der Klassen neun bis zehn (n = 1 424) im Längsschnitt (ein Jahr) zeigte sich ein Zusammenhang zwischen häufiger Nutzung von Computern und den unterschiedlichsten Risikoverhaltensweisen, vom Rauchen über Alkohol- und Drogenkonsum, bis hin zur Unterlassung der Anwendung von Sicherheitsgurten und Kondomen. Die Effekte sind durchaus relevant, wenn man bedenkt, dass die Schüler im obersten Viertel der

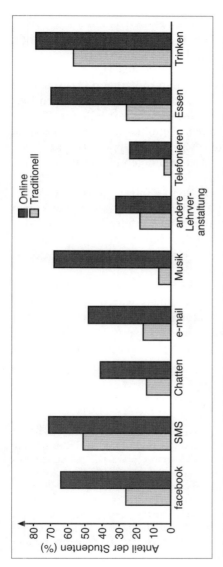

Abb. 14-1 Zusätzlich ausgeführte Tätigkeiten während Online-Seminaren und während traditionell durchgeführten Seminare. Der Unterschied ist in allen Fällen jeweils mit p <0,001 hoch signifikant (nach 3, Tab. 3).

Computernutzung im Vergleich zu den anderen etwa 50 % mehr Risikoverhalten aufwiesen (5). Auch Burak befragte die Studenten zusätzlich im Hinblick auf verschiedenste Risikoverhaltensweisen, um der Frage nachzugehen, ob insbesondere diese Art der Computernutzung mit Risiken für junge Menschen verbunden ist. Ihre Ergebnisse seien hier wörtlich wiedergegeben: „Individuen mit höheren Werten im Multitasking tranken signifikant mehr Alkohol ($p < 0,01$), konsumierten Marihuana ($p < 0,01$), rauchten Zigaretten ($p < 0,01$) und verwendeten mehr ‚andere Drogen' ($p < 0,05$) als solche mit geringeren Werten. Auch waren bei ihnen Alkoholexzesse ($p < 0,01$), Autofahren unter Alkoholeinfluss ($p < 0,01$) und das Mitfahren bei einem alkoholisierten Fahrer ($p < 0,01$) häufiger. Sie waren öfters in Schlägereien verwickelt ($p < 0,01$) und hatten häufiger mehrere Sexualpartner im vergangenen Monat" (3, S. 7, Übers. durch d. Autor).[3]

Beim Multitasken zeigten sich übrigens keine Geschlechterunterschiede, allerdings waren dessen Risiko-„Nebenwirkungen" bei männlichen Studenten im Hinblick auf Alkoholexzesse, Autofahren unter Alkoholeinfluss und Mitfahren bei einem alkoholisierten Fahrer signifikant häufiger.

---

3 „[...] multitasking was related to a number of high risk behaviors. Individuals with higher multitasking scores drank significantly more alcohol ($p < .01$), smoked more cigarettes ($p < .01$), used more marijuana ($p < .01$), and used more 'other drugs' ($p < .05$) than those with lower scores. High multitaskers were also significantly more likely to have engaged in binge drinking ($p < .01$), driving a car after drinking alcohol($p < .01$), being driven in a car by someone who has drunk alcohol ($p < .01$), getting into physical fights ($p < .01$), and having multiple sex partners in the past 30 days ($p < .01$) than lower multitaskers."

Der Nachteil von Befragungen besteht ganz prinzipiell darin, dass Ursache und Wirkung nicht unterschieden werden können. Um dies an einem Beispiel zu erläutern: Wenn gefunden wurde, dass die Häufigkeit der Nutzung von Bildschirmmedien bei Jugendlichen mit einer geringeren Empathie gegenüber ihren Freunden und Eltern korreliert (24), dann könnte das ja daran liegen, dass sich jugendliche Autisten lieber mit Bildschirmen als mit anderen Menschen beschäftigen. Wenn man jedoch zusätzlich zu Korrelationen auch über experimentelle Daten verfügt, die zeigen, dass das soziale Gehirn mit seiner Benutzung wächst (25) und dass Bildschirmkontakt nicht den gleichen Erfahrungsreichtum beinhaltet wie realer Kontakt (s. Kap. 13) sowie mit geringerer Wahrscheinlichkeit zum Einspeichern von Informationen führt (26), dann ist also nicht nur die Wirkung, sondern auch der Wirkungsmechanismus bekannt, dann ist die Richtung der Kausalität geklärt. Daher ist es von großer Bedeutung, dass mittlerweile nicht nur Befragungen von Studenten zu Computernutzung und Multitasking vorliegen (junge Menschen mögen alles, was neu und „hip" ist – was sollte bei den erwähnten Studien zu den positiven Auswirkungen von Computern an Schulen und Universitäten schon anderes herauskommen?), sondern auch Experimente. Und das Wesen von Experimenten besteht nun gerade darin, dass man mit ihnen Mechanismen, also Ursache und Wirkung, aufklären kann.

So wurden die Auswirkungen der Verwendung von Laptops und vorhandenem Internetzugang auf den Lernerfolg einer ganz normalen Psychologie-Vorlesung von 75 Minuten Dauer bei 137 Psychologie-Studenten untersucht (von denen später 9 ausgeschlossen werden mussten, weil sie an mehr als drei wöchentlichen Befragungen nicht teilgenommen hatten; 8). Der Lernerfolg wurde mittels zehn Hausaufgaben und vier Tests überprüft. Zudem wurden über eine spezielle Website wöchentlich die Anwesenheit,

Benutzung des Laptops, der Anteil, der mit dem Laptop für andere Dinge während der Vorlesung verbrachten Zeit und ganz allgemein die Verwendung des Laptop erfragt: Jeweils auf einer 5-Punkte-Skala (von „gar nicht" über „manchmal" bis „sehr oft") konnten die Studenten angeben, ob sie mit ihrem Computer mitschrieben, E-Mails schrieben oder lasen, chatteten, im Internet surften, Spiele spielten oder „etwas anderes" taten. Weitere drei Fragen hatten die subjektive Einschätzung ihres Lernens zum Inhalt:

- wie gut wurde aufgepasst,
- wie klar und verständlich war die Vorlesung und
- wie gut wurden die Inhalte verstanden.

Auch wurde gefragt, ob die Studenten sich durch die Benutzung ihres Laptops abgelenkt fühlten oder ob sie sich durch die Benutzung des Laptops durch andere abgelenkt fühlen. Während der ersten neun Befragungen geschah dies in einem offenen Format („geben sie an, wenn Ihnen irgendetwas auffällt"), während bei der letzten Befragung strukturierte Items mit einer 8-Punkte-Antwortskala zu neun unterschiedlichen Distraktoren (Tab. 14-4) erfasst wurden. Schließlich wurden von jedem Studenten noch die Abiturnoten erfasst und die Ergebnisse des American College Tests (ACT).

Knapp zwei Drittel der Studenten (64,3 %) verwendeten ihren Laptop mindestens während einer der Vorlesungen, und von diesen wiederum wurde der Computer in knapp der Hälfte aller Vorlesungen (48,7 %) benutzt. Für im Mittel 17 Minuten pro Vorlesung wurde der Laptop für vorlesungsfremde Aufgaben (also nicht zum Mitschreiben) benutzt. Sofern hierzu Angaben gemacht wurden (dies war bei 78 Studenten der Fall), ergaben sich die in Tabelle 14-3 angeführten Häufigkeiten.

Im Hinblick auf den Lernerfolg (im Durchschnitt hatten die Studenten 76,4 von 100 möglichen Punkten erreicht)

Tab. 14-3 Tätigkeiten, die Studenten während der Vorlesung an ihren Laptops ausführen und prozentuale Angaben über den Anteil der Studenten, die dies berichteten (n = 78; nach 8, S. 910).

Zusätzliche Tätigkeiten während der Vorlesung	%
E-Mails lesen oder beantworten	81
Chatten	68
Im Internet surfen	43
Computerspiele spielen	25
Andere	35

zeigte sich in einer multiplen Regression mit Abiturnoten und ACT-Werten als Kovariablen ganz allgemein ein signifikant (p = 0,024) negativer Zusammenhang (beta = −0,179) mit dem Gebrauch des Laptops. Im Einzelnen zeigten sich negative Korrelationen zwischen dem Gebrauch des Laptops während der Vorlesung und der von den Studenten angegebenen Aufmerksamkeit (r = −0,32; p < 0,001), der berichteten Klarheit der Vorlesung (r = −0,17; p < 0,05) sowie dem selbst bewerteten Verständnis der Vorlesung (r = −0,19; p < 0,05).

Die offen gestellte Frage nach Ablenkungen während der Vorlesung wurde insgesamt 359 Mal beantwortet, wobei die Antworten („andere Studenten unterhielten sich", „Lärm auf dem Gang") zunächst gemäß dem Studienprotokoll in 10 Kategorien eingeteilt werden sollten. Es zeigte sich jedoch, dass das Item „Benutzung des Laptop durch andere" allein mehr als die Hälfte (64 %) aller berichteten Distraktoren ausmachte (n = 229), was sich in einer entsprechenden Analyse als signifikant häufiger (p < 0,001) erwies als alle anderen Ablenkungen zusammengenommen. Die ausführliche Befragung am Ende der Vorlesungsperiode mittels strukturierter Fragen (mit Antwortmöglichkeiten von 0 bis 7) ergab, nach dem Laptopgebrauch durch andere, den eigenen Laptopgebrauch als zweitgrößten Distraktor. Erst an dritter Stelle rangierte das sicherlich stark ablenkende Gerede anderer Studenten (Tab. 14-4).

Tab. 14-4   Von den Studenten berichtete Ablenkungen, gereiht nach der subjektiv erlebten Stärke (von 0–7), während der Vorlesung (nach 8, S. 911).

Ursache/Anlass der Ablenkung	Stärke der Ablenkung (Mittelwert)
Laptopgebrauch durch andere	3,65
Eigener Laptopgebrauch	3,55
Gerede anderer Studenten	3,16
Vorlesungsdauer	2,98
Kommen und Gehen; Unruhe anderer Studenten	2,75
Lehrmethode (vor allem Frontalunterricht)	2,26
Tageszeit	1,96
Hörsaalumgebung	1,88
Verwendung von PowerPoint durch den Professor	1,37

Man könnte nun einwenden, dass die ohnehin schlechteren Studenten ihren Laptop eher (und vor allem zweckentfremdet) gebrauchen. Diese Interpretation der Ergebnisse ist jedoch eher unwahrscheinlich, wurden doch Maße der allgemeinen akademischen Kompetenz (Noten, Test-Scores) sowie der Gewissenhaftigkeit (Anwesenheit im Unterricht) erfasst. Auch wenn man deren Einfluss berücksichtigte (und im Rahmen der Regression „herausrechnete"), ergab sich noch immer der berichtete negative Zusammenhang zwischen Laptopgebrauch und Lernleistung.

Wer da glauben möchte, dieses Ergebnis zeige sich nur bei Studenten der Psychologie, der irrt, wie eine Studie von Ellis und Mitarbeitern (6) an 62 Studenten (26 männlich) der Wirtschaftswissenschaft zeigte. Um die Auswirkungen von Multitasking auf den Lernerfolg zu untersuchen, wurden sie vor dem Besuch einer Vorlesung in Buchhaltung per Zufall einer von zwei Gruppen zugeordnet: Die einen besuchten die Vorlesung wie immer (und sollten zuvor ihr Handy ausschalten), während die anderen die Instruktion erhielten, während der Vorlesung dem Professor drei Textnachrichten per Handy zu senden. Nach der Vorlesung wurde ohne Vorankündigung bei allen Studenten ein Multiple-choice-Test mit Fragen zu den Inhalten durchgeführt. Wie erwartet, zeigte sich ein deutlicher Unterschied in der Lernleistung zwischen beiden Gruppen dahingehend, dass das Schreiben von drei SMS während einer Vorlesung zu einer signifikanten Verschlechterung der Lernleistung führt (Abb. 14-2). Diese Verschlechterung war bei beiden Geschlechtern etwa gleich groß und zudem unabhängig von der akademischen Leistung (Notendurchschnitt im Vorjahr) der Studenten.

Dass sich das Schreiben von Kurznachrichten auch auf das ganz einfache Lesen negativ auswirkt, hatten schon Bowman und Mitarbeiter (2) zeigen können. Studenten einer Lehrveranstaltung in allgemeiner Psychologie mussten

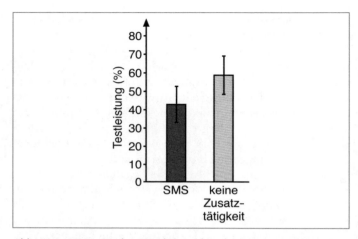

Abb. 14-2 Prozentualer Anteil der richtig beantworteten Fragen im Verständnistest nach einer Vorlesung in Abhängigkeit davon, ob während der Vorlesung von den Studenten drei Textnachrichten (SMS; dunkelgraue Säule, Mittelwert ± Standardabweichung) an den Professor geschrieben wurden oder nicht („keine"; hellgraue Säule, Mittelwert ± Standardabweichung; nach Daten aus 6, Tab. 2).

einen Text (3 828 Wörter) lesen. Vorher wurden sie in drei Gruppen eingeteilt, wobei Gruppe 1 vor dem Lesen chatten konnte, Gruppe 2 während des Lesens und Gruppe 3 gar nicht. Die Studenten der Gruppe 2 brauchten 22 bis 59 % länger, um den Text zu lesen (verglichen mit den Studenten der anderen beiden Gruppen), wobei die Zeit des Schreibens der Nachrichten schon berücksichtigt und abgezogen war. Mit anderen Worten: Der Versuch, mehrere Aufgaben zugleich zu erledigen, führt in der praktischen Anwendung beim Lesen zu Zeitverlusten. Im Hörsaal wirken sich diese Zeitverluste in einem verminderten Verständnis aus, weil ja keine zusätzliche Zeit während der Vorlesung zur Verfügung steht.

Eine weitere über 15 Wochen laufende Studie (10) an 97 Studenten registrierte methodisch sehr genau das tatsächliche Tun der Studenten während der Lehrveranstaltung mittels einer speziellen Software (Spyware), welche die geöffneten Programme (mit allgemeiner vorheriger Zustimmung, aber von den Studenten unbemerkt) aufzeichnete und der Auswertung zugänglich machte. Obgleich die Studenten dazu ermuntert wurden, nur „produktive Fenster", das heißt, Programme, die für den Inhalt des Kurses relevant waren, zu öffnen, zeigte die Auswertung, dass die Studenten während 42 % der Vorlesungszeit „ablenkende Fenster" geöffnet hatten, bei denen es sich z. B. um Spiele, Bilder, E-Mail-Programme, Chatrooms und Internetseiten handelt. Diese Studenten wiesen schlechtere Noten bei ihren Hausaufgaben, Projekten, Tests und Abschlussprüfungen auf als Studenten, die vor allem produktive Fenster geöffnet hatten. Zudem war ihnen selbst das Ausmaß ihres Multitaskings nicht bewusst.

Im Rahmen einer methodisch aufwändigen Studie wurden 145 Studenten (116 weiblich, Durchschnittsalter 20 Jahre) der gleichen Lehrveranstaltung per Zufall einer von sieben Bedingungen zugeteilt, wobei es sich um vier unterschiedliche Multitasking-Aktivitäten handelte und drei unterschiedliche Kontrollbedingungen (27). Bei der Lehrveranstaltung handelte es sich um dreimal 20 Minuten Vorlesung innerhalb von zwei Wochen zu Forschungsmethoden in der Psychologie, gefolgt von 15 Multiple-choice-Fragen zum unterrichteten Lehrstoff. Die Multitasking-Aktivitäten bestanden in der Benutzung digitaler Medien für Zwecke sozialer Kontakte, also die Studenten konnten entweder mittels ihres Laptops

- in Facebook sein,
- miteinander chatten,

- ihre E-Mails lesen und beantworten,
- mit ihrem Smartphone per SMS kommunizieren.[4]

Die drei Kontrollbedingungen bestanden in der
- Benutzung digitaler Medien wie üblich, (um zu erfahren, was für die Studenten als „normal" galt),
- in der Benutzung eines Laptops zum Mitschreiben und
- im Benutzen von Bleistift und Papier zum Mitschreiben.

Die Auswertung der Daten ergab, dass im Vergleich zur Papier- und Bleistiftbedingung sowohl die Verwendung von Facebook ($p = 0,05$) als auch das Chatten ($p = 0,059$) einen negativen Einfluss auf die Lernleistung hatten. Weiterhin zeigte sich bei den Teilnehmern der Gruppe mit „normalem" Gebrauch von Laptop und Internet, dass deren Lernerfolg davon abhing, ob sie die Informationstechnik verwendeten oder nicht: Teilte man sie danach ein, so ergab

---

4 Wie macht man so etwas? Dem Leser seien die methodischen Details nicht vorenthalten und daher hier aus dem Original ins Deutsche übersetzt und zitiert: „Wissenschaftliche Assistenten, die sich in einem gesonderten Raum aufhielten, nahmen zu Beginn der Vorlesung Kontakt zu den Studenten auf und hielten ihn aufrecht, bis sie am Ende der Vorlesung aufgefordert wurden, die Interaktion zu beenden. Alle Assistenten folgten dabei zum einen einem vorbereiteten Drehbuch, während sie zum anderen auch auf ungeplante Nachrichten des ihnen zugeteilten Studenten antworteten. Die Fragen aus dem Drehbuch folgten einer vorab festgelegten Reihenfolge. Obwohl es für die drei Vorlesungen unterschiedliche Drehbücher gab, ähnelten sich diese von der Art (z. B. Angebot, sich für eine Nachbesprechung zur Vorlesung anzumelden, gefolgt von offenen Fragen zu allgemeinen Uni-Angelegenheiten, wie derzeitigen Lehrveranstaltungen oder Prüfungen, gefolgt von anderen aktuellen Anlässen wie beispielsweise Halloween). Stellten die Teilnehmer abweichende Fragen, wurden diese beantwortet, um den Austausch von Nachrichten fortzusetzen, und dann wurde mit der nächsten Frage aus dem Drehbuch weitergemacht." (27, S. 368).

sich eine signifikant (p < 0,01) schlechtere Lernleistung (Mittelwert 59 %) für die Verwender der Technik im Vergleich zu den Teilnehmern, die auf die Technik verzichteten und mit Bleistift und Papier ihre Aufschriebe vornahmen (Mittelwert 76 %). Wie eine genaue Analyse ergab, verwendeten sie vor allem Facebook und waren am Chatten, wählten also genau diejenigen Tätigkeiten aus, die sich im Experiment als am stärksten ablenkend erwiesen hatten.

Ein Problem der Studie von Woods und Mitarbeitern besteht darin, dass sich gezeigt hatte, dass 43 % der Studenten nicht nur das am Computer getan hatten, was sie hätten tun sollen, sondern oft auch noch weitere „Nebentätigkeiten" ausführten, beispielsweise in der Facebook-Bedingung zusätzlich auch noch E-Mails schrieben und mit anderen chatteten. Die Autoren haben zwar durch weitere Analysen diesem Problem Herr zu werden versucht, man täte sich jedoch schwer, allein aufgrund ihrer Daten praktische Konsequenzen zu ziehen.

Um hier mehr Klarheit zu schaffen, und um vor allem für praktisch relevante Fragen zuverlässige Antworten zu haben, wurde die derzeit jüngste Studie zum Multitasking von Studenten während der Lehrveranstaltung durchgeführt (14). Kanadische Psychologen untersuchten in einem ersten Experiment an 44 Studenten (25 weiblich, mittleres Alter 18,9 Jahre) die Auswirkung der Verwendung eines Laptops während einer 45-minütigen Vorlesung auf den Lernerfolg. Die Versuchsteilnehmer wurden gebeten, ihren Computer wie gewöhnlich zum Mitschreiben zu verwenden. Vor der Vorlesung lasen sie die Versuchsanleitung, die bei der – zufällig ausgewählten – Hälfte der Studenten 12 Zusatzaufgaben enthielt, welche die Studenten während der Vorlesung ausführen sollten (Multitasking-Gruppe). Diese Zusatzaufgaben (z. B. „Was lief gestern Abend um 22 Uhr im Fernsehen auf Kanal 3?") waren so konstruiert, dass sie nach Art und Menge dem entsprachen, womit sich Studenten bekannterweise während einer Vorlesung beschäftigen.[5] Nach der Vorlesung wurde mittels 40 Multiple-choice-Fragen die Lernleistung überprüft und zwei weitere Fragen nach der Behinderung durch das Multitasking wurden gestellt:

- „In welchem Ausmaß halten Sie Ihr Multitasking für Ihr Lernen hinderlich?", und
- „In welchem Ausmaß halten Sie Ihr Multitasking für das Lernen Ihrer Kommilitonen für hinderlich?"

Diese Fragen waren auf einer Skala von 1 (gar nicht hinderlich) bis 7 (sicher hinderlich) zu beantworten. Die Durchführung des Experiments in drei kleinen Gruppen und die Anwesenheit eines Versuchsleiters stellten sicher, dass die Studenten während der Vorlesung auch das taten, was sie tun sollten. Das Ergebnis des Experiments war eindeutig: Multitasking während der Vorlesung führte zu einer schlechteren Leistung im Test danach (Abb. 14-3).

---

5 Wer dies für einen schlechten Scherz des Autors hält, irrt. Vielmehr machten sich die Autoren hierüber ernsthaft Gedanken, wie das folgende Zitat aus dem Methodenabschnitt zeigt: „Diese online durchzuführenden Zusatzaufgaben wurden so gestellt, dass sie möglichst dem typischen Studentenverhalten im Netz entsprachen, sowohl was die Art (z. B. Besuch von Webseiten, die sich an ein Zielpublikum im jungen Erwachsenenalter richten wie Google, YouTube oder Facebook) als auch was die Menge betrifft […]. Eine Pilotstudie (n = 5) bestätigte, dass die Durchführung der Aufgaben keine Überforderung darstellte, sie konnten in etwa 15 Minuten erledigt werden (oder in 33 % der Vorlesungszeit). Obwohl wir nicht wissen, ob die Teilnehmer unserer Studie im tatsächlichen Leben mehr oder weniger als 33 % der Vorlesungszeit mit Multitasking verbringen, bewegten sich die online durchzuführenden Aufgaben in dem Zeitbereich, der vorher für das Multitasking in Hörsälen berichtet worden war (40 %), und es war daher unwahrscheinlich, dass sich die Kosten des Multitaskings künstlich erhöhten. " (14, S. 26; Übers. durch d. Autor).

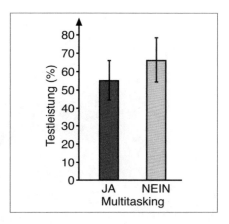

Abb. 14-3 Häufigkeit korrekter Antworten im Test nach der Vorlesung in Abhängigkeit davon, ob die Studenten zugleich mit anderen Aufgaben am Computer beschäftigt waren oder nicht. Der Unterschied von 11 Punkten war mit p < 0,001 hoch signifikant (nach 14, S. 27).

Um den in anderen Studien beschriebenen Effekt des Multitaskings auf andere Studenten ohne Computer experimentell zu untersuchen, führten die Autoren eine zweite Untersuchung durch. Hierbei wurden Studenten, die keinen Computer zur Verfügung hatten, in einem Hörsaal so platziert, dass sie entweder andere Studenten, die mit Multitasken beschäftigt waren, im Blick hatten oder nicht (Abb. 14-4). Ihren eigenen Laptop sollten sie alle im Rucksack lassen. Diesmal zeigte sich sogar ein noch größerer Effekt der experimentellen Manipulation auf die Behaltensleistung im Test nach der Vorlesung (Abb. 14-5). Das zweite Experiment ist deshalb von großer Bedeutung, da es den Erwartungen der Studenten widerspricht: Diese hatten in der Frage zu den Auswirkungen ihres eigenen Multitaskings während der Vorlesung durchaus das Gefühl, dass es ihr Lernen „ein bisschen" behindert, wohingegen sie meinten, dass ihr eigenes Multitasking ihren Kommilitonen kaum schaden könne. Das Gegenteil ist nach den Daten aus Experiment 2 der Fall! Die Erklärung der Autoren für die-

Abb. 14-4 Beispielhafte Darstellung der Versuchsdurchführung im zweiten Experiment von Sana und Mitarbeitern (14). Nachgestellt wurde die „Aussicht" einer Versuchsperson unter der Bedingung „Multitasking von Kommilitonen im Blick" (oben) oder unter der Bedingung „kein Multitasking von Kommilitonen im Blick" (unten; Foto: Autor).

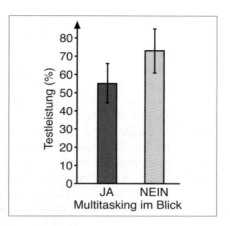

Abb. 14-5 Häufigkeit korrekter Antworten im Test nach der Vorlesung in Abhängigkeit davon, ob die Studenten anderen Studenten beim Multitasken am Laptop zuschauen konnten oder nicht. Der Unterschied von 17 Punkten war mit $p < 0{,}001$ hoch signifikant (nach 14, S. 28).

sen Effekt klingt durchaus plausibel: „Die Multitasker konnten den Zeitpunkt ihrer Multitasking-Aktivitäten anscheinend so legen, dass die Ablenkung auf einen gewissen Grad reduziert wurde. Diejenigen, die in Sichtweite des Multitaskers saßen, schienen dazu verleitet zu werden, auch dann auf den Laptop-Bildschirm anderer Studenten zu schauen, wenn es gerade ein ungünstiger Moment in der Vorlesung war. Dadurch verschlechterte sich das Lernen derjenigen in Sichtweite eines Multitaskers mehr als das der Person, die tatsächlich Multitasking betrieb." (14, S. 30; Übers. durch d. Autor).

Fassen wir zusammen: Durch eine ganze Reihe von Studien ist eindrucksvoll der Nachweis erbracht, dass der Gebrauch von Laptops keineswegs automatisch und immer zu besseren Lernergebnissen führt. Ganz im Gegenteil ist moderne Informationstechnik im Hörsaal gleichbedeutend mit Multitasking, wodurch die Lernleistung nicht besser wird, sondern deutlich *abnimmt*. Dies wiederum scheint den meisten Studenten nicht klar zu sein, was einem Blogger

Anlass gab, einen diesbezüglichen Eintrag mit *„Multitasking – Beyond Instinct"* zu betiteln (18).

Warum bestehen (nicht nur die Ulmer) Studenten darauf, den Laptop und einen Internetzugang während der Vorlesung zu verwenden? Sind sie nicht clever genug, um selbst zu wissen, was ihrer Lernleistung gut tut und was nicht? Warum scheint ihnen hier jeglicher „Instinkt" zu fehlen? Schließlich sind sie freiwillig an der Uni, haben ihr Fach selbst gewählt und verbringen Jahre damit einen Abschluss zu erreichen, der ihnen nicht zuletzt mehr Wohlstand bringen soll. Warum, so könnte man es überspitzt ausdrücken, neigen intelligente junge Menschen dazu, sich bei einem wichtigen Marathonlauf ins Knie zu schießen?

Wie gut, dass sich die Wissenschaft mittlerweile auch dieser Frage angenommen hat (17)! Mithilfe methodisch aufwändiger Zeitreihenanalysen konnte gezeigt werden, dass kognitive Bedürfnisse durch Medien-Multitasking zwar nicht befriedigt werden, jedoch den Grund für die Motivation zum Multitasken bilden. Kurz: Die Studenten *bilden sich ein*, sie lernten besser, wenn sie nebenher per Laptop im Netz sein können. Was sie statt (kognitiven) Lernprozessen vom Laptop und Internet bekommen, lässt sich am ehesten als sozial-emotionale Gratifikation bezeichnen. Diese wird zwar nicht aktiv (bewusst) gesucht, hält jedoch den Teufelskreis aufrecht! Nicht umsonst hatten sich ja Facebook und Chatten als besonders tückische studentische „Nebentätigkeiten" während der Vorlesung erwiesen. Diese Daten erklären mithin, warum kluge Menschen in zunehmendem Maße Multitasking betreiben, obwohl es zu Ungunsten ihrer kognitiven Bedürfnisse geht, und warum das Medien-Multitasking-Verhalten nicht von allein wieder aufhört.

Was kann man tun? – Ich denke, es wird höchste Zeit, dass wir diese Daten ernst nehmen und mit dem Unfug von Laptops und W-LAN aufhören. Das Mindeste, was sofort geschehen könnte, wären Hinweise auf diese evidenzbasierten Befunde von Seiten der Lehrenden. Dies schlagen auch Sana und Mitarbeiter vor: „Die Lehrenden sind in der Position, Studenten über negative Bildungseinflüsse des falschen Laptopgebrauchs aufzuklären, ihre eigenen Ansichten mit denen der Studenten zu vergleichen und sich ihnen entgegenzusetzen. In dieser Diskussion sollten gemeinsam ein paar Regeln für den Technologiegebrauch aufgestellt werden, die über das gesamte Semester Gültigkeit haben (z. B. sich nach ganz hinten setzen, wenn man vorhat zu multitasken, damit zumindest andere Studenten nicht gestört werden). Auf diese Weise kann das Thema Technologie und Ablenkung aufgezeigt werden und die Studenten können eine informierte Wahl treffen, anstatt anzunehmen sie (und ihre Kommilitonen) seien gegen den schädlichen Einfluss des Multitaskings immun. Ein anderer Vorschlag ist, in Kursen, in denen Technologie nicht direkt für das Lernen notwendig ist, explizit von der Nutzung des Laptops abzuraten." (14, S. 30; Übers. durch d. Autor).

Letztlich sind jedoch die Studenten für ihr Lernen selbst verantwortlich. Ihnen hier Modell, Richtschnur und Vorbild zu sein, gehörte schon immer zu den vornehmsten Aufgaben der Professoren. Lassen wir uns vom Marktgeschrei der weltweit reichsten Firmen (z. B. Apple, Google, Microsoft, Facebook) nicht davon abhalten!

Literatur

1. Bannister R, Remenyi D. Multitasking: The uncertain impact of technology on knowledge workers and managers. Electronic Journal Information Systems Evaluation 2009; 12: 1–12.
2. Bowman LL, Levine LE, Waite BM, Dendron M. Can students really multitask? An experimental study of instant messaging while reading. Computers & Education 2010; 54: 927–931.

3. Burak L. Multitasking in the university classroom. International Journal for the Scholarship of Teaching and Learning 2012; 6(2): 1–12.
4. Carrier LM, Cheever NA, Rosen LD, Benitez S, Chang J. Multitasking across generations: Multitasking choices and difficulty ratings in three generations of Americans. Computers in Human Behavior 2009; 25: 483–489.
5. Carson V, Pickett W, Janssen I. Screen time and risk behaviors in 10- to 16-year old Canadian youth. Preventive Medicine 2011; 52: 99–103.
6. Ellis Y, Daniels W, Jauregui A. The effect of multitasking on the grade performance of business students. Research in Higher Education Journal 2010; 8.
7. Foehr UG. Media Multitasking Among American Youth: Prevalence, Predictors and Pairings. Menlo Park, CA: Kaiser Family Foundation 2008.
8. Fried CB. In-class laptop use and its effects on student learning. Computers and Education 2008; 50: 906–914.
9. Gezell I. Time travel: The myth behind the allure of multitasking. The Journal for Quality and Participation 2007; 30: 22.
10. Kraushaar JM, Novak DC. Examining the affects of student multitasking with laptops during lecture. Journal of Information Systems Education 2010; 21: 241–251.
11. Ophir E, Nass C, Wagner AD. Cognitive control in media multitaskers. PNAS 2009; doi/10.1073/pnas.0903620106.
12. Rosen C. The myth of multitasking. The New Atlantis 2008; 20: 105–110.
13. Rubinstein JS, Meyer DE, Evans JE. Executive control of cognitive processes in task switching. Journal of Experimental Psychology: Human Perception and performance 2001; 27: 763–797.
14. Sana F, Weston T, Cepeda NJ. Laptop multitasking hinders classroom learning for both users and nearby peers. Computers & Education 2013; 62: 24–31.
15. Spitzer M. Multitasking – Nein danke! In: Aufklärung 2.0. Stuttgart: Schattauer 2010; 164–174.
16. Spitzer M. Medizin für die Bildung. Heidelberg: Spektrum Akademischer Verlag 2010.
17. Wang Z, Tchernev JM. The „Myth" of media multitasking: reciprocal dynamics of media multitasking, personal needs, and gratifications. Journal of Communication 2012; 62: 493–513.
18. Zhang W. Multitasking – Beyond Instinct. 2012; http://blogs.reed.edu/beyond_instinct/2012/11/multitasking.

19. Barak M, Lipson A, Lerman S. Wireless laptops as means for promoting active learning in large lecture halls. Journal of Research on Technology in Education 2006; 38: 245–26.
20. Mackinnon GR, Vibert C. Judging the constructive impacts of communication technologies: a business education study. Education and Information Technology 2002; 7: 127–135.
21. Mitra A, Stevensmeier T. Changes in student attitudes and student computer use in a computer-enriched environment. Journal of Research on Computing in Education 2000; 32: 417–443.
22. Siegle D, Foster T. Laptop computers and multimedia and presentation software: their effects on student achievement in anatomy and physiology. Journal of Research on Technology in Education 2001; 34: 29–37.
23. Trimmel M, Bachmann J. Cognitive, social, motivational and health aspects of students in laptop classrooms. Journal of Computer Assisted Learning 2004; 20: 151–158.
24. Richards R, McGhee R, Williams SM, Welch D, Hancox RJ. Adolescent screen time and attachment to parents and peers. Arch Pediatr Adolesc Med 2010; 164: 258–262.
25. Spitzer M. Groß in Facebook, klein im Gehirn? In: Das (un)soziale Gehirn. Stuttgart: Schattauer 2013; 91–109.
26. Ekeocha JO, Brennan SE. Collaborative recall in face-to-face and electronic groups. Memory 2008; 16: 245–261.
27. Wood E, Zivcakova L, Gentile P, Archer K, De Pasquale D, Nosko A. Examining the impact of off-task multi-tasking with technology on real-time classroom learning. Computers & Education 2012; 58: 365–374.

15   Kulturkiller iPhone

Schreiben in China

In meinem Buch „Das (un)soziale Gehirn" schrieb ich zum Thema *Lesen und Schreiben* über die „mögliche Beeinträchtigung der Lesefähigkeit durch digitales Schreibtraining" und die Gefahr, dass dies „bis ins Jugend- und Erwachsenenalter die schulische und berufliche Qualifikation einer ganzen Generation gefährden" könnte (2). Ich hätte nicht gedacht, dass mich nur wenige Wochen später aus einer weit entfernten Ecke des Globus eine eindrucksvolle Bestätigung dieser Gedanken erreicht.

Haben Sie sich schon einmal gefragt, wie Chinesen eigentlich auf der Schreibmaschine tippen? Dort gibt es ja nicht wie bei uns ein paar Dutzend Schriftzeichen, sondern mehrere Zehntausend, von denen auch ein nur mäßig Gebildeter einige Tausend beherrschen muss. Wollte man also für jedes Zeichen eine Taste verwenden, dann ergäbe sich eine Tastatur von der Größe eines Esstisches – und das auch nur dann, wenn man die Tasten mehrfach belegte.

Weil dies sehr unpraktisch ist, gibt es seit der Einführung von Computern in den chinesischen Alltag das *Pinyin*-Verfahren der Eingabe chinesischer Schrift mittels einer Tastatur. Dieses funktioniert wie folgt: Der Schreiber benutzt eine ganz normale alpha-numerische Tastatur und schreibt mittels lateinischer Buchstaben (die jeder Chinese selbstverständlich auch kennt) auf der Tastatur, wie das gemeinte Wort klingt. Daraufhin schlägt der Computer eine Reihe von Schriftzeichen vor, die ganz Unterschiedliches bedeuten, jedoch alle den gleichen lautlichen Klang haben. Jetzt braucht der Schreiber nur beispielsweise mittels Mausklick eines dieser Zeichen auszuwählen und schon erscheint es im Text (Abb. 15-1). Wenn man mittels Computer oder Smartphone Chinesisch schreibt, schreibt man also im

„li": 里利力利梨立例丽荔理离礼

Abb. 15-1 Eingabe chinesischer Schriftzeichen mit der Pinyin-Methode: Man schreibt beispielsweise „li", woraufhin der Computer einem Wörter vorschlägt (hier die Wörter „Land", „Gewinn", „Macht", „Birne", „stehen", „Beispiel", „Vernunft", „trennen", „Höflichkeit"). Aus diesen wählt man dann das Wort, welches man meint, mittels Mausklick aus.

Grunde gar nicht mehr chinesisch, sondern Lautschrift und sucht dann das entsprechende chinesische Zeichen aus, nachdem das elektronische Gerät eine Vorauswahl getroffen hat.

Damit entfällt natürlich die aktive Reproduktion der Zeichen mit ihren bedeutungsgebenden Komponenten (2, Abb. 1). Anders ausgedrückt: Wer mittels digitaler Informationstechnik (Computer, Tablet-PC, Smartphone) chinesisch schreibt, der schreibt nicht wirklich chinesisch. So kommt es, dass viele Chinesen im Alltag praktisch nur noch ihren Eigennamen beim Unterschreiben mit der Hand wirklich schreiben und ansonsten keine chinesische Schrift mehr.

Auch hierzulande ist klar, dass man Schreiben durch Lesen und Lesen durch Schreiben lernt wie entsprechende Studien zeigen (7–14). Der Gebrauch der Handschrift erleichtert das Memorieren von Buchstaben und Wörtern und wirkt sich damit auch positiv auf die Lesefähigkeit aus, wie entsprechende Studien zeigen.

Um die Auswirkungen der digitalen Informationstechnik auf die Lesefähigkeit chinesischer Grundschulkinder zu untersuchen, führten Wissenschaftler an der Abteilung für Linguistik der Universität Hongkong eine Studie an 5 851 Schülern der Klassen 3 bis 5 in drei chinesischen Großstädten durch (4).

In einem ersten Experiment an Schülern der Klassenstufen 4 und 5 wurden 466 Schüler einer Schule in Beijing und 477 einer Schule in Guangzhou einzeln einem Lesetest unterzogen. Der Test bestand aus dreihundert chinesischen Schriftzeichen, von denen 250 aus den entsprechenden Lehrbüchern der Kinder herausgesucht wurden. Bei den restlichen 50 handelte es sich um eher seltene Zeichen, die aus einem Sprachkorpus ausgewählt wurden. Um der Entwicklung der Lesefähigkeit über die Schuljahre hinweg Rechnung zu tragen, wurden aus den Lehrbüchern der Klassen 1 bis 6 jeweils 20, 30, 40, 50, 60 bzw. 50 Wörter ausgewählt. Diese 250 wurden zusammen mit den anderen 50 Schriftzeichen nach aufsteigendem Schwierigkeitsgrad aufgelistet und die Kinder wurden gebeten, diese Zeichen laut und deutlich zu lesen.

Darüber hinaus wurde bei allen Kindern ein nonverbaler Intelligenztest (Raven's Matrices) durchgeführt und Kinder unter einem Prozentrang von 25 wurden ausgeschlossen. Dies ergab eine Untersuchungsgruppe von 419 Kindern in Beijing (241 Viertklässler im durchschnittlichen Alter von 9 Jahren und 7 Monaten und 178 Fünftklässler im durchschnittlichen Alter von 10 Jahren und 7 Monaten) sowie eine zweite Gruppe von 401 Kindern aus Guangzhou (208 Viertklässler im durchschnittlichen Alter von 10 Jahren und 2 Monaten sowie 193 Fünftklässler im durchschnittlichen Alter von 11 Jahren und 2 Monaten).

Analog zu früheren Studien zur Lesefähigkeit in China drückten die Autoren auch in der vorliegenden Studie diese als Klassenstufenäquivalent (bzw. erwartete Lesefähigkeit) aus. Kinder, deren Leseleistung derjenigen von Kindern aus zwei Klassenstufen unter ihnen entsprach (wer also z.B. in der vierten Klasse nur lesen kann wie ein Zweitklässler), wurden als „Kinder mit schwerer Lesestörung" eingestuft.

Die Auswertung ergab insgesamt einen überraschend hohen prozentualen Anteil solcher Kinder mit schwerer Lesestörung, der bei Viertklässlern in Peking bei 31,1 % und in Guangzhou bei 30,3 % lag. Bei Fünftklässlern lag der Anteil sogar bei 35,4 % in Peking und 57,1 % in Guangzhou. Diese Zahlen stehen in starkem Kontrast zu den Ergebnissen früherer Untersuchungen, die für China einen Anteil von schwer lesegestörten Kindern von ca. 2 bis 8 % festgestellt hatten (3, 5, 6).

Zum Vergleich: Die Schätzungen der Häufigkeit schwer lesegestörter Kinder im Bereich der englischen Sprache belaufen sich zwischen 5 und 17 %. In Deutschland wird sie mit 2 bis 9 % angegeben (15–17). Die Häufigkeit lesegestörter Kinder hängt nicht zuletzt von der Einfachheit der Zuordnung von Lauten (Phoneme) und Schrift (Grapheme) der jeweils gesprochenen und geschriebenen Sprache zusammen. So ist sie im Italienischen mit seiner guten Laut-Schrift-Korrelation eher klein, im Englischen mit seinem notorisch-miserablen Zusammenhang von Laut und Schrift eher groß (1).

Die chinesischen Wissenschaftler führten eine zweite Studie durch, um festzustellen, ob es sich bei dieser extrem hohen Rate an Lesestörungen bei Grundschülern um eine Besonderheit der beiden untersuchten Städte handelt oder ob sich dieses Resultat auch auf China insgesamt generalisieren lässt. Hierzu wurden 4 908 Schüler aus sechs Schulen der Stadt Jining, die von den Autoren als repräsentativ für viele mittelgroße Städte in China eingestuft wurde, herangezogen. Weil in diesen Schulen andere Lehrbücher als in Beijing und Guangzhou verwendet wurden, musste entsprechend auch ein anderer Test konstruiert werden, der aus jeweils 40 chinesischen Schriftzeichen, die in den Klassen 1 bis 5 gelehrt werden, bestand und zusätzlich 50 relativ seltene Wörter enthielt. Der Test beinhaltete damit 250 chinesische Schriftzeichen, die, wie beim ersten Test, auch in aufsteigender Schwierigkeit angeordnet waren. Wieder absolvierten die Schüler einzeln den Lesetest und ebenfalls wurden wieder diejenigen ausgeschlossen, deren IQ unterhalb des 25-Prozent-Rangs lag. So wurden insgesamt 1 049 Kinder (9 Jahre und 2 Monate) der Klasse 3, 1 049 Kinder (mittleres Alter 10 Jahre und 1 Monat) der Klasse 4 und 1 040 Kinder (mittleres Alter 11 Jahre und 2 Monate) der Klasse 5 untersucht. Diesmal ergaben sich sogar noch höhere Werte als in Experiment 1: Der Prozentsatz der Kinder mit schwerer Lesestörung war bei den Drittklässlern gering, betrug jedoch bei den Viertklässlern 66,73 % und bei den Fünftklässlern 61,06 %.

Über die beiden Experimente und die drei getesteten Gruppen hinweg ergab sich insgesamt ein Prozentsatz schwer lesegestörter Kinder in den Klassen 4 und 5 von 42 %. Dieser extrem hohe Wert veranlasste die Autoren, den Ursachen näher auf den Grund zu gehen. Sie stellen zunächst fest, dass den Kindern in Jining ab der dritten Klasse Computer im Klassenzimmer für den Unterricht zur Verfügung standen. Sie lernten im zweiten Halbjahr der dritten Klasse die Pinyin-Methode des Schreibens chinesischer Zeichen. In der vierten Klasse begannen sie dann Microsoft Word zu verwenden (das ebenfalls dieses Inputsystem beinhaltet) sowie E-Mails zu schreiben (mit dem Pinyin-System). Weiterhin stellten die Autoren fest, dass sehr viele Kinder nebenher über Mobiltelefone Textnachrichten verschicken und die Pinyin-Methode hierzu verwenden.

An einer Untergruppe der Kinder in Jining wurde von den Autoren daher eine Umfrage durchgeführt, die sich auf die 15 % besten und 15 % schlechtesten Leser beschränkte. Die Kinder sollten mit Hilfe ihrer Eltern die folgenden fünf Fragen beantworten:

- Hast Du einen Computer zuhause?
- Wie viel Zeit verwendest Du täglich mit der Benutzung des Computers?
- Wie viel Zeit verwendest Du täglich mit dem Tippen unter Verwendung der Pinyin-Methode am Computer?

- Wie viel Zeit verwendest Du täglich mit dem Tippen der Pinyin-Methode am Telefon?[1]
- Wie viel Zeit verwendest Du täglich mit dem Schreiben mit der Hand und mit dem Lesen?

Kinder ohne Zugang zu einem Computer zuhause und Kinder, die den Fragebogen nicht vollständig beantwortet hatten, wurden von der weiteren Analyse ausgeschlossen, was insgesamt in 653 auswertbaren Fragebögen resultierte. Deren Analyse zeigte das folgende Ergebnis: Gute Leser verbrachten 1,5 Stunden täglich mit Handschrift und Lesen zuhause, wohingegen schlechte Leser nur eine Stunde damit zubrachten. Der Unterschied erwies sich mit $p < 0.02$ als signifikant.

Im Hinblick auf die Benutzung digitaler Informationstechnik (Computer und Smartphone) ergaben sich bei den Drittklässlern noch keine Unterschiede in der Leseleistung. Bei den Viert- und den Fünftklässlern hingegen verbrachten die guten Leser eine Stunde weniger mit Informationstechnik (2 Stunden) als die schlechten Leser (3 Stunden), wobei die Unterschiede jeweils höchst signifikant ausfielen (Viertklässler: $p < 10^{-5}$; Fünftklässler: $p < 10^{-6}$).

Auch was die Benutzung der Pinyin-Methode zum Schreiben anbelangt, zeigten sich ab der vierten Klasse Unterschiede. Schlechte Leser verbrachten damit täglich eine Stunde, gute Leser hingegen nur eine halbe Stunde, ein Unterschied, der bei den Viertklässlern mit $p < 0.01$ und bei den Fünftklässlern mit $p < 0.001$ signifikant wurde.

---

1 Man muss dazu wissen, dass das iPhone nicht nur in China produziert wird, sondern sich dort auch einer extremen Beliebtheit erfreut, die so weit geht, dass sich technikbegeisterte Chinesinnen sogar prostituieren, um sich ein iPhone leisten zu können.

Mittels multipler Regression wurde weiterhin gefunden, dass es einen positiven Zusammenhang zwischen dem Schreiben mit der Hand und der Leseleistung gibt, die in der dritten Klasse mit r = 0,29, in der vierten Klasse mit r = 0,34 und in der fünften Klasse mit r = 0,45 umso größer und signifikanter (Klasse 3: $p < 10^{-4}$; Klasse 4: $p < 10^{-6}$; Klasse 5: $p < 10^{-11}$) – wird, je älter die Kinder werden. Lesen und Schreiben gehören damit auch beim Lernen des Chinesischen eng zusammen.

Ebenso wichtig wie dieser Befund ist das Ergebnis, dass es einen negativen Zusammenhang zwischen der Benutzung der Pinyin-Methode und dem Lesen gab, der wiederum umso höher wurde, je höher die Klasse: In der vierten Klasse betrug die Korrelation −0,347 ($p < 10^{-7}$) und in der vierten Klasse betrug sie r = −0,405 ($p < 10^{-9}$). Der Zusammenhang zwischen der Verwendung von Pinyin beim Eingeben chinesischer Schrift und der schwächeren Leseleistung blieb bestehen, wenn man die Zeit der Computernutzung herausrechnete. Zudem fand sich keine signifikante Korrelation zwischen der mit Handschrift verbrachten Zeit und der mit Pinyin-Eingabe verbrachten Zeit, sodass sich der Befund nicht dahingehend erklären lässt, dass derjenige, der mehr am Computer oder Handy tippt, weniger mit der Hand schreibt.

Die Analysen legen vielmehr nahe, dass die Benutzung der Pinyin-Methode der Lesefähigkeit deutlich abträglich ist. „Das Muster unserer Befunde zeigt an, dass die Fähigkeit der Kinder zum Lesen chinesischer Schriftzeichen mit der Benutzung der Pinyin-Inputmethode im Besonderen und mit der Benutzung elektronischer Lernwerkzeuge im Allgemeinen abnimmt [...]. Das Schreiben mit der Hand führt demgegenüber zu einer Verbesserung der Lesefähigkeit" (4).

Dieses Ergebnis rief natürlich die chinesische Regierung auf den Plan, die sich gegenwärtig darüber Sorgen macht, dass einerseits weltweit jede Menge Konfuzius-Institute die chinesische Schrift pflegen und verbreiten, andererseits über 40 % der chinesischen Kinder sich als schwer lesegestört erweisen. Die chinesische Schrift hat 3 000 Jahre überdauert und stellt eine große kulturelle Errungenschaft dar, die das Kommen und Gehen ganzer Dynastien und sogar Maos Kulturrevolution überdauerte. Die von Firmen wie Apple, Google und Microsoft global verbreiteten Segnungen der modernen Informationstechnik vermögen innerhalb von Jahren zu zerstören, was drei Jahrtausende währte. „Das gegenwärtige Resultat legt nahe, dass mehr Forschungen zu den Auswirkungen dieser neuen Technologien auf die kindliche Entwicklung nötig sind", schließen die Autoren ihren Forschungsreport (4). Dem ist uneingeschränkt zuzustimmen!

Literatur

1. Paulesu E, Démonet JF, Fazio F, McCrory E, Chanoine V, Brunswick N, Cappa SF, Cossu G, Habib M, Frith CD, Frith U. Dyslexia: Cultural diversity and biological unity. Science 2001; 291: 2165–2167.
2. Spitzer M. Lesen und Schreiben. In: Das (un)soziale Gehirn. Stuttgart: Schattauer 2013; 227–236.
3. Stevenson HW, Stigler JW, Lucker GW, Lee S, Hsu C, Kitamura S. Reading disabilities: The case of Chinese, Japanese, and English. Child Dev 1982; 53: 1164–1181.
4. Tan LH, Xu M, Chang CQ, Siok WT. China's language input system in the digital age affects children's reading development. PNAS 2013; 111: 1119–1123.
5. Yin WG, Weekes BS. Dyslexia in Chinese: Clues from cognitive neuropsychology. Ann Dyslexia 2003; 53 :255–279.
6. Zhang CF, Zhang JH, Yin RS, Zhou J, Chang SM. Experimental research on the reading disability of Chinese students. J Psychol Sci 1996; 19: 222–226.
7. Cao F, Vu M, Chan DH, Lawrence JM, Harris LN, Guan Q, Xu Y, Perfetti CA. Writing affects the brain network of reading in

Chinese: A functional magnetic resonance imaging study. Hum Brain Mapp 2013; 34 (7): 1670–1684; doi: 10.1002/hbm.22017.

8. Guan CQ, Liu Y, Chan DHL, Ye F, Perfetti CA. Writing strengthens orthography and alphabetic-coding strengthens phonology in learning to read Chinese. J Educ Psychol 2011; 103: 509–522.

9. Hu W, Lee HL, Zhang Q, Liu T, Geng LB, Seghier ML, Shakeshaft C, Twomey T, Green DW, Yang YM, Price CJ. Developmental dyslexia in Chinese and English populations: Dissociating the effect of dyslexia from language differences. Brain 2010; 133 (Pt 6): 1694–1706.

10. Leong CK. Learning to Read Modern Chinese. The World's Writing System (ed. by Daniels PT). New York: Oxford University Press 2012.

11. McBride-Chang C, Chung KK, Tong X. Copying skills in relation to word reading and writing in Chinese children with and without dyslexia. J Exp Child Psychol 2011; 110(3): 422–433.

12. Siok WT, Perfetti CA, Jin Z, Tan LH. Biological abnormality of impaired reading is constrained by culture. Nature 2004; 431: 71–76.

13. Tan LH, Spinks JA, Eden GF, Perfetti CA, Siok WT. Reading depends on writing, in Chinese. PNAS 2005; 102: 8781–8785.

14. Tso RVY, Au TKF, Hsiao JHW. The influence of writing experiences on holistic processing in Chinese character recognition. i-Perception 2011; 2: 345–345.

15. Esser G. Was wird aus Kindern mit Teilleistungsschwächen? Der langfristige Verlauf umschriebener Entwicklungsstörungen. Stuttgart: Enke 1991.

16. Haffner J, Zerahn-Hartung C, Pfüller U, Parzer P, Strehlow U, Resch F. Auswirkungen und Bedeutung spezifischer Rechtschreibprobleme bei jungen Erwachsenen – empirische Befunde in einer epidemiologischen Stichprobe. Zeitschrift für Kinder- und Jugendpsychiatrie und Psychotherapie 1998; 26: 124–135.

17. Suchodoletz W. Lese-Rechtschreib-Störung (LRS) – Fragen und Antworten. Stuttgart: Kohlhammer 2007.

16 Träume im Scanner

Schon vor mehr als einem Jahrzehnt beschrieb ich in der *Nervenheilkunde*, dass es durch Ableitung von einzelnen Nervenzellen im Hippocampus gelungen war, vorherzusagen, was eine Ratte gerade träumt, wenn sie davon träumt, in einem Labyrinth herumzulaufen (6). Dass es einmal möglich werden würde, den visuellen Erlebnissen des Menschen während des Schlafs auf die Spur zu kommen, hätte man damals nicht im Traum gedacht! Genau dies jedoch haben nun japanische Wissenschaftler erstmals fertig gebracht. Nur drei Versuchspersonen waren nötig, denn für den Beweis der Existenz genügt im Grunde ja ein N von 1. Dennoch erinnert der hierfür notwendige Arbeitsaufwand definitiv an eine sehr kräftige antike Sagengestalt.

Die Frage, um die es ging, hat keinen Geringeren als Sigmund Freud schon beschäftigt. Wenn jemand aufwacht und erzählt, was er im Traum gerade gesehen hat, dann nennt man diesen Bericht den *Traumbericht*. Diesen kann man aufschreiben oder (besser) unmittelbar nach dem Aufwachen als Tonaufzeichnung speichern, dann transkribieren und hat auf diese Weise das, was Freud den *manifesten Trauminhalt* nannte. Diesem stellte Freud den *latenten Trauminhalt* gegenüber und meinte damit letztlich das, was im Traum wirklich geschehen war, nicht lediglich den Bericht darüber. Dieser latente Trauminhalt war für Freud das Wesentliche. Er war zu erschließen, aus dem manifesten Trauminhalt und der Theorie, die Freud in seiner *Traumdeutung* aufstellte: „[...] durch Anwendung unseres Verfahrens der Traumdeutung [können wir] einen *latenten* Traum aufdecken, der an Bedeutsamkeit den manifesten Trauminhalt weit hinter sich läßt [...]" (1, S. 169).

Noch in seinen *Vorlesungen zur Einführung in die Psychoanalyse* aus den beiden Wintersemestern 1915/16 und 1916/17 (2, S. 80) bezeichnet Freud jedoch die Beschäfti-

gung mit dem Traum zunächst als „unpraktisch und über-
flüssig", sie bringe „das Odium der Unwissenschaftlich-
keit": „Dass ein Mediziner sich mit dem Träumen abgeben
sollte, wo es selbst in der Neuropathologie und Psychiatrie
soviel Ernsthafteres gibt: Tumoren bis zu Apfelgröße, die
das Organ des Seelenlebens komprimieren, Blutergüsse,
chronische Entzündungen, bei denen man die Veränderungen der Gewebsteile unter dem Mikroskop sehen kann!
Nein, der Traum ist ein allzu geringfügiges und der Erforschung unwürdiges Objekt."

Glücklicherweise haben sich weder Freud noch die Autoren der nachfolgend diskutierten Studie diese Auffassung
zu eigen gemacht. Bekanntlich entwickelte Freud die
Grundlagen der Psychoanalyse – seine Theorie des psychischen Apparats – in seiner im Jahr 1900 erstmals erschiene-
nen Monografie *Die Traumdeutung*. Und eine Gruppe ja-
panischer Wissenschaftler schickte sich kürzlich an,
Traumbilder direkt im Scanner sichtbar zu machen (3).
Dass dies keine Utopie oder gar – Verzeihung – Träumerei
ist, sei im Folgenden dargestellt ...

Stellen Sie sich vor, Sie liegen nachmittags von 13 bis
17.30 Uhr im Magnetresonanztomografen (MRT), haben
sich schon zwei Tage lang daran gewöhnt, tragen Kopfhörer gegen den Krach im Scanner und können ein Nicker-
chen machen. Um Ihren Schlaf zu überwachen, sind Sie
zusätzlich mit einer ganzen Reihe von Elektroden verka-
belt, die Hirnströme (Elektroencephalogramm, EEG),
Augenbewegungen (Elektrookulogramm, EOG), Muskel-
spannung (Elektromyogramm, EMG) und Herzaktion
(Elektrokardiogramm, EKG) messen. Sobald Sie einschlafen, werden Sie vom Versuchsleiter, der alle 6 Sekunden in
Ihrem EEG nach den Schlaf anzeigenden Theta-Wellen
fahndet, geweckt (er ruft Ihren Namen im Kopfhörer). Direkt nach dem Wecken werden Sie gefragt, ob Sie gerade im
Schlaf etwas gesehen haben und wenn ja, was. Dann dür-

fen Sie wieder einschlafen und werden, wenn dies erfolgt ist, gleich wieder geweckt, frühestens jedoch nach zwei Minuten.

Wenn man jetzt noch weiß, dass das Ganze 1,5 Stunden im Scanner dauerte, und meist dann nach einer kurzen Pause noch ein- oder zweimal wiederholt wurde (nochmals im Mittel je 1,5 Stunden) bis mindestens 200 Berichte von visuellen Erscheinungen je Versuchsperson vorlagen, dann weiß man, was die drei ausgesuchten männlichen Versuchspersonen (Alter 27 bis 39 Jahre) für das Experiment über sich ergehen lassen mussten.

Die Berichte hatten eine mittlere Länge von 34 ± 19 Sekunden, wurden aufgezeichnet und später transkribiert. Es handelt sich hierbei genau genommen gar nicht um Träume (visuelle Phänomene im REM-Schlaf), sondern um hypnagoge bzw. hypnopompe Halluzinationen, also visuelle Phänomene in Schlafstadium 1 beim Einschlafen oder Aufwachen. Das tut jedoch den Daten und dem Prinzip der Studie – Vorhersage von im Schlaf auftretenden bildhaften Erlebnissen anhand von Daten aus dem Gehirn – keinen Abbruch.

Nur Berichte, die mindestens ein gesehenes Objekt enthielten, wurden als *visueller Report* (Traumbericht) klassifiziert und weiter analysiert. Drei auswertende Personen extrahierten bedeutungstragende Wörter (Hauptwörter) aus diesen Berichten, übersetzten diese aus dem Japanischen ins Englische und gaben sie in eine lexikalische Datenbank (*WordNet*) ein. Mittels dieses Lexikons ließen sich Wörter mit ähnlicher Bedeutung in *Synsets* (hierarchisch strukturierte Bedeutungscluster) gruppieren, und diese Synsets ihrerseits ließen sich nach übergeordneten Gesichtspunkten (*hypernym synsets*) gruppieren. „Synset assignment was cross-checked by all three labelers" bemerken die Autoren zu dieser Prozedur im (sehr ausführlichen) Supplement (S. 5).

Der ganze Aufwand wurde betrieben, um das, was man den „semantischen Gehalt" oder schlicht die „Bedeutung" der im Schlaf erlebten Bilder nennt, für weitere Verarbeitungsschritte und vor allem für die Analyse der Daten aus dem funktionellen MRT handhabbar zu machen. Hierzu wurden für jede Versuchsperson Synsets (d. h. Bedeutungsgehalte des als gesehen Berichteten) ausgewählt, die zehn Mal oder öfter nach dem Aufwecken genannt worden waren, ohne dass von etwas anderem die Rede war (d. h. nur diese Bedeutung war vor dem geistigen Auge visuell präsent). Zudem wurden allgemeine Bedeutungen (*hypernym synsets*) ausgeschlossen, sodass man für jede Versuchsperson zu einer gewissen Menge an einfachen Bedeutungsgehalten (*base synsets*) gelangte, die beim Aufwachen häufig, spezifisch und ausschließlich visuell erfahren wurden. Mit den Worten der Autoren: „These procedures produced *base synsets*, which were frequently reported while being semantically exclusive and specific" (Supplement S. 5, Hervorhebung im Original).

Für jeden Traumbericht, der ja oft eine Reihe von Bedeutungen enthielt, wurde nun ein Vektor konstruiert, der angab, welche Bedeutungen in ihm vorlagen und welche nicht (Abb. 16-1).

Nun verfügte man also zum einen über die noch nicht ausgewertete Gehirnaktivität in den Sekunden vor dem Aufwachen (die Daten aus dem fMRT) und konnte zum anderen benennen, was die Probanden in diesem Moment vor sehr wahrscheinlich – auch Introspektion ist nie fehlerfrei – ihrem geistigen Auge gesehen hatten. Wie aber bringt man dies zusammen?

Um dieses Problem zu lösen, wurde ein *Gehirn-Dekodierer* auf die folgende Weise entwickelt: Man verwendete Bilder aus einer Datenbank (*ImageNet*), die den Vorzug hat, dass in ihr die Bilder nach semantischen Kategorien des verwendeten Lexikons (*WordNet*) gruppiert sind. Für

Buch	0	1	0	0	0
Gebäude	0	0	0	0	0
Auto	1	0	0	0	0
Person	1	0	0	0	0
Ware	0	0	0	0	0
Bildschirm	0	0	0	0	1
Bedeckung	0	0	0	0	0
Behausung	0	0	0	0	0
Elektronisches Gerät	0	0	0	0	0
Frau	0	0	1	0	0
Speise	0	0	0	0	0
Möbel	0	0	0	0	0
Mann	1	0	1	0	0
Laden	0	0	0	0	0
Lagepunkt	0	0	0	0	0
Region, Gegend	0	0	0	1	0
Dartstellung	0	1	0	0	0
Straße	1	0	0	0	0
Aufwachen, Nr.:	**1**	**2**	**3**	**4**	**5 …**

Abb. 16-1 Bedeutungsvektoren für nach dem jeweiligen Aufwecken berichtete Inhalte bei einer Versuchsperson, der Reihenfolge im Experiment nach geordnet. Links sind die bei dieser Versuchsperson identifizierten Bedeutungsgehalte (für jeden gab es 10 oder mehr Berichte, in denen nur dieser Gehalt vorkam), also die base synsets, angeführt. Eine Null in der entsprechenden Zeile des Vektors zeigt an, dass dieser Gehalt nach dem jeweiligen Aufwecken (durchnummeriert) nicht berichtet worden war, eine 1 hingegen zeigt an, dass der Gehalt genannt worden war (schematisiertes Beispiel, nach 3, Fig. 3B).

jede Bedeutung (*base synset*; Abb. 16-1, linke Spalte) wurden 240 Bilder ausgewählt. Jedes Bild kam nur bei genau einer Bedeutung vor (exklusive Zuordnung). Die Bilder wurden dann in ihrer Größe vereinheitlicht und im MRT auf einen Bildschirm projiziert. Jeder der drei Versuchspersonen wurden nur die Bilder gezeigt, die zu ihrem individuellen base synset assoziiert waren. Während der Messung wurden diese Bilder in Blöcken von neun Sekunden gezeigt; pro Block sahen die Versuchspersonen sechs unterschiedliche Bilder, die jedoch alle genau einer Bedeutung zuordenbar waren. Jedes dieser Bilder wurde für jeweils 750 Millisekunden gezeigt, gefolgt von 750 Millisekunden Pause. Nach jedem Block von 9 Sekunden waren 6 Sekunden Pause und dann kamen die nächsten sechs Bilder, die zu einem anderen Bedeutungsgehalt passten.

Nach einem solchen Durchgang (*run*) wurde eine halbe Minute Pause eingelegt und dann kamen die nächsten sechs der 240 Bilder pro Bedeutungsgehalt, sodass jedes Bild auf diese Weise einmal gezeigt wurde (40 Blöcke pro Bedeutung). Jeder Versuchsperson wurden auf diese Weise die individuell spezifischen Bedeutungsgehalte visuell dargeboten.

Durch eine seit Jahren etablierte Prozedur (*retinotopic mapping*) wurden dann die einzelnen „einfachen" bzw. „niederen" visuellen Areale V1, V2 und V3 bei jeder Versuchsperson ermittelt. Zusätzlich wurden drei „höhere" visuelle Areale, der für Objekterkennung zuständige laterale okzipitale Komplex (LOC), das Gesichter-Areal (*fusiform face area*; FFA) und das parahippocampale Areal für Landschaften bzw. Orte im Raum (*parahippocampal place area*; PPA) durch für diese Areale spezifische Aufgaben bei jedem Probanden einzeln ermittelt. Für diese funktionelle Lokalisierung (*functional localizer*) wurden Bilder von Objekten, Gesichtern, Häusern, und Landschaften sowie aus unerkennbaren Bildschnipseln zusammengesetzte Stimuli (*scrambled images*) zum Vergleich verwendet. Auf diese Weise konnten Muster der Gehirnaktivität den unterschiedlichen visuellen Verarbeitungsorten zugeordnet werden. Um die Dinge zu vereinfachen wurden zudem V1, V2 und V3 zum „niederen visuellen Kortex" (*lower visual cor-*

tex, LVC; bei jedem Probanden etwa 2 000 Voxel) und die Areale LOC, FFA und PPA zum „höheren visuellen Cortex" (*higher visual cortex*, HVC; ebenfalls etwa 2 000 Voxel bei jedem Probanden) zusammengefasst.

Nun konnte das Training des Gehirn-Decoders beginnen: Der Computer verwendete die Daten aus der funktionellen MRT mit den individuellen Bedeutungsbildern, um für Paare von grundlegenden unterschiedlichen Bedeutungsgehalten (*base synsets*) Musterunterschiede der Gehirnaktivität in den zuvor bestimmten visuellen Verarbeitungsorten zu berechnen. Man verwendete hierzu das statistische Verfahren der *Support-Vektor-Maschine*, das letztlich jeder Bedeutung ein bestimmtes Gehirn-Aktivierungsmuster (für jede Versuchsperson getrennt) zuordnet.

Nachdem man also wusste, welche Gehirnaktivitätsmuster im visuellen System welchen Bedeutungen entsprechen, konnte man nach eben diesen Mustern in der Aktivität der Probanden vor dem Aufwachen fahnden. Man berechnete hierzu die nach dem jeweils vorliegenden Aktivitätsmuster vom Gehirn-Decodierer als wahrscheinlichste identifizierte Bedeutung. Der Vergleich der berechneten Bedeutung mit der tatsächlich berichteten Bedeutung ergab – und dies ist nun das wichtige Ergebnis der gesamten Studie – eine *überzufällig häufige* Trefferquote! Mit anderen Worten: die verwendete Methode erlaubt die Identifizierung des Traumbildes kurz vor dem Aufwachen anhand der fMRT-Daten.

Die mittlere Trefferquote lag bei einem paarweise Vergleich über alle drei Versuchspersonen gemittelt bei 60 %, was deutlich über den zufällig zu erwartenden 50 % lag. Diese Quote bezog sich auf den HVC, das heißt, auf höhere visuelle Areale. Sofern man die Analyse nur auf diejenigen Bedeutungsgehalte beschränkte, die beim Aufwecken und beim Bildbenennen im Wachen deutliche Unterschiede zeigten, konnte man durch paarweisen Vergleich die Vorhersagegenauigkeit auf 70,3 % steigern. Daraus lässt sich ableiten, dass die Vorstellungsbilder beim Aufwachen und die wahrgenommenen Bilder im Wachzustand ähnliche Hirnaktivität produzieren.

Nun könnte man vermuten, dass unterschiedliche Bilder einfach mehr und andere weniger Gehirnaktivität produzieren und es daher nicht am einzelnen spezifischen Muster der Gehirnaktivität, sondern einfach nur an deren Stärke liegen könnte, dass Bilder unterschieden bzw. vorhergesagt werden. Um dies auszuschließen, verwendete man zur Vorhersage versuchsweise den Durchschnitt der Gehirnaktivität über die einzelnen Voxel der unterschiedlichen Areale hinweg und versuchte erneut mit diesen Gehirndaten die Vorhersage. Diese gelang nicht. Es sind also tatsächlich spezifische Aktivierungs-*Muster*, welche die Vorhersage der Vorstellungsbilder erlauben.

Es konnte sogar gezeigt werden, dass die Vorhersagegenauigkeit beim Vergleich übergeordneter semantischer Kategorien wie „Mensch", „Objekt" oder „Landschaft" signifikant höher war als beim Vergleich von Bedeutungspaaren innerhalb dieser Kategorien. Dennoch war die Vorhersage auch innerhalb übergeordneter semantischer Kategorien überzufällig häufig richtig, was für eine hohe Spezifität der neuronalen Repräsentation auch spezifischer semantischer Gehalte in visuellen Verarbeitungsarealen spricht.

Betrachtete man nur die niederen visuellen Verarbeitungsareale (V1, V2 und V3 kombiniert), so ergab sich eine Vorhersagewahrscheinlichkeit von 54,3 % für alle semantischen Paare und von 57,2 % für die ausgewählten semantischen Paare, die spezifische Reaktionen beim Aufwachen und beim Betrachten hervorriefen. Insgesamt stieg die Vorhersagegenauigkeit von einfachen zu komplexen Arealen hin an, was mit der allgemeinen Überlegung übereinstimmt, dass einfache visuelle Areale eher Repräsentationen von Objekteigenschaften (z. B. Ecken und Kanten, Texturen) verarbeiten, wohingegen zunehmend höhere Areale sich mit dem Bedeutungsgehalt der Objekte bzw. deren allgemeinen Eigenschaften beschäftigen.

Man konnte auch berechnen, für welche spezifischen Bedeutungsgehalte die Vorhersage über Zufallsniveau gelang und fand insgesamt 18 Bedeutungen (synsets) von insgesamt 60, bei denen die Vorhersage überzufällig häufig gelang. Setzt man eine Irrtumswahrscheinlichkeit von 5 % an, so würden aus 60 Bedeutungsgehalten per Zufall lediglich 3 überzufällig häufig erkannt.

Die Analyse einzelner Bedeutungsgehalte zeigte weiterhin, dass V1 bis V3 auf die oben genannten unterschiedlichen übergeordneten semantische Kategorien (Mensch, Objekt, Landschaft) nicht differenziell ansprechen, höhere visuelle Verarbeitungsareale aber durchaus. Von besonderem Interesse ist die Tatsache, dass das schon lange bekannte „Gesichterareal" (Fusiform Face Area, FFA) Bedeutungen aus der Kategorie Mensch besser unterscheidet, wohingegen das parahippocampale Ortsareal (PPA) eine bessere Unterscheidungsfähigkeit im Hinblick auf Landschaften besitzt. Es zeigte sich also mittels einer völlig anderen Methodik als der üblicherweise eingesetzten eine Spezifität dieser beiden Areale, die sich hervorragend in das, was man über sie bereits weiß, einfügt.

Es zeichnete sich schließlich sogar die Möglichkeit ab, auf nicht berichtete Traumgehalte zu schließen, die vielleicht doch von der Versuchsperson beim Aufwachen gesehen worden waren: Schaute man sich die Gehirnaktivität für Bedeutungsgehalte (synsets) an, die nicht berichtet worden waren, die aber in semantischer Verbindung zu Inhalten, die berichtet worden waren, standen (wie beispielsweise „Auto" und „Straße") so zeigte sich auch für die nicht berichteten Inhalte eine höhere Aktivität. Die Autoren kommentieren dies wie folgt: „Verbale Berichte beschreiben wahrscheinlich nicht alle Details der visuellen Erfahrung während des Schlafs und es ist durchaus möglich, dass

Inhalte mit einer allgemein hohen Häufigkeit des gemeinsamen Auftretens gemeinsam visuell erfahren werden, auch dann wenn nicht alle berichtet werden. Hohe Werte für nicht berichtete synsets könnten daher nicht berichtete, aber aktuell vorgelegene Inhalte während des Schlafs anzeigen" (3, S. 2; Übersetzung durch den Autor).

Mittels trickreicher Analysen erscheint es also möglich, sogar erlebte visuelle Bilder beim Aufwachen zu identifizieren, welche die Versuchsperson verschweigt. Lassen wir die Autoren ihre Ergebnisse selbst zusammenfassen: „Insgesamt zeigen unsere Befunde, dass spezifische Inhalte visueller Erfahrungen während des Schlafs durch die Aktivitätsmuster der visuellen Hirnrinde repräsentiert sind und aus diesen Mustern mittels Vergleich durch Repräsentationen bei aktueller Wahrnehmung ausgelesen werden können" (3, S. 2; Übersetzung durch den Autor).

Natürlich geht es in dieser Untersuchung im Grunde noch gar nicht um Träume, denn es wurden ja nur hypnagoge bzw. hypnopompe Halluzinationen beim Einschlafen bzw. Aufwachen untersucht. Dennoch lassen sich allgemeine Schlussfolgerungen ziehen:

1. Wahrnehmung und Vorstellung sind keineswegs so verschieden, wie wir früher dachten, sondern weisen gemeinsame kortikale Aktivierungsmuster auf. Diese Theorie war vor 30 Jahren noch höchst umstritten (4, 5), wird jedoch heute kaum noch angezweifelt. Andernfalls wären die hier gemachten Vorhersagen nicht möglich.

2. Es ist in der Tat erstaunlich, dass man die unstrukturierten Traumberichte, die eine Versuchsperson, die man aus dem Schlaf herausholt, vor sich hin faselt und Gehirnaktivität in visuellen Verarbeitungsarealen zueinander in Beziehung setzen kann.

3. Zugleich zeigen die methodischen Details der vorliegenden Studie, dass es nicht so einfach ist, wie man es vielleicht mit einem Satz zusammenzufassen geneigt wäre:

„Man schaut den Leuten mittels Scanner ins Gehirn und sieht, was sie träumen." – Im Prinzip ja, aber mit einem enormen methodischen Aufwand (daher die in diesem Beitrag ungewöhnlich genau dargestellten methodischen Details) und mit allen Einschränkungen, welche die gewählte Methodik mit sich bringt.

Im Grunde handelt es sich bei der Studie um einen wichtigen Existenzbeweis: Selbst Traumbilder sind der neurowissenschaftlichen Erforschung zugänglich. Vielleicht wird der Tag kommen, an dem wir jemandem nachweisen, dass sein Traumbericht mit seinem aktuell erlebten Traum nicht ganz übereinstimmt. „Nein, du hast nicht von einem Mann geträumt, sondern von einer Frau", wird die eifersüchtige junge Ehefrau vielleicht schon in wenigen Jahren ihrem Mann, der von einem Schlaflaborbesuch zurückkehrt, vorwerfen. Hoffen wir, dass er schlagfertig genug ist und mit „Das warst Du!" antwortet.

Literatur

1. Freud S. Die Traumdeutung (1900). Gesammelte Werke, Band II/III. Frankfurt a. M.: S. Fischer 1942/1976.
2. Freud S. Vorlesungen zur Einführung in die Psychoanalyse (1916–1917). Gesammelte Werke, Band XI. Frankfurt a. M.: S. Fischer 1940/1978.
3. Horikawa T, Tamaki M, Miyawaki Y, Kamitani Y. Neural decoding of visual imagery during sleep. Science 2013, online 4.4.2013; doi: 10.1126/science.1234330.
4. Kosslyn SM. Image and Mind. Cambridge, MA: Harvard University Press 1980.
5. Kosslyn SM. Image and Brain: The Resolution of the Imagery Debate. Cambridge, MA: MIT Press 1994.
6. Spitzer M. Was Ratten träumen. Tierexperimentelle Befunde zur Neurobiologie der Tagesreste. Nervenheilkunde 2001; 20: 359–361.

17 Rauschen beim Riechen

Was Rauschen ist, weiß jeder: Die Bäume rauschen im Wind, das Meer rauscht am Strand und der rauschende Bach – auch. In der Akustik ist Rauschen – im Gegensatz zu einem Ton, der eine bestimmte Grundfrequenz hat – dadurch charakterisiert, dass es aus sehr vielen Frequenzen besteht, von denen keine eine herausragende Amplitude hat (und damit hörbar wäre). Im Gegensatz zu Bäumen oder Bächen, in deren Rauschen man durchaus noch Muster – zeitlich (dafür sorgen bei den Bäumen die Windböen) und auf die Frequenzen bezogen (der Bach „murmelt" im Sommer und „donnert" nach der Schneeschmelze) – wahrnehmen kann, ist Rauschen im strengen Sinne völlig strukturlos. Es klingt wie ein stimmloses „sch". In manchen Großraumbüros werden kleine Lautsprecher eingesetzt, aus denen es rauscht. Man hört es kaum, es überdeckt jedoch ein am übernächsten Tisch geführtes Gespräch. In der Tat wurde Rauschen von Physikern vor knapp hundert Jahren vor allem als *Störgröße* eines Signals untersucht. Wenn man ihm lange genug ausgesetzt ist, hört man – gar nichts mehr.

Strukturloses Rauschen ist statistisch betrachtet das Gleiche wie Zufall: Man stelle sich eine CD vor, auf der Schall digital kodiert ist und jedes Bit der Audiodatei erwürfelt wurde: Es klänge wie „sch". Man spricht von *weißem* Rauschen, wenn alle Frequenzen bzw. Frequenzbänder mit der gleichen Amplitude vertreten sind. Der Begriff stammt von den Fernsehtechnikern aus den Zeiten des analogen Fernsehens. Wenn kein Signal an der Röhre anlag, sah man auf dem Bildschirm so etwas wie Schneegestöber: weißes Rauschen eben (Abb. 17-1).

Hier wird erstmals deutlich, dass der Begriff des Rauschens nicht auf die Akustik beschränkt ist, obwohl er zunächst ein Phänomen des Hörens beschreibt. Im übertrage-

Abb. 17-1 So sah der Blick in einen laufenden Fernsehapparat bei nicht angeschlossener Antenne früher aus: zufällig über den Bildschirm verteilte Punkte, die alle 40 Millisekunden wechselten. Die Techniker nannten dieses „Schneegestöber" weißes Rauschen.

nen Sinne gibt es Rauschen auch beim Sehen und bezeichnet räumlich bzw. raum-zeitlich (bei bewegten Bildern) *zufällig* verteilte Bildpunkte. Man sieht also „etwas", aber kein Signal. Man hat (im Falle von bewegten Bildern) den Eindruck von so etwas wie weißem Schneegestöber, sieht jedoch im Grunde gar nichts.

Wenn die Mischung vieler verschiedener Farben oder Töne also den Eindruck „weiß" bzw. dessen akustisches Äquivalent „sch" erzeugt, kann man die Frage stellen, ob es ein solches Mischungsphänomen auch beim Riechen gibt. Dies würde bedeuten, dass man nur genügend viele unterschiedliche Gerüche zusammenmischen müsste, um dann nichts mehr zu riechen!

Unsere Erfahrung mit Gerüchen scheint dem jedoch zu widersprechen. Zwar bestehen manche Gerüche aus nur einem einzigen ganz bestimmten Molekül, die meisten Gerüche sind jedoch in chemischer Hinsicht aus vielen Stoffen zusammengesetzt. Überhaupt ist das Riechen, im Gegensatz zum Sehen oder Hören, bei denen ganz bestimmte physikalische Gegebenheiten ganz bestimmte Sinneseindrücke hervorrufen, eine vergleichsweise noch wenig verstandene Sinnesmodalität. Es gibt eine große Zahl unterschiedlicher Geruchsstoffe und eine Vielzahl unterschiedlicher Gerüche. Versuche, chemische Eigenschaften einzelner Stoffe mit bestimmten Gerüchen in Verbindung zu bringen, sind bislang nur zum Teil erfolgreich gewesen (2).

Um der Arbeitsweise unseres Geruchssinns ein Stück näher zu kommen, führte eine Gruppe von Neurobiologen um Tali Weiss[1] am israelischen Weizmann-Institut für Wissenschaften interessante Verhaltensuntersuchungen durch. Sie gingen der Frage nach, ob es beim Riechen auch so etwas wie „Rauschen" gibt, also ein sinnliches Phänomen, das durch gleichzeitige Stimulation mit sehr vielen Komponenten hervorgerufen wird (4). Beim Sehen ist es so, dass man nur sehr viele unterschiedliche Wellenlängen überlagern muss, um irgendwann einmal weißes Licht zu bekommen. Beim Hören entsteht durch Überlagerung vieler Tonfrequenzen das genannte Rauschen, das wie ein „Sch" klingt. Gibt es so etwas beim Riechen auch?

---

1 Hier drängt sich natürlich wieder einmal ein Fall von nominativem Determinismus auf: Herr Weiss forscht und schreibt über das Weiß beim Riechen. Wir hatten an anderer Stelle schon darauf hingewiesen (3), dass das Phänomen nicht selten vorkommt: Peter Cliff schrieb ein Buch über Navigation in den Bergen und Chris McManus eines über Händigkeit. Ein Lehrstuhlinhaber für Anästhesiologie in den USA heißt William Tranquilli, der frühere Erzbischof von Manila war Kardinal Sin, Margret Spellings der Name der Erziehungsministerin von George Bush, und Ron Rumble hieß der Ingenieur für Lärm und Vibration einer australischen Firma. Dave Mole hatte in der Londoner U-Bahn die Verantwortung für die Bekämpfung der Ratten, Sarah Blizzard bei der BBC für die Wettervorhersage, David Dollar war Chef der Weltbank in China.

Aus zweierlei Gründen ist diese Frage nicht einfach zu beantworten, denn zum einen ist die Gesamtheit aller möglichen Stimuli beim Sehen und Hören völlig klar, beim Riechen jedoch nicht: Es gibt keine vollständige Liste aller Stoffe, die Gerüche hervorrufen bzw. aller durch diese Stoffe hervorgerufenen Geruchsqualitäten. Der „Riechraum" ist also sowohl subjektiv als auch objektiv unscharf abgegrenzt. Zum zweiten klappt die Überlagerung vieler Frequenzen zu einem Rauschen bzw. zu einem weißen Licht nur dann, wenn sie die gleiche Amplitude haben. Addiere ich wenig grünes Licht zu viel rotem Licht, so bleibt immer noch rotes Licht übrig, das heißt, es stellt sich kein Eindruck von „weiß" ein.

Um diesen Schwierigkeiten Herr zu werden, gingen die Autoren wie folgt vor: Sie verwendeten zunächst einmal 86 Geruchsstoffe, bei denen es sich jeweils um ein einzelnes Molekül handelte, bei dem man also davon ausgehen konnte, dass der entsprechende Geruch auf eine bestimmte chemische Eigenschaft dieses einzelnen Moleküls zurückgeht. Man wählte diese Stoffe gezielt danach aus, dass sie an sehr unterschiedlichen Orten des „Riechraums" bzw. „chemischen Strukturraums" liegen[2]. Ganz wichtig für das weitere Vorgehen war zudem, dass man die Substanzen alle sehr stark verdünnte, sodass eine Gruppe von 24 Versuchspersonen die Intensität der Gerüche als gleich beurteilte. Danach wurden unterschiedliche Mischungen dieser einzelnen

---

2 Die Frage danach, wie viele Dimensionen ein solcher Raum hat, wie er genau zu charakterisieren ist und ob der subjektive (Riech-) Raum und der objektive chemische (Eigenschafts-)Raum isomorph sind, beschäftigen die Autoren sehr und führen zu einer ganzen Reihe komplizierter experimenteller Vorkehrungen, die wir an dieser Stelle getrost beiseite lassen, um den Wald (Worum ging es?) vor lauter Bäumen (methodischer Kleinkram) nicht aus den Augen zu verlieren.

Gerüche dadurch hergestellt, dass man jeweils eine kleine Menge auf eine jeweils andere Stelle eines saugfähigen Läppchens auftrug, sodass sich die Stoffe selbst nicht mischten und damit sichergestellt war, dass durch solche Mischungen nicht chemische Reaktionen in Gang gesetzt und damit neue Stoffe entstehen würden. Die Mischung der Gerüche erfolgte also einzig durch Verwirbelung der Dämpfe, die von dem die jeweiligen Geruchsstoffe enthaltenden Läppchen ausgingen.

Der Witz der Studie bestand nun darin, dass man ganz unterschiedliche Mischungen von den ursprünglichen 86 Geruchsstoffen herstellte, die sich sowohl in der Anzahl der Stoffe als auch in den jeweils gewählten einzelnen Stoffen unterschieden. Es wurden Mischungen mit 1, 4, 10, 15, 20, 30, 40 oder 43 Komponenten hergestellt. Mit diesen Mixturen erfolgte dann ein paarweiser Vergleich im Hinblick auf deren Ähnlichkeit. Insgesamt 56 Versuchspersonen mussten 191 Paare von Mischungen geruchsmäßig miteinander vergleichen (im Schnitt hatte eine Versuchsperson 14 solcher Vergleiche zu absolvieren). Jede einzelne Mischung wurde mit jeder anderen Mischung einschließlich ihrer selbst (als Kontrolle) verglichen, und es wurde darauf geachtet, dass alle verglichenen Mischungen jeweils völlig unterschiedliche Einzelkomponenten enthielten. Anders ausgedrückt: Was jeweils geruchsmäßig verglichen wurde, waren Mischungen, die sich aus vollkommen verschiedenen Einzelstoffen zusammensetzten.

Das wichtigste Ergebnis der gesamten Studie bestand nun darin, dass die Ähnlichkeit der Gerüche – gemessen mit einer neun Punkte enthaltenden visuellen Analogskala – umso größer war, je mehr Einzelkomponenten die beiden zu vergleichenden Mischungen enthielten. Auch wenn die beiden Mischungen keine einzige Einzelkomponente gemeinsam enthielten, rochen sie also ähnlich. Insbesondere wenn die Anzahl der gemischten Komponenten 30 oder größer war, wurden beide Gerüche als sehr ähnlich empfunden.

Dies hieß noch lange nicht, dass alle Mischungen von 30 oder mehr Komponenten haargenau gleich rochen: Ließ man eine neue Gruppe von Versuchspersonen nicht die Ähnlichkeit beurteilen, sondern zwang sie, drei Gerüche danach zu beurteilen, ob jeweils zwei von ihnen gleich seien (*forced choice*-Paradigma), so zeigte sich, dass auch bei Mischungen mit 30 Komponenten der Geruchsvergleich mit knapp 70 % korrekten Angaben noch deutlich über dem Zufallsniveau von 50 % lag. Wieder zeigte sich allerdings eine Abnahme der Diskriminationsfähigkeit mit der Menge der gemischten Komponenten, und es zeigte sich auch eine Abnahme der subjektiv beurteilten Sicherheit der Versuchspersonen mit der Menge der gemischten Komponenten. Damit ließen es die Wissenschaftler noch nicht bewenden und gingen im Folgenden der Frage nach, ob es eine bestimmte „Gestaltqualität" des Eindrucks „olfaktorisches Weiß" gebe. Was ist damit gemeint?

In unserem sprachlichen Alltag verbinden wir mit der Farbe Weiß bzw. mit der Bezeichnung „Rauschen" keineswegs einfach nur ein bestimmtes Frequenzspektrum, sondern letztlich eine ganz bestimmte Gestaltqualität. Die weiße Wand ist weiß, egal ob sie aus Rauputz, Papier, Nebel oder Zuckerwatte besteht. Das Rauschen klingt nach „Rauschen", unabhängig davon, ob es sich um ein „Sch", „S", „F" oder „Ch" handelt. Oder außersprachlich ausgedrückt: Der Wind, der Regen, der Bach oder das Meer – sie alle rauschen. Sowohl beim Weiß als auch beim Rauschen handelt es sich um eine ganz bestimmte Gestaltqualität, die wir von anderen Gestaltqualitäten unterscheiden können. So lässt sich also die Frage stellen, ob der relativ einheitliche Geruchseindruck, der durch Mischung vieler Einzelkomponenten entsteht, ebenfalls eine Art Gestaltqualität hat.

Um dies zu klären, gingen die Autoren wie folgt vor: Es wurden vier Mischungen aus jeweils 40 Komponenten hergestellt und mit dem bedeutungslosen Namen „Laurax" bezeichnet. Zwölf Versuchspersonen nahmen an dem Experiment teil, wobei jeweils drei Probanden an drei aufeinander folgenden Tagen eine dieser vier Mischungen riechen und beschreiben sollten. Zur Beschreibung wurden 146 verbale Deskriptoren (Geruchsadjektive) verwendet, die jeweils als zutreffend oder nicht zutreffend anzukreuzen waren. Am vierten Tag mussten alle Probanden 23 neue Mischungen aus jeweils 1, 4, 10, 20, 30 oder 40 Komponenten (die teilweise mit den Komponenten des jeweiligen von ihnen zuvor gerochenen Laurax identisch waren) in einem vier Alternativen umfassendes Identifikationsparadigma (*forced choice*) als mit Laurax identisch oder nicht bezeichnen. Hierbei zeigte sich, dass die Anzahl der Komponenten in der neuen Mischung mit der Wahrscheinlichkeit, dass diese als Laurax identifiziert wurde, korrelierte. Mischungen aus weniger als 20 Komponenten wurden mit einer Wahrscheinlichkeit von weniger als 10 % als Laurax bezeichnet, wohingegen Mischungen aus mehr als 20 Komponenten mit einer Wahrscheinlichkeit von etwa 50 % als Laurax bezeichnet wurden.

Eine Wiederholung des Versuchs mit 58 neuen Molekülen (insgesamt 144 unterschiedliche Geruchsstoffe standen zur Verfügung) und neuen Versuchspersonen ergab im Prinzip das gleiche Ergebnis. „Zusammengenommen zeigen diese Experimente, dass es ein Gestaltperzept gibt, das sich bei Kombinationen von etwa 30 oder mehr Geruchsstoffen, die weit über den Geruchsraum verteilt sind und die etwa gleiche Intensität aufweisen, einstellt. Wir nennen dieses Perzept ‚olfaktorisches Weiß'", fassen die Autoren ihre Ergebnisse zusammen (4, Übers. durch d. Autor).

Wie riecht nun olfaktorisches Weiß? Man kann diese Frage durchaus stellen, denn das akustische weiße Rauschen rauscht ja auch wie ein Sch oder wie der Wind und das optische weiße Rauschen gleicht ja auch dem bereits erwähnten Schneegestöber. Die zunächst von den Autoren gegebene Antwort „nicht umwerfend" führt hier ebenso wenig weiter wie die Beschreibungen eines professionellen Parfüm-Testers, die sich als sehr unterschiedlich entpuppten (er tappte also ganz offensichtlich im Dunkeln bzw. im Schneegestöber). Olfaktorisches Weiß riecht also nicht wie irgendetwas ganz Bestimmtes.

Um sich dennoch der Frage zu nähern, wie dieser Geruchseindruck denn nun riecht, mussten 20 Versuchspersonen unterschiedliche Gerüche auf einer visuellen Analogskala auf zwei Dimensionen einschätzen, nämlich auf der Dimension *angenehm versus unangenehm* und auf der Dimension *essbar versus giftig*. Diese beiden Qualitäten von Gerüchen sind aus der Geruchsforschung bekannt und ihre Validität ist unmittelbar einsichtig. Die Komponenten korrelieren zwar, aber keineswegs besonders hoch: So riecht Seife angenehm, ist aber nicht essbar, und umgekehrt ist manches essbar, was nicht unbedingt angenehm riecht. Interessanterweise wurden nun Mischungen, die dem olfaktorischen Weiß entsprachen, von den Versuchspersonen als mäßig essbar und mäßig angenehm eingestuft (falls Sie es selbst wissen wollen, wie olfaktorisches Weiß riecht, sei Ihnen das Lesen des Supplements zur Originalarbeit empfohlen, wo Rezepte entsprechender Mischungen angegeben sind).

Der menschliche Geruchssinn wird gerne unterschätzt: Das Riechhirn macht gerade einmal 1 % des menschlichen Gehirns aus. Hunde haben einen weitaus besseren „Riecher", mit 25 (Dackel) bis ca. 40 (Schäferhund) Mal mehr Riechzellen und einem Riechhirn, das etwa 10 % ihres ganzen Gehirns ausmacht. Sie riechen genauer und viel empfindlicher und können daher auch gesunde von kranken Menschen am Geruch unterscheiden. Eine deutsche Studie an 60 Patienten mit Lungenkrebs, 110 gesunden Kontrollen und weiteren 50 Patienten mit nicht malignen Lungenerkrankungen zeigte, dass Krebs mit einer Sensitivität von 71 % und einer Spezifität von 93 % erkannt wurde. Man sucht jetzt nach den Molekülen, die von den Hunden offensichtlich in der Atemluft der Patienten gerochen werden (1).

Obwohl unser Geruchssinn diagnostisch nur in Ausnahmefällen wegweisend ist, trägt sein Verständnis dennoch wesentlich zum Verständnis der Sinnesphysiologie bei. Gerade weil im Alltag nur selten ein einzelnes Molekül einen bestimmten Duft hervorruft, sondern meist eine komplizierte Mischung von Molekülen, zeigt uns dies einen ganz wesentlichen Aspekt unserer Sinne: Sie analysieren nicht nur einfach Signale aus der Umwelt, sondern identifizieren Objekte in der Umwelt! Wenn wir an einer Tasse frischen Kaffees riechen, an einem Glas alten Rotweins oder an einer gerade aufgeblühten Rose, so dringen eine große Anzahl unterschiedlicher Stoffe an Geruchsrezeptoren in unserer Nase und doch wird ein bestimmter *einheitlicher Sinneseindruck* hervorgerufen: Wir identifizieren gleichsam ein „Geruchsobjekt", also *Kaffee, Rotwein* oder *Rose* und nicht eine größere Anzahl einzelner Eigenschaften. Im Grunde liefert damit der Geruchssinn – trotz vielfältiger anatomischer und physiologischer Unterschiede (5) – nichts anderes als das Sehen oder das Hören, bei dem wir ja auch nicht einzelne Frequenzen in unterschiedlicher Amplitude wahrnehmen, sondern eine räumlich zeitliche Ganzheit, die wir zusammen mit unseren Erinnerungen als „Udo Jürgens im Radio hören" oder „unseren Nachbarn auf der Straße sehen" erleben. Und so habe ich morgens beim Gang über den Flur eben auch nicht ein paar Moleküle detektiert, sondern meine Sekretärin oder Georg oder Kaffee – und nicht selten sogar alle drei, jeden für sich, aber vereint in der Luft in meiner Nase. Warum das so ist, wird durch die Entdeckung des weißen Rauschens beim Riechen ein kleines Stück weiter erhellt.

Literatur

1. Ehmann R, Boedeker E, Friedrich U, Sagert J, Dippon J, Friedel G, Walles T. Canine scent detection in the diagnosis of lung cancer: revisiting a puzzling phenomenon. Eur Respir J 2012; 39: 669–76.
2. Mori K, Takahashi YK, Igarashi KM, Yamaguchi M. Maps of odorant molecular features in the Mammalian olfactory bulb. Physiol Rev 2006; 86: 409–33.
3. Spitzer M. Namen – nichts als Schall und Rauch? In: Vom Sinn des Lebens. Stuttgart: Schattauer 2007; 74–81.
4. Weiss T, Snitz K, Yablonka A, Khan RM, Danyel G, Schneidman E, Sobel N. Perceptual convergence of multi-component mixtures in olfaction implies an olfactory white. PNAS 2012; 109: 19959–64.
5. Davis JL, Eichenbaum H. Olfaction. A Model System for Computational Neuroscience. Cambridge, MA: MIT Press 1991.

Sachverzeichnis

A

Achtsamkeit 67ff
Adrenalin 33
Afghanistan 126
Aggressivität, durch Fernsehen 157
Alpha-Männchen 37
Alterspyramide 124
Amazon 33, 99, 199
American College Test (ACT) 186
Angst, bei Führungskräften 40
anteriorer zingulärer Kortex (ACC) 6
antisoziale Persönlichkeitsstörung 157ff
Apple 199
Arabischer Frühling 130ff, 137f
Arbeitsbedingungen, und Stress 8ff
Arbeitsgedächtnis 70, 75ff
Arbeitslosigkeit, und TV 160f
Arbeitsorganisation, Beteiligung 12
Arbeitstempo 9
Atheisten 27ff
Attentat vom 11. September 129
Aufmerksamkeitsstörung 71, 83
Aufräumen 78
Ausfüllung, der Zeit 49

B

Autismus 88
– und Bildschirmmedien 185
Automobilbau 61f
Autonomie 41
Autorität 41

B

Bahnungseffekte, von Gott und Religion 113ff
Barnes' maze 147ff
Baustelle, Hammer 59
Beamte, und Stress 35
bei der Sache bleiben 77
Belastung, durch Arbeitsbedingungen 10
Belief in Science Scale 29
Beschwerden
– Anforderungen 15
– mangelnde Hilfe 14
betriebliche Gesundheitsförderung 13
Bevölkerungspyramide 124ff
Bluthochdruck 2, 35
Boni, für Banker 33
Book of Life 27

C

„Camera in the sky" 111
Cannon, Walter 26
Chaplin, Charlie 60
Charakter 46
Charaktereigenschaften, aus Facebook-Daten 102ff, 105

Chef
- Hilfestellung durch 11
- im Stress 33
Chekchov, Anton 94
chemischer Strukturraum 225
China 126, 172, 202ff
chronischer Stress 7
Cloud-Computing 99ff
Comenius, Johann 168
Computational Social Science 100f
Computer, als Distraktor 187f
Computerspiel für Katzen 173f
Controlling 59
Cortisol 3ff, 33ff
- bei Führungskräften 39
Cyberball-Paradigma 6

D

Datenbank, lexikalische 213
Deci, Edward 61
Demografie 124ff
Demokratie 124
Denkverbote 64
Determinismus, nominativer 224
Deutschland 125
Dexamethason-Suppressions-test 36
Diabetes 2, 35
digitale Medien 85, 149, 172, 182
Disziplin 81
Dominanz 36

Durchfall 112
Durchschnittsalter, einer Gesellschaft 134
Dysstress 34

E

EEG 212
Ehrfurcht 27, 30
Einsamkeit 3, 7
EKG 212
elevated plus maze 143ff
Emotionserkennung 92ff
Empathie 87ff
Endlichkeit, des Menschen 30
Europäische Union (EU) 9ff
European Working Condition Survey (EWCS) 9ff
Eustress 34
evidenzbasierte Lehre 177ff
Evolution 30
Executive Education Programs 38
Existenzangst 28

F

Facebook 99, 177ff, 199
Facebook-Likes 101ff
False Belief Test 92ff
Farbenblindheit 112
Feingriff 166f
Fernsehen 141ff, 151ff
- bei Mäusen 142ff
Fitness, heterozygote 112
Flexibilität, kognitive 75
Fließbandarbeit 59ff
Fließgleichgewicht 128

233

Freedom House (NGO) 130
Freiheit, Weltkarte 131
Freizeit 49
Freud, Sigmund 211
Frieden, geriatrischer 139
Frontalhirn 74, 79
Führung 16
Führungskraft 59
– und Stress 11ff
Führungsrang, und Stress 43f
Führungsverantwortung,
 und Stress 17
funktionelle Lokalisierung
 216
funktionelle Magnetreso-
 nanztomografie (fMRT)
 5ff, 214
fusiform face area (FFA) 219

G

Game for Cats (iPad) 173f
Ganzheitlichkeit, beim Lernen
 169
Gebärdensprache 80
Gebet 111
Gehirn-Dekodierer 214
Gemeinschaft 3
Gender-Sprache 177
geriatrischer Frieden 139
Geruch, Gestaltqualität 227
Gesichter-Areal 219
Gesundheit 20
Gesundheitsförderung,
 betriebliche 13
Gewaltbereitschaft 134
Glaube an Gott 26, 110ff

Globalisierung 17
Glück 46
– lebensverlängernde
 Wirkung 7
God Particle 27
Google 99, 199
Gott 30, 110ff
Gott-Gen 110
Gottes-Dienst 111
Greifen 166
Grenze, der Leistungsfähig-
 keit 9
Groschenromane 90f

H

Hakengriff 166f
Halluzinationen, hypnagoge
 220
Hand, als Universalwerkzeug
 165
Handschrift
– und Lesefähigkeit 207f
– zum Memorieren 203f
Harvard-University 38
heterozygote Fitness 112
Hierarchie, und Stress 35ff
Higgs-Boson 27
Hilfe/Unterstützung 11ff, 53ff
Hippocampus 211
Hobbes, Thomas 134f
Hörsaal 177ff
Humanisierung, der Arbeits-
 welt 60
Hyperaktivität 143
hypernym synsets 213

I

iCloud 100
Indien 126
Infektionskrankheiten 2, 35
Informationstechnik
– und abnehmender Lern-
  erfolg 177ff, 197
– im Hörsaal 177ff
Ingroup 110ff
Intelligenz, Korrelate 106f
Intersubjektivität 87
iPad 164ff
iPhone 202ff
iTunes 173

J

Japan 126
Jobs, Steve 172
Jugendbauch 129ff

K

Kampf 37
Karte der Freiheit 131
Kindergarten 83
Kinderschraubstöcke 80
Kindersterblichkeit 128
Kontrolle 1ff, 24f, 34ff, 37,
  60
Kraftgriff 166f
Krankheitstage, durch psy-
  chische Störungen 8
Krebs 2, 35
Kriminalität, und Fernsehen
  158
Kunst 89
Kunstsprache 80

L

Langeweile 9, 49
Laptop 177ff
Laurax 228
Lebensbedingungen, in der
  EU 9ff
Lebenserwartung 35, 46
Lebenszeit, und Glück 7
Leistung (= Arbeit : Zeit) 48
Lernbegleiter 62ff
Lesefähigkeit
– in China 202ff
– in Deutschland 205
Leviathan 134f
Literatur 87ff
Loyalität, der Mitarbeiter
  60

M

Magengeschwür 2
Magnetresonanztomografie
  (MRT) 212ff
Mail 126
Malaria 112
Märchen 23ff
Meditation 68ff
Microsoft 199
Militär 38
Mindfulness 67
„Moderne Zeiten"
  (C. Chaplin) 60
Monotonie 9
Montagefließband 62
Motivation 61
Mukoviszidose 112

Multitasking 178
- Grund (Studenten) 198ff
- und Risikoverhalten 182ff
- in der Vorlesung 186ff
- zusehen 195ff
Murphy's Law 62

N

Neuseeland-Studie 153ff
New School for Social Research 90
Nokia-Studie zur Smartphone-Nutzung 164
nominativer Determinismus 224
novel object test 147f
Nürnberger Spielwarenmesse 172

O

Online-Seminare 181ff
open field test 143ff
Opfer bringen 111
Opium fürs Volk 27
Outgroup 110ff
Oxytocin 128

P

Papier und Bleistift, im Vergleich zu Computer 190ff
parahippocampal place area (PPA) 219
Paviane, und Stress 35ff
PEN-Club 94
Personal Sense of Power Scale 41f

Persönlichkeitseigenschaften 107
Persönlichkeitsstörung, antisoziale 157f
Pestalozzi, Johann Heinrich 168
Pillenknick 127
Pinyin-Verfahren 202f
Pokémon 143
Politik 38
Pop-Literatur 95f

R

Rauschen, weißes 222ff
Raven's Matrices 204
Reading the Mind in the Eyes Test (RMET) 92f
Religion 110ff
- Opium fürs Volk 27
- und Sozialverhalten 113
Religionsgemeinschaft 26
Religiosität 26
REM-Schlaf 213
Rentnerkonfekt 125
Riechen 222ff
Riechhirn 229f
Riechraum 225
Rotkäppchen 23ff
Ryan, Richard 61

S

Sapolsky, Robert 26, 35f, 44f
Schießbefehl 64
Schmerzen 3
Schrift, chinesische 202ff
Schwellenländer 138

Schwierigkeitsgrad 170
Selbstbestimmung 49ff, 59ff, 73ff
Selbstkontrolle 73ff
Selbstwirksamkeit 55
Selye, Hans 26
Sen, Armartya 48
Serengeti-Nationalpark 35
Servicegesellschaft des Universitätsklinikums Ulm 64
Sichelzellenanämie 112
Sicherheit, gefühlte 134
Sinnesorgan, Hand 165
Skala zum Glauben an die Wissenschaft 29
SkyDrive 100
Smartphone-Nutzung 164
SMS schreiben, als Distraktor 189f
Söldner 129
soziale Stellung 35
soziale Unterstützung 7
sozialer Stress 3ff
Spitzgriff 166f
Sprachentwicklung 80ff
State-Trait Anxiety Inventory 39
Stress 1ff, 23ff, 33ff
– chronischer 7
Stresshormon 3
Stressprovokation 3
Stressreport Deutschland 2012 8ff
Strukturraum, chemischer 225

Submissivität 36
Support-Vektor-Maschine 217

T
Tablet-PC 164ff
Tätigkeiten, während einer Vorlesung 181
Termindruck 9
Terror Management Theory 28
Theory of Mind (ToM) 87ff
Time-Sampling-Prozedur 5
Tod 30
Toys 3.0 172
Traum 211ff
Traumbericht 213
Trauminhalt 211
Trier Social Stress Task (TSST) 3
TV-Konsum
– Dosis 161
– und Gesundheit 141ff
– bei Kindern 151ff
Twitter 101

U
Überstimulation 143
Überwachung 60, 111
Ulmer Studenten 177
Umstrukturierung 18
– Beschwerden 19
Unsicherheit 37
Unterstützung, soziale 7

V

Verantwortung 33
Vereinsamung 3
Vorgesetzter, Hilfe durch 11

W

W-LAN 177ff
Wall Street Journal 173f
Werkzeuge, des Geistes 76
Willenskraft 73
Wischen 164ff
Wissenschaft, als Ersatz-
    religion 27f
Wohlstand 20
Wolke, digitale 99ff
WordNet 213

Y

Yoni-Test 95f
Youth Bulge 129ff

Z

Zappelphilipp 157
Zeit 48ff
– für Andere 52
Zeitdruck 48, 57
Zeittakt 48
Zwischenschichten, in neuro-
    nalen Netzwerken 171

Bisher in der Reihe erschienen:

Thomas Bergner: Endlich ausgebrannt!

Thomas Bergner: Gefühle

Thomas Bergner: Schein oder Sein?

Hans Biedermann: Die Drillinge des Doktor Freud

Valentin Braitenberg: Das Bild der Welt im Kopf

Valentin Braitenberg: Information – der Geist in der Natur

Carsten Bresch: Evolution

Alois Burkhard: Achtsamkeit

Peter Fiedler: Verhaltenstherapie mon amour

Heinz Hilbrecht: Meditation und Gehirn

Reinhart Lempp: Generation 2.0 und die Kinder von morgen

Michael Stefan Metzner: Achtsamkeit und Humor

Jürgen G. Meyer: Darwin, Mendel, Lamarck & Co.

Johann Caspar Rüegg: Mind & Body

Johann Caspar Rüegg: Die Herz-Hirn-Connection

Mirjam Schmitz: Instinkt

Manfred Spitzer: Aufklärung 2.0

Manfred Spitzer: Dopamin & Käsekuchen

Manfred Spitzer: Nichtstun, Flirten, Küssen

Manfred Spitzer: Das (un)soziale Gehirn

Manfred Spitzer und Wulf Bertram: Hirnforschung für Neu(ro)gierige

MANFRED SPITZER IN
Herausgegeben von Wulf Bertram

Manfred Spitzer
Das (un)soziale Gehirn Wie wir imitieren, kommunizieren und korrumpieren

Manfred Spitzer gibt in diesem Buch verblüffende Einblicke in die noch junge Disziplin der sozialen Neurowissenschaft.

2013. 284 Seiten, 69 Abb., 8 Tab., kart.
€ 19,95 (D) / € 20,60 (A) | ISBN 978-3-7945-2918-6

Manfred Spitzer, Wulf Bertram (Hrsg.)
Hirnforschung für Neu(ro)gierige
Braintertainment 2.0

Unterhaltsame Lektüre mit garantiertem Lerneffekt – nicht nur für den Fachmann, sondern auch für alle anderen neu(ro)gierigen Zeitgenossen!

Epilog von Eckart von Hirschhausen | 2013. 578 Seiten, 69 Abb., kart.
€ 19,99 (D) / € 20,60 (A) | ISBN 978-3-7945-2930-8

Manfred Spitzer
Nichtstun, Flirten, Küssen
und andere Leistungen des Gehirns

21 Spitzer-Essays – für die Pausen zwischen Flirten, Küssen und Nichtstun!

2012. 348 Seiten, 77 Abb., 10 Tab., kart.
€ 19,99 (D) / € 20,60 (A) | ISBN 978-3-7945-2856-1

Manfred Spitzer
Dopamin & Käsekuchen
Hirnforschung à la carte

In diesem Buch geht es nicht nur um käsekuchensüchtige Ratten, Manfred Spitzer nimmt daneben viele andere Fragen aufs Korn, die uns schon lange beschäftigen.

1. Ndr. 2012 der 1. Aufl. 2011. 226 Seiten, 57 Abb., 3 Tab., kart.
€ 19,99 (D) / € 20,60 (A) | ISBN 978-3-7945-2813-4

Schattauer   www.schattauer.de

Manfred Spitzer bei Schattauer

Manfred Spitzer
Denken – zu Risiken und Nebenwirkungen

Spitzer ist Phänomenen des Alltags auf der Spur und zeigt anhand neuester wissenschaftlicher Erkenntnisse auf, welche Bedeutung Geist und Gehirn für unser Leben haben. Neurowissenschaftliches Wissen unterhaltsam präsentiert – risikofrei und garantiert ohne Nebenwirkungen!

Wissen & Leben | Herausgegeben von Wulf Bertram
2015. 255 Seiten, 60 Abb., 14 Tab., kart.
€ 19,99 (D) / € 20,60 (A) | ISBN 978-3-7945-3105-9

Manfred Spitzer
Musik im Kopf
Hören, Musizieren, Verstehen und Erleben im neuronalen Netzwerk

Wir alle – und die meisten von uns, ohne viel darüber nachzudenken – gehen ständig und sogar bereits in der Zeit vor unserer Geburt mit Musik um. Dieses Buch soll einen Beitrag dazu leisten, diesen Umgang besser zu verstehen.

2. Aufl. 2014. 472 Seiten, 148 Abb., 17 Tab., kart.
€ 24,99 (D) / € 25,70 (A) | ISBN 978-3-7945-2940-7

Manfred Spitzer, Wulf Bertram (Hrsg.)
Braintertainment
Expeditionen in die Welt von Geist & Gehirn

Ein handverlesener „Brain-Trust", zu dem prominente Neurowissenschaftler, Psychiater und Medizinhistoriker ebenso gehören wie Feuilletonautoren und Satiriker, befasst sich mit unserem wichtigsten Organ.

2. Ndr. 2007 der 1. Aufl. 2007. 244 Seiten, 52 Abb., 5 Tab., geb.
€ 29,99 (D) / € 30,90 (A) | ISBN 978-3-7945-2515-7

Irrtum und Preisänderungen vorbehalten

Schattauer   www.schattauer.de

UNTERHALTSAM
+ ANSPRUCHSVOLL

Herausgegeben von Wulf Bertram

Mirjam Schmitz
Instinkt Das Tier in uns

Ein fundierter, unterhaltsamer und oft augenzwinkernder Streifzug durch den Dschungel des menschlichen und tierischen Mit- und Gegeneinanders und eine spannende Einladung zur Selbstreflexion.

2014. 190 Seiten, 13 Abb., kart.
€ 16,99 (D) / € 17,50 (A) | ISBN 978-3-7945-2994-0

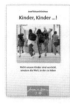

Josef Eduard Kirchner
Kinder, Kinder...!
Nicht unsere Kinder sind verrückt, sondern die Welt, in der sie leben

Dr. Kirchner, sowohl Kinder- und Jugendpsychiater als auch selber Vater, zeigt, was Kinder brauchen, wie Erziehung gelingen kann und was passiert, wenn Eltern ihre Erwartungen zu hoch schrauben.

2014. 288 Seiten, kart.
€ 19,99 (D) / € 20,60 (A) | ISBN 978-3-7945-3064-9

Rainer Bösel
Klugheit Die sieben Säulen der Intelligenz

Der Berliner Psychologe und Hirnforscher Rainer Bösel gibt erhellende Einblicke in die komplexe Welt der menschlichen Klugheit. Sein Fokus liegt dabei auf den Fähigkeiten der klugen Planung und umsichtigen Umsetzung in zweckmäßiges Handeln.

2014. 270 Seiten, 26 Abb., kart.
€ 19,99 (D) / € 20,60 (A) | ISBN 978-3-7945-3053-3

Irrtum und Preisänderungen vorbehalten

Schattauer

www.schattauer.de

UNTERHALTSAM + ANSPRUCHSVOLL

Wissen & Leben
Herausgegeben von Wulf Bertram

Ingo Schymanski
Im Teufelskreis der Lust
Raus aus der Belohnungsfalle!

Dieses Buch liefert gute Gründe dafür, warum freiwilliger Verzicht, Entschlackung und Entschleunigung zu einem Gewinn an Zufriedenheit, Achtsamkeit und Lebensqualität führen.

Mit einem Geleitwort von Hans Hopf
2015. 272 Seiten, 10 Abb., kart.
€ 19,99 (D) / € 20,60 (A) | ISBN 978-3-7945-3115-8

Thomas Bergner
Endlich ausgebrannt!
Die etwas andere Burnout-Prophylaxe

Burnout ist in aller Munde. Haben Sie es auch schon? – Befolgen Sie Bergners (nicht ganz ernst gemeinte) Anleitung zum eigenen Burnout! In amüsant-ironischer Weise nimmt er die typischen Verhaltensweisen und Einstellungen aufs Korn, welche entscheidend zu Burnout beitragen.

2013. 208 Seiten, kart.
€ 16,99 (D) / € 17,50 (A) | ISBN 978-3-7945-2932-2

Johann Caspar Rüegg
Die Herz-Hirn-Connection
Wie Emotionen, Denken und Stress unser Herz beeinflussen

Die neuesten wissenschaftlichen Erkenntnisse der Psycho(neuro)kardiologie zeigen eindrucksvoll, wie stark unser Denken und Fühlen die Gesundheit von Herz und Kreislauf beeinflussen können und was dabei im Gehirn passiert.

2013. 202 Seiten, 14 Abb., kart.
€ 19,99 (D) / € 20,60 (A) | ISBN 978-3-7945-2882-0

Schattauer   www.schattauer.de